TURING

图 灵 教 育

站在巨人的肩上
Standing on the Shoulders of Giants

数据驱动力：企业数据分析实战

Creating a Data-Driven Organization

[英] 卡尔·安德森 著

张奎　郭鹏程　管晨 译

Beijing · Boston · Farnham · Sebastopol · Tokyo　O'REILLY®

O'Reilly Media, Inc.授权人民邮电出版社出版

人民邮电出版社

北　京

图书在版编目（CIP）数据

数据驱动力：企业数据分析实战 ／（英）卡尔·安德森（Carl Anderson）著；张奎，郭鹏程，管晨译. -- 北京：人民邮电出版社，2021.4
ISBN 978-7-115-56017-9

Ⅰ．①数… Ⅱ．①卡… ②张… ③郭… ④管… Ⅲ．①企业管理－数据管理 Ⅳ．①F272.7

中国版本图书馆CIP数据核字(2021)第029976号

内 容 提 要

面对大数据这一势不可挡的时代潮流，所有企业都需要思考如何在实际工作中挖掘数据，充分发挥数据分析师的才能，进而有效地利用数据完成商业决策。本书首先讲解数据本身，重点介绍如何选择正确的数据源，确保数据的质量和可靠性，然后讨论数据分析，组织需要获取拥有必备技术和工具并能洞察数据变化的人才。接下来几章介绍具体的分析工作，包括性能分析、设计指标、A/B测试和原型讲解等，随之深入到分析价值链的下一环节：利用分析结果和数据见解做出决策。

本书适合数据分析师、数据科学家、企业管理者阅读。

◆ 著　　　[英] 卡尔·安德森
　　译　　　张　奎　郭鹏程　管　晨
　　责任编辑　谢婷婷
　　责任印制　周昇亮

◆ 人民邮电出版社出版发行　　北京市丰台区成寿寺路11号
　　邮编　100164　　电子邮件　315@ptpress.com.cn
　　网址　https://www.ptpress.com.cn
　　涿州市京南印刷厂印刷

◆ 开本：800×1000　1/16
　　印张：13
　　字数：307千字　　　　　　　2021年4月第1版
　　印数：1－2 500册　　　　　　2021年4月河北第1次印刷
　　著作权合同登记号　图字：01-2016-1569号

定价：99.00元
读者服务热线：(010)84084456　印装质量热线：(010)81055316
反盗版热线：(010)81055315
广告经营许可证：京东市监广登字 20170147 号

版权声明

O'Reilly Media, Inc.介绍

O'Reilly 以"分享创新知识、改变世界"为己任。40 多年来我们一直向企业、个人提供成功所必需之技能及思想,激励他们创新并做得更好。

O'Reilly 业务的核心是独特的专家及创新者网络,众多专家及创新者通过我们分享知识。我们的在线学习(Online Learning)平台提供独家的直播培训、图书及视频,使客户更容易获取业务成功所需的专业知识。几十年来 O'Reilly 图书一直被视为学习开创未来之技术的权威资料。我们每年举办的诸多会议是活跃的技术聚会场所,来自各领域的专业人士在此建立联系,讨论最佳实践并发现可能影响技术行业未来的新趋势。

我们的客户渴望做出推动世界前进的创新之举,我们希望能助他们一臂之力。

业界评论

"O'Reilly Radar 博客有口皆碑。"
　　　　——*Wired*

"O'Reilly 凭借一系列非凡想法(真希望当初我也想到了)建立了数百万美元的业务。"
　　　　——*Business 2.0*

"O'Reilly Conference 是聚集关键思想领袖的绝对典范。"
　　　　——*CRN*

"一本 O'Reilly 的书就代表一个有用、有前途、需要学习的主题。"
　　　　——*Irish Times*

"Tim 是位特立独行的商人,他不光放眼于最长远、最广阔的领域,并且切实地按照 Yogi Berra 的建议去做了:'如果你在路上遇到岔路口,那就走小路。'回顾过去,Tim 似乎每一次都选择了小路,而且有几次都是一闪即逝的机会,尽管大路也不错。"
　　　　——*Linux Journal*

目录

中文版赞誉

在人类步入第四次工业革命的今天，我们生活在一个数据繁荣和数字化颠覆的时代。据统计，2020 年全球平均每人每秒产生的数据是 1.7MB，近两年产生的数据量是人类总数据量的 90% 以上。然而，全球 95% 以上的企业认为非结构性数据的有效利用将成为企业持续生存和发展的瓶颈。《数据驱动力》一书详尽地阐述了数据分析的方方面面。数据不应再是企业沉睡的金矿，而应成为每一项重大商业决策和业务增长的有效依据。

——孙振鹏

EXIN 国际信息科学考试学会亚太区总经理、国际数字化管理联盟中国区主席

这本书旨在激励分析组织发挥内在效能，思考"是否充分利用了数据""可否在数据驱动上做得更多"等问题，进而讨论如何高效地利用这项关键企业资源。同时，这本书总结了分析价值链各个环节的经验教训，介绍了如何成为优秀的数据分析师、如何培养数据领导力等，非常有参考价值。

——杨通鹏

浙江数秦科技有限公司副总裁兼首席信息官

前言

概要

本书尝试解决两个核心问题。

- 数据驱动对组织意味着什么？
- 如何实现数据驱动的目标？

许多组织认为，只要生成大量报表或者拥有众多的数据仪表板，就做到了数据驱动。尽管这些也是组织活动的一部分，但它们皆为总结或回顾。也就是说，无论报表还是仪表板，通常仅仅呈现当前或过往的事实，缺乏对应用场景的详细描述，缺乏对某事发生 / 不发生的因果解释，对下一步行动也缺乏指导意义。简而言之，它们传递既成事实，但是不规范。因此，这种数据的效用有限。

相反，我们应考虑更具前瞻性的分析，比如，优化广告支出和供应链补给或减少客户流失的预测模型。这种分析需要回答"为什么"，或者更普遍的"5W 问题"：谁（who）、什么（what）、何时（when）、为什么（why）以及在哪里（where），还要给出建议并做出预测，以及根据调查结果来讲述一个故事。这恰恰是数据驱动型组织的一项核心驱动力。如果能够根据这些见解和建议行事，将对组织产生深远的影响。

然而，要获得这些见解需要收集正确的数据，同时数据要可靠，分析要合理；这些见解需要融入决策制定过程，并能转化为具体的行动，从而发挥潜在效力。我们将这种从数据收集到最终产生影响力的过程称为**分析价值链**（analytics value chain）。

分析价值链的最后一个环节至关重要。如果千辛万苦获取的分析结果没有受到重视或者没能转化为具体行动，那么整个分析过程就不能称为数据驱动。如果分析结果无人问津，老板只是一意孤行，对呈现于眼前的数据无动于衷，那么分析结果再有价值也发挥不了应有的指导作用。数据驱动意味着组织必须建立正确的数据处理流程，培养合适的文化氛围，这样才能利用分析结果做出关键的业务决策，进而对业务产生直接的影响。

因此，培养数据驱动型文化是关键。这涉及多个方面：数据质量和数据分享、招聘和培养合适的分析师、有效的沟通机制、分析组织架构、指标设计、A/B 测试、决策流程，等等。本书将通过多个行业的典型案例阐述这些概念。另外，书中还会分享数据科学和分析学领域众多先行者关于有效做法和无效做法的见解和建议。希望本书能够让各位读者对数据驱动建立更多的认知。

此外，全书自始至终都在强调数据工程师、分析师及分析经理等发挥的作用。为了构建数据驱动型组织和必要的文化，不仅需要领导者自上而下地推动，还需要自下而上地践行。就像 Trulia 的首席数据科学家 Todd Holloway 在 2014 年首席数据官论坛上所说的："最好的想法是从最靠近数据的人那里获取的。"他们不仅直接处理数据源，识别和修正数据质量问题，熟知如何增强数据效力，而且还"经常提出惊艳的产品创意"。另外，他们还可以帮助组织中的其他人更好地了解数据。这体现在两个方面：帮助员工钻研数据分析技巧，以便富有成效地完成工作；引导大家培养商业头脑，学会如何正确提问，更加出色地解决业务问题，进而将他们的见解或建议"兜售"给决策层，并能合理解释这些建议对企业的意义和影响。

数据分析已经显示出了巨大的影响力。一份研究报告 [1] 发现，在其他因素相同的条件下，数据驱动型组织在产出和生产率方面比缺乏数据驱动的竞争对手高出 5%~6%，其资产利用率、净资产收益率以及市场价值也更高。另外一份报告 [2] 称，每支出 1 美元，数据分析可以带来 13.01 美元的回报。由此可见数据驱动的回报有多高！

数据驱动不是一次性的项目，而是一个持续的过程：你可以不断地增强数据驱动，收集更高质量的相关数据，寻找更有经验的数据分析公司，并运行更多的测试。当然，更合理的决策机制是必不可少的。本书会探讨一些优秀的数据驱动型组织的特征，还会探究组织需要具备什么样的基础架构、技能和文化才能完成数据收集，视数据为核心资产，进而有效利用数据辅助重要的商业决策，并最终获得期望的效果。本书还会介绍一些反模式，讨论那些妨碍企业充分利用数据的行为。

本书旨在激励分析组织发挥内在效能，思考"是否充分利用了数据""可否在数据驱动上做得更多"等问题，进而讨论如何高效地利用这项关键企业资源。这类问题应尽早考虑。企业的高管和创始人应该致力于将其尽早融入企业的各个层面。稍后将对此展开详细的论述。

注 1：Brynjolfsson, E., L. M. Hitt, H. H. Kim. Strength in Numbers: How Does Data-Driven Decisionmaking Affect Firm Performance? 2011.

注 2：Nucleus Research, Analytics pays back $13.01 for every dollar spent, 2014.

读者对象

本书内容有助于读者构建和运行内部的分析程序，决定应该收集和存储何种数据，如何访问和理解数据，以及最重要的，如何依据数据做出决策并展开行动。

无论你是创业公司唯一的数据科学家（除此之外还有其他很多头衔），还是成熟公司的经理（整个部门的人都需要向你汇报工作），如果你拥有数据并期望能更加快捷、高效和明智地利用数据资产，那么本书不但会协助你开发数据处理程序，还会在构建数据驱动型组织文化方面提供指导。

篇章结构

大体来说，本书是依据分析价值链的流动来组织章节的。第 1 章讲解数据本身，重点在于选择正确的数据源，确保数据的质量和可靠性。分析价值链的第二步是数据分析。组织需要具备相关技能和工具的人来做数据分析，以形成有影响力的见解。我称这群专业人员为"分析师"（广义），涵盖数据分析师、数据科学家和分析组织的其他成员。之所以采用广义称谓，是因为我认为无论是刚从学校毕业的初级数据分析师，还是如摇滚巨星般耀眼的数据科学家，都可以在数据分析组织中发挥作用。我会介绍如何成为优秀的分析师、如何提升技能，还会讨论组织应该如何将这些分析师结成团队和业务部门。接下来的几章会介绍具体的分析工作，例如数据分析、指标设计、A/B 测试和用数据讲故事。之后，将深入到分析价值链的下一个环节：利用分析结果和见解做出决策。本书也会分析导致决策困难的原因，并给出对策。

所有章节都传递一个主题：数据驱动不仅仅指数据或者最新的大数据工具集，更重要的是**数据驱动型文化**。该文化设定了期望的数据民主化程度，在整个组织中如何使用和看待数据，以及为将数据作为战略资产所投入的资源和培训。第 10 章总结了分析价值链各个环节的经验教训。第 11 章讨论自上而下的数据领导力，特别是近年来出现的两个首席官职位：首席数据官和首席分析官。然而，也可以自下而上地塑造和影响数据驱动型文化。因此，本书直接针对分析师及其管理者，重点介绍他们应该如何影响数据驱动型文化的建设以及最大化自己对组织的影响。真正的数据驱动型组织也是数据民主化组织，有许多利益相关者负责数据收集、数据质量、充分利用数据以做出基于事实的决策，以及利用数据资产形成竞争优势。

排版约定

本书使用了下列排版约定。

黑体字

表示新术语或重点强调的内容。

等宽字体（constant width）

表示程序片段，以及正文中出现的变量、函数名、数据库、数据类型、环境变量、语句和关键字等。

等宽粗体（**constant width bold**）

表示应该由用户输入的命令或其他文本。

等宽斜体（*constant width italic*）

表示应该由用户输入的值或根据上下文确定的值替换的文本。

 该图标表示提示或建议。

 该图标表示一般注记。

O'Reilly在线学习平台（O'Reilly Online Learning）

O'REILLY® 近 40 年来，O'Reilly Media 致力于提供技术和商业培训、知识和卓越见解，来帮助众多公司取得成功。

我们拥有独一无二的专家和革新者组成的庞大网络，他们通过图书、文章、会议和我们的在线学习平台分享他们的知识和经验。O'Reilly 的在线学习平台允许你按需访问现场培训课程、深入的学习路径、交互式编程环境，以及 O'Reilly 和 200 多家其他出版商提供的大量文本和视频资源。有关的更多信息，请访问 https://oreilly.com。

联系我们

请把对本书的评价和问题发给出版社。

美国：

O'Reilly Media, Inc.
1005 Gravenstein Highway North
Sebastopol, CA 95472

中国：

北京市西城区西直门南大街 2 号成铭大厦 C 座 807 室（100035）
奥莱利技术咨询（北京）有限公司

O'Reilly 的每一本书都有专属网页，你可以在那儿找到图书的相关信息，包括勘误表[3]、示例代码以及其他信息。本书的网站地址是 http://shop.oreilly.com/product/0636920035848.do。

对于本书的评论和技术性问题，请发送电子邮件到 bookquestions@oreilly.com。

要了解更多 O'Reilly 图书、培训课程、会议和新闻的信息，请访问以下网站：http://www.oreilly.com。

我们在 Facebook 的地址如下：http://facebook.com/oreilly。

请关注我们的 Twitter 动态：http://twitter.com/oreillymedia。

我们的 YouTube 视频地址如下：http://www.youtube.com/oreillymedia。

致谢

尽管只有一位作者，但本书是这个领域许多优秀专家和同事共同努力的成果。在此诚挚感谢以下人员，感谢各位提供了极其有用的意见、建议、见解和支持：Andrew Abela、Peter Aiken、Tracy Allison Altman、Samarth Baskar、Lon Binder、Neil Blumenthal、Yosef Borenstein、Lewis Broome、Trey Causey、Brian Dalessandro、Greg Elin、Samantha Everitt、Mario Faria、Stephen Few、Tom Fishburne、Andrew Francis Freeman、Dave Gilboa、Christina Kim、Nick Kim、Anjali Kumar、Greg Linden、Stephen Few、Jason Gowans、Sebastian Gutierrez、Doug Laney、Shaun Lysen、Doug Mack、Patrick Mahoney、Chris Maliwat、Mikayla Markrich、Lynn Massimo、Sanjay Mathur、Miriah Meyer、Julie-Jennifer Nguyen、Scott Pauly、Jeff Potter、Matt Rizzo、Max Schron、Anna Smith、Nellwyn Thomas、Daniel Tunkelang、James Vallandingham、Satish Vedantam、Daniel White 及 Dan Woods。还要感谢 Warby Parker 各位同事的大力支持。另外，对于我无意中遗漏的那些人，在此致以最诚挚的歉意。

还要特别感谢技术审稿人：Daniel Mintz、Julie Steele、Dan Woods、Lon Binder 和 June Andrews。他们全面、明智、具体的建议极大地提高了本书质量。

同时感谢 Data Driven Business 的组织者，特别是 Antanina Kapchonava，以及 2014 年 11 月 12 日在纽约举办的首席数据官论坛的参与者们。

James Vallandingham 特别热心地为本书重新制作并修改了图 4-1。

注 3：本书中文版勘误请到 ituring.cn/book/1727 查看或提交。——编者注

还要感谢 Sebastian Gutierrez 与我展开的有趣交流，并让我从他出色的数据可视化课程中“窃取”一些绝佳的示例。

我也要感谢朋友和家人的支持，特别是长期忍受我写作的妻子 Alexia，在我写作本书的第二个月，她称自己为“图书寡妇”。还要感谢我的母亲，她一直以来都非常支持我。

最后，我要向 O'Reilly 出版社的所有工作人员表达感激之情，特别是 Tim McGovern，作为本书的编辑，他恰到好处地改进和打磨了本书。还要感谢 Mike Loukides、Ben Lorica、Marie Beaugureau，尤其是出版团队的 Colleen Lobner、Lucie Haskins、David Futato、Kim Cofer、Ellie Volckhausen、Amanda Kersey 和 Rebecca Demarest。

电子版

扫描如下二维码，即可购买本书中文版电子版。

第 1 章

数据驱动意味着什么

如果没有数据，你就只是一个持有某一观点的人。

——William Edwards Deming

数据驱动指的是创建数据分析工具、培养数据分析能力，以及最重要的，创建依据数据进行决策和行动的**文化**。本章将概述数据驱动型组织的与众不同之处。首先介绍数据收集和访问的一些前提条件，然后详细对比报表和报警以及分析，因为这种区分至关重要。目前存在许多类型的前瞻性分析方法，且复杂程度不同。因此，我会花些时间介绍这些类型的分析方法，解析它们的分析层级和分析成熟度，特别是讨论分析成熟型组织的特征。分析成熟型组织是什么样子呢？

首先解答第一个问题：对组织而言，数据驱动意味着什么？

1.1　数据收集

我们从两个显而易见的前提条件开始。

前提条件 1：任何组织都必须收集数据。

毋庸置疑，数据是关键要素。当然，并不是所有数据都要收集，我们必须收集**正确**的数据。收集的数据要与待解决的问题相关，而且必须及时、准确、干净、无偏，也许最重要的是，数据必须可靠。

这些要求非常苛刻。数据总是比我们想象的"脏"很多。那些潜藏的带有偏见的数据会影响最后的结论，并且清洗和转换数据的过程很艰难并且耗时费钱。我经常听说，数据科学家将 80% 的时间用于获取、清洗及准备数据，20% 的时间用于数据的建模、分析、可视化以及得出结论。以我的经验来看，这是非常合理的。第 2 章会详细介绍数据质量的方方面面。

即使你确实获取了高质量数据，哪怕是大量的高质量数据，也仅仅是拥有了数据而已。不管你听过多少来自市场或业界的大肆宣扬，依然不能使你变成数据驱动型的人。有些人，特别是大数据供应商和服务提供商，不遗余力地将大数据描述成包治百病的灵丹妙药，似乎你收集了所有可能的数据，其中就一定有引领公司走向成功的"钻石"。然而不争的事实是，单单拥有大量数据是不够的。少量干净、可靠的数据远比海量垃圾数据更有挖掘价值。

1.2 数据访问

前提条件 2：数据必须可以访问和查询。

拥有准确、及时和相关的数据依然不足以称为数据驱动。数据必须具有以下特点。

可连接

在必要时，数据的形式必须可以和其他企业数据结合起来。可选的数据形式很多，比如关系型数据库、NoSQL 存储或者 Hadoop。要借助合适的工具来完成工作。例如，Warby Parker 公司的财务分析师以前一直使用 Excel 表格计算交给高管的关键指标。他们从不同数据源获取大量的原始数据，然后运行 VLOOKUPS（用于发现数据中交叉引用的 Excel 函数）连接它们，以便从较高层次理解这些数据值。最初，这种方式运行得很好。但是，随着公司销售额和客户基数的迅速增长，数据总量越来越大，Excel 文档接近 300MB，计算机的最大内存已承受不住。而且 VLOOKUPS 会运行超过 10 小时，频繁崩溃，不得不重启。他们已尽量充分利用工具和手段了。Excel 是一个不错的工具，但公司的快速发展使其逐渐相形见绌。对分析师而言，获取数据的机制非常耗时，这也是压力的来源之一，因为他们要在获取期望的结果数据和等待 10 小时后重新运行 VLOOKUPS 函数之间做出选择。这使得他们从分析师变成了微软的数据工程师。我的团队帮忙将整个数据集导入 MySQL 关系型数据库。我们通过编写查询语句来处理数据，以便他们能将精力集中在数据的分析、趋势研究和演示上，从而更加有效地利用时间。只要分析师拥有更有效的工具和更多可支配的时间，他们就能进行更加深入和丰富的分析了。

可共享

组织内必须创建数据共享的文化以整合数据，比如合并客户的点击流和交易历史。设想有个病人，他在一家医院的急诊室接受一番治疗后，被告知要接受另一家诊所的检查和治疗。如果医院和诊所之间没有共享病人的住院时间、地点、病因、病理特征、接受的治疗等相关数据，这个病人将面临更糟糕的服务和治疗。从医疗服务提供方的角度来说，如果缺乏病人全面准确的流动情况、诊断过程和跟踪数据，分析师很难或不可能分析和改善治疗过程与效果。因此，封闭的数据总是会阻碍期望结果的获取。当系统的数据对更多相关方可用时，整体效果会优于局部效果的总和。

可查询

必须使用合适的工具对数据进行查询、切片和分块。所有的报表和分析都需要过滤、分组和聚合数据，以将大量原始数据简化成更高级的小数据集，进而帮助企业理解当前的业务状况，了解趋势或弄清楚客户群之间的差异。分析师必须具备能轻松计算数据指标的工具。

（后续章节会深度解析这些问题。）

现在我们有了数据且它是可访问的，这就足够了吗？当然不是。我们还需要能正确使用这些数据的人。这意味着需要过滤和聚合数据的机制，比如查询语言或者 Excel 宏语句；同时，也需要有人能够设计和选择合适的数据指标，并不断抽取和跟踪数据（第 6 章将讨论该话题）。这些指标可能是重复订阅率（比如 Netflix 和《华尔街日报》的订阅服务）、生命周期价值或经济增长指标，但这需要分工合作，由一个人决定这些数值，另一个人建立提供指标值的流程。

因此，对想成为数据驱动型的组织而言，必须要有人参与其中。这些人应能提出与数据相关的正确问题，拥有抽取正确数据和指标的技能，并能利用数据启发下一步行动。简而言之，仅凭数据不能解救组织于水火。

1.3 报表

假设你有一个可以访问精确数据的分析团队。他们通过抽取销售数据做了一份报表，并自豪地声称公司 4~5 月的订单量增长了 5.2%，如图 1-1 所示。

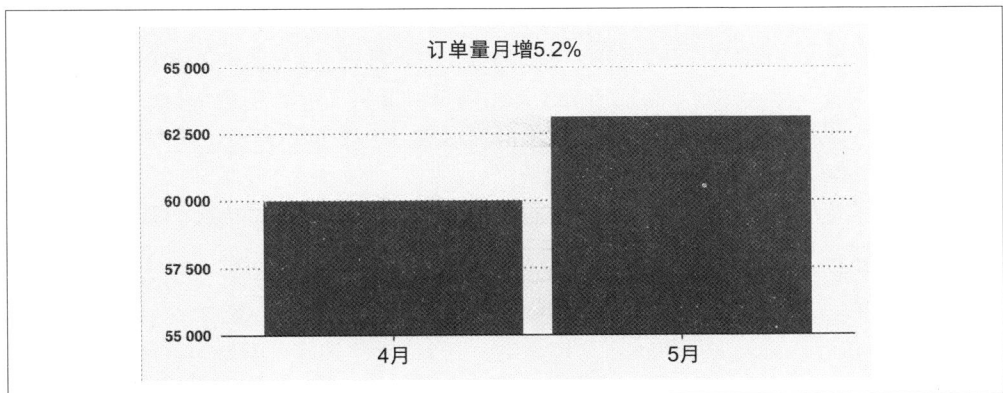

图 1-1：月销量增长 5.2%

现在听起来更像数据驱动型组织了。然而，事实上这还远远不够。他们正在跟踪这些指标，情况貌似不错。首席财务官和首席执行官也一定对这些数据很感兴趣。但 5.2% 真正告诉了你什么呢？实际上告诉你的信息非常少。公司销量增长有许多可能的原因，具体如下。

- 假设你销售的是一种季节性很强的产品，比如海滩装。也许 5.2% 的增长率比正常水平低得多。也许在大部分年份里，5 月的销量是比前一个月高 7%，而今年的增长量完全在平均线以下。
- 也许首席营销官为了提升品牌知名度，花了很多钱来举办一场全国性的市场营销活动。在这 5.2% 的增长量中，这场营销活动的贡献有多少？投入的活动经费是否花得值当？
- 也许公司的首席执行官在《早安美国》中出镜了，也许产品出现在了 Techcrunch 的博客专栏中，也许相关视频广泛传播了。这些都是销量增长的驱动因素。也就是说，增长可归结于特定的不寻常的驱动事件（它们会引发短暂或持久的销量增长）。
- 也许月销量较低且变化剧烈。销量增长可能只是运气好而已，总体销售趋势或许正在下滑。（如果你交易过股票，就会对此深有体会。）
- 也许数据本身就是错的。如果你的销售额一直比较稳定，而现在突然有一次暴涨，并且同时没有任何不寻常的事件发生，那么可能就是数据质量出了问题。

上述这些情况都有可能发生。报表中的数据只是一个缺乏具体场景的数值。

> 随着组织越来越庞大和复杂，管理者依赖的多是处理后的数据，而不是第一手资料。

——John Maeda
2014 年 8 月 16 日

1.4 报警

叮！叮！叮！在过去的 5 分钟里，14 号 Web 应用服务器的 CPU 平均使用率已超过 98%。

报警是反映当前正在发生什么的报表。它们通常按照预先设计好的指标来提供特定的数据信息，但像报表一样，它们不会说明 CPU 使用率上升的原因，也不会告诉你应该怎样解决所面临的问题。因此，同报表一样，它们缺乏重要的场景描述和基于因果分析的解释。正因如此，性能工程师或系统管理员才会研究产品日志，以确认究竟发生了什么、为何发生，并提出解决方法：回滚一些代码，添加更多的服务器，重新配置负载均衡器，等等。

图 1-2 是关于服务器负载随时间变化的示意图：整体平稳，偶有变化，全天大部分时间运行队列处于 0.5 或者更低水平。凌晨 1 点负载开始上升，超过了 5，在 30 分钟内比正常水平增加了 10 倍。这看上去很不正常。究竟发生了什么？应该有人来处理这种情况，但是怎么做呢？

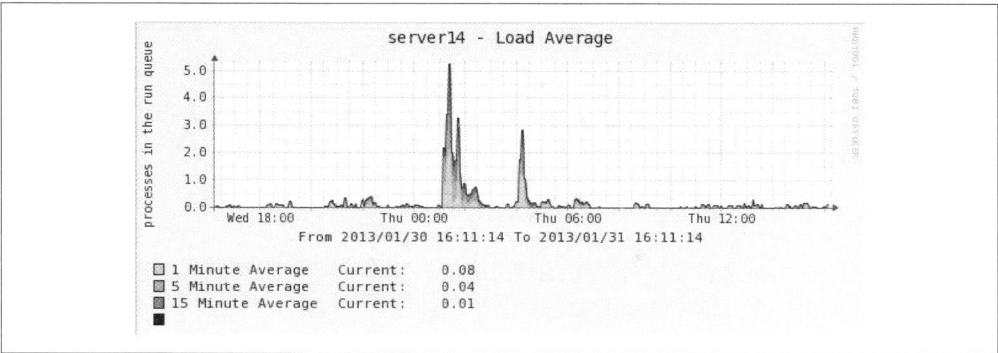

图 1-2：服务器负载随时间的变化

在这个案例中，只是每周都会运行数据备份。每周四的凌晨 1 点备份——正常，此处没什么好深究的。这就说明此案例中有完备的数据，并且一个不错的指标也显示得很清楚。但是，分析场景有欠缺——这是数据备份导致的结果；它发生在特定的时间点，凌晨 1 点是预期的时间窗口；服务器可以处理这个突增的负载。

1.5 从报表和报警到分析

报表和报警是数据驱动的必要特征，但不是充分的特征。然而，我们也不能低估报表和报警这两种活动的重要性。报表是数据驱动型组织中很重要的组成部分。没有它就没有高效的组织，不过，反过来就不一定了：许多组织重视报表，却很少能真正（客观）地分析数据。其中一个原因是，报表可能是法律要求和责任，比如遵循《萨班斯 – 奥克斯利法案》或向股东汇报盈利状况，而不是受到改善业务的企业文化的驱动。

报表展示了过去发生的事情，提供了一个可供观察变化和趋势的基线。它可以足够有趣，让投资人和股东满意，但它基本上采用回顾性视角。要想成为数据驱动型组织，就必须更进一步。积极采用**前瞻性**视角，参与分析，深入探索，发现数据变化的内在原因，并在合适的时候做出可验证的预测，或者运行不同的测试来获取更多可说明缘由的数据。

清楚起见，对比一下这两者。下面是一组定义。

报表
　　"为了监控企业不同方面的表现，将数据组织成信息摘要的过程[1]"。

分析
　　"将数据资产转换成有竞争力的见解，从而使用人才、流程和技术驱动业务决策和行动[2]"。

注 1：Brent Dykes. Reporting vs. Analysis: What's the Difference? 2010.
注 2：Mario Faria. Acting on Analytics: How to Build a Data-Driven Enterprise, 2013.

报表讲述发生了什么——周四上午 10:03，网站访客达到 63 000 人这个高峰。它往往提供非常特定的主题或范围。

分析讲述事件发生的原因——10:01 的电视新闻杂志节目《60 分钟》中提到了公司——并应该针对组织能做或该做什么以制造类似的效果给出建议。

报表阐述事实，是描述性的，而分析是说明性的。

表 1-1 总结了两者的不同之处。希望至此你已清楚为什么分析和数据驱动是一家企业非常重要的一面或文化构成。这是使企业朝着新方向发展或提升效率的驱动力。

表 1-1：报表和分析的关键属性（主要收集于 Dykes 2010 年的相关研究）

报　　　表	分　　析
描述性	说明性
什么	为什么
回顾性视角	前瞻性视角
提出问题	解答问题
数据→信息	数据＋信息→见解
报表、指示板、报警	发现、建议、预测
上下文无关（无分析场景）	上下文＋故事描述（详细的分析场景）

Davenport 等人[3]定义了一个用于理解分析的实用框架（见表 1-2）。

表 1-2：由分析解决的 Davenport 假设关键问题（源于 Davenport 等人于 2010 年发表的文章，有修正）。D 是有价值的分析，仅当按照信息采取行动时 E 和 F 才是数据驱动的（更多解释见下文）

	过　　去	当　　前	未　　来
信息	(A) 发生了什么 报表	(B) 正在发生什么 报警	(C) 接下来会发生什么 推断
见解	(D) 怎么以及为何发生 构造模型、实验设计	(E) 下一步的最佳行动 是什么建议	(F) 可能发生的最差 / 最好结果是什么 预测，优化，模拟

我们可以从表中最后一行看到由见解驱动的行动。如前所述，只有报表（A）和报警（B）不能算是数据驱动：它们说明过去发生了什么，或者当前正在发生什么不寻常或意料之外的事，但没有解释发生的原因，也没有给出怎么解决或者再现同样情况的建议。从模型或者实验（D）中挖掘和理解起因是数据驱动的先决条件。只有彻底了解事情的来龙去脉，才能形成一个计划或一整套建议（E）。E 和 F 也只有在按照信息采取行动时才算真正的数据驱动，详细解释如下。

（C 是一个危险区域：很容易把观察到的趋势推演到将来——在 Excel 中，点击"图表"，然后点击"添加趋势线"；也就是在当前的数据范围之外进行推断，做出朴素的预测。甚

注 3：Tomas H. Davenport, Jeanne G. Harris. Competing on Analytics, 2007.

至在对模型的可实施形式做出明智选择时，也有许多原因会导致预测有误导性或者完全错误。为了让预测更可靠，必须建立因果模型。第 5 章会描述分析的类型。）

总而言之，表 1-2 的最后一行突出了前瞻性活动，其中包含了因果解析的要素。接下来我们将讲述数据驱动意味着什么。

1.6 数据驱动的特征

真正的数据驱动型组织需要从事如下几种活动。

- 数据驱动型组织可能不断地测试。这可能是基于网站结账流程的 A/B 测试，或是在市场营销活动中对邮件主题进行的测试。比如，社交网站 LinkedIn 每天运行 200 个实验，而 Esty 网站同时运行数十个测试。这些测试也可能包括用户测试——直接和真实客户或用户一起工作，以获取关于新特性或新产品的直接反馈。
- 数据驱动型组织可能持有持续改善的理念。这涉及针对核心流程的反复优化，例如，将制造时间缩短几分钟，或者降低每一次采购的成本。这来源于细致的分析、对数学或者统计模型的精雕细琢以及不断的模拟。
- 数据驱动型组织可能参与预测模型的建立，预测销量、股价或者公司收益，更重要的是，将预测错误和其他经验教训反馈给预测模型，以提升其准确性（第 10 章将介绍相关内容）。
- 数据驱动型组织几乎肯定要使用一套具有不同权重的变量，在未来的诸多选择或行动中做出选择。资源总是有限的，不同的行动方案也各具优缺点。组织应该针对相关的或感兴趣的每一类变量收集数据，并确定权重，以产生最终的前导决策。例如，Warby Parker 公司在选择第一处位于纽约之外的办公地点时，考虑了多个变量——盖洛普幸福指数、人才库、生活成本、飞往纽约的航班数及费用等——并给它们排序和分配权重，以此做出最终决策。Marissa Mayer（雅虎首席执行官）讲述了类似的故事。在面对多个工作机会时，她通过分析和权衡，最终选择了谷歌 [4]。

真正的数据驱动型组织至少要做上述事情中的一件，即具有前瞻性的事，其中，数据是一等公民。

现在，如果一个组织拥有高质量数据和从事这些前瞻性活动的经验丰富的分析师，那它肯定就是数据驱动的！

然而，未必如此。就像没人会注意到森林里有一棵树倒下一样，如果分析师拿出分析结论却无人问津，或者他们无法影响依靠直觉和立场做决定的决策者，那么很遗憾，这也不是数据驱动。分析师必须告知并影响那些在组织中有影响力的人。

注 4：Bianca Bosker. Google Exec Marissa Mayer Explains Why There Aren't More Girl Geeks, 2011.

Dykes 通过"分析价值链"谈及了这一点（见图 1-3）。数据必须驱动报表，而报表应该引起更加深入的数据挖掘和信息分析。数据驱动的关键是，分析师必须靠近决策者，让他们将这些分析结果融入决策流程。组织需要这些数据和分析去驱动改变战略或战术的决策，并最终以某种方式影响组织。技术和培训能够做到第一点：让分析师做分析并写下分析结果。然而，只有**文化**才能锻造让人们重视、相信并根据分析结果采取行动的思维模式和流程。

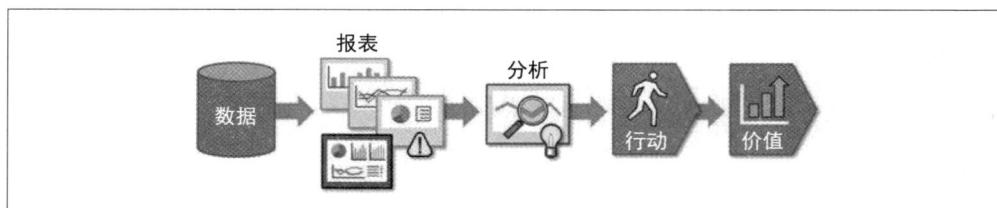

图 1-3：分析价值链（Dykes，2010）。在数据驱动型组织中，数据生成报表，报表引发更加深入的分析，分析结果被呈递给决策者，以融入其决策过程，影响公司的前进方向，并提供价值和影响

最后，我们回到了关键问题：数据驱动意味着什么。数据驱动型组织会使用数据作为启发和影响战略的重要证据。组织内部将建立基于证据的文化：数据是可信任的，分析是高度相关的、启发性的并用于决定接下来的步骤。

这一过程也充满了挑战。如果你的组织在凭直觉做决策，你要给出什么理由来支持基于数据的决策呢？这不容易，也快不起来，因此不要期望一夜之间就彻底改变组织，但是组织中的每个人都可以为这种改变贡献力量。本书将介绍一些使组织文化变得更加数据驱动的方法。

1.7　分析成熟度

2009 年，赛仕（SAS）软件研究所的高级副总裁兼首席营销官 Jim Davis 提出了分析成熟度的 8 个层级 [5]。

标准报表

发生了什么？何时发生的？**示例**：月度财务报表。

特定报表

量是多少？频次如何？在哪里？**示例**：客户（定制）报表。

钻取查询（或在线分析处理，OLAP）

问题具体在哪儿？怎样获取解决方案？**示例**：手机用户的类型及其呼叫行为模式。

注 5：SAS. Eight Levels of Analytics, 2008.

报警

何时做出反应？当前需要采取什么行动？**示例**：之前提到的 CPU 使用率。

统计分析

事件的起因？正在错失什么机会？**示例**：为何越来越多的银行客户抵押房产？

预报

如果这些趋势持续下去会怎样？需要的花费有多少？何时需要？**示例**：零售商可以预测不同门店对商品的需求量。

预测

接下来会发生什么？将对我们的业务产生怎样的影响？**示例**：娱乐场所预测哪些 VIP 客户会对特定的假期套餐更感兴趣。

优化

如何将事情做得更好？对于一个复杂问题，最佳决策是什么？**示例**：在业务和资源都受限的情况下，什么才是优化 IT 基础架构的最佳方式？

上述观点构成了 Davenport 和 Harris 合著的颇具影响力的《数据分析竞争法》一书中的一幅图（见图 1-4）的基础。

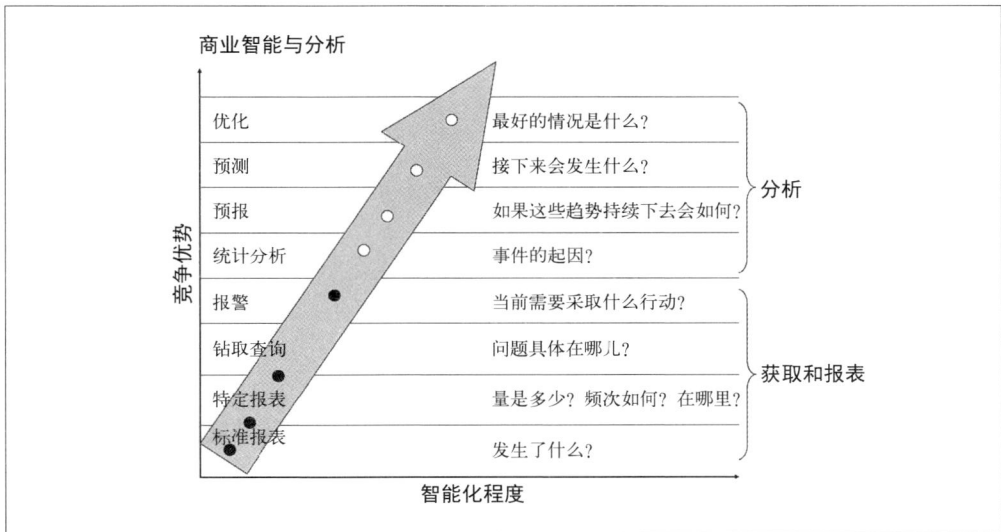

图 1-4：Davenport 和 Harris 合著的《数据分析竞争法》中的"商业智能与分析"，借鉴自 Jim Davis 的分析层级理论

（可以看出，Davenport 的框架和表 1-2 都基于上图。你可以将前四级映射到表 1-2 中的"信息"行，后四级映射到表 1-2 中的"见解"行。）

我喜欢通用的概念和标识。然而，按照 Davis（2009）与 Davenport 和 Harris（2007）表达思想的方法，尤其是使用了向上的大箭头，很容易将此解释为一种过程或某种层级结构，就像电子游戏中的逐级前进，只有攻克一关后才能进入下一关。

这种伪过程经常被贴上分析成熟度的标签。通过谷歌的图片搜索服务搜索一下"分析成熟度"，你就会明白我在说什么了；许多商业智能厂商和实践者将其表示为一系列步骤，使用了从一级指向下一级的单向箭头。分析过程不是这样的。在一个分析过程中，分析被分割成不同的层级，而组织的不同部分可以在任何时候参与到复杂程度不同的分析过程中。Ron Shevlin[6] 提出了一些重要观点：

> 从能力角度看，一家公司完全可以在不知道销售"问题"到底是什么时（层级3），做出销售预测（层级6）……作为管理者，倘若不知道"如果这些趋势持续下去会怎样"以及"接下来会发生什么"（层级6和层级7），又怎么能够解决"当前需要采取什么行动"这一问题呢？

我认为，对此的正确解读方式是，组织参与分析的**最高**层级与对分析的信奉、投入和使用程度以及 Davenport 和 Harris 所言的分析竞争力成正比。比如，你组建了一个进行运营研究的博士团队，致力于优化你的全球供应链，那么很显然，你在数据和分析方面投入很大。如果你的组织只达到了报警和钻取查询的水平，那显然你的投入较少，不够数据驱动。

潜在的含义是，越复杂的分析越好，它们可以让组织更有竞争力。真的是这样吗？《麻省理工学院斯隆管理评论》和 IBM 商业价值研究院共同做过一项有趣的研究[7]，他们就分析的使用情况和对分析价值的看法，调查了 30 个行业的 3000 名经理和分析师。

其中一个调查问题涉及组织的竞争地位，可能的回答如下：

1. 远超竞争对手；
2. 一定程度上超越了竞争对手；
3. 与对手齐头并进；
4. 略逊于或远不如竞争对手。

那些选择答案 1 和答案 4 的组织，分别被认定为顶级公司和末流公司。有趣的是，相比末流公司，顶级公司：

- 使用数据分析的可能性比前者高 5 倍；
- 成为高水平数据分析使用者的可能性比前者高 3 倍；
- 使用数据分析指导日常运作的可能性比前者高 2 倍；

注 6：Ron Shevlin. The Eight Levels Of Analytics? 2009.

注 7：Steve LaValle, Eric Lesser, Rebecca Shockley. Analytics: The New Path to Value, 2010.

- 使用数据分析结果指导未来战略的可能性比前者高 2 倍。

从方法论角度而言，上述的调查肯定存在许多复杂的因素。可能存在重大的幸存者偏差，也可能和顶级公司的规模有关（我们知道，这些组织的年收益从不到 5 亿美元到超过 100 亿美元不等）。例如，可能只有更加成功的庞大组织才具有带宽和资源来建立高水平的运营研究部门，才可以设计和运作供应链模拟模型。然而，广泛的共识是，更加优良和精密的数据分析驱动了商业价值。

文章作者认为分析能力的 3 个层级分别是进取型、经验型、变革型，如表 1-3 所示。

表 1-3：分析能力层级：进取型、经验型、变革型

	进 取 型	经 验 型	变 革 型
将分析应用于……	行为判断	行为指导	行为规范
使用严格缜密的方法来做决策	几乎没有	有时	大部分时候
获取、聚合、分析和分享信息及滑察的能力	有限	中等程度	非常高
功能熟悉度	• 财务和预算 • 运营和生产 • 销售和市场	• 所有抱负型功能 • 战略 / 商业开发 • 客户服务 • 生产研发	• 所有抱负型和经验型功能 • 风险管理 • 客户体验 • 人力计划 • 一般管理 • 品牌和市场管理

与进取型组织相比，变革型组织：

- 获取信息的可能性比前者高 4 倍；
- 聚合信息的可能性比前者高 9 倍；
- 分析信息的可能性比前者高 8 倍；
- 传播信息和见解的可能性比前者高 10 倍；
- 利用中央分析单元作为数据分析的基本来源的可能性比前者高 63%（第 4 章会介绍分析组织架构）。

再次重申，原因、结果和偏差三者之间的关系十分复杂，但相较于同行的竞争优势和分析复杂度之间具有一定的关联性。

那么，是什么在阻碍组织广泛地应用数据分析方法呢？三个主要答案中的两个分别是：不了解如何使用分析方法，以及缺乏业务相关的技能（见图 1-5）。

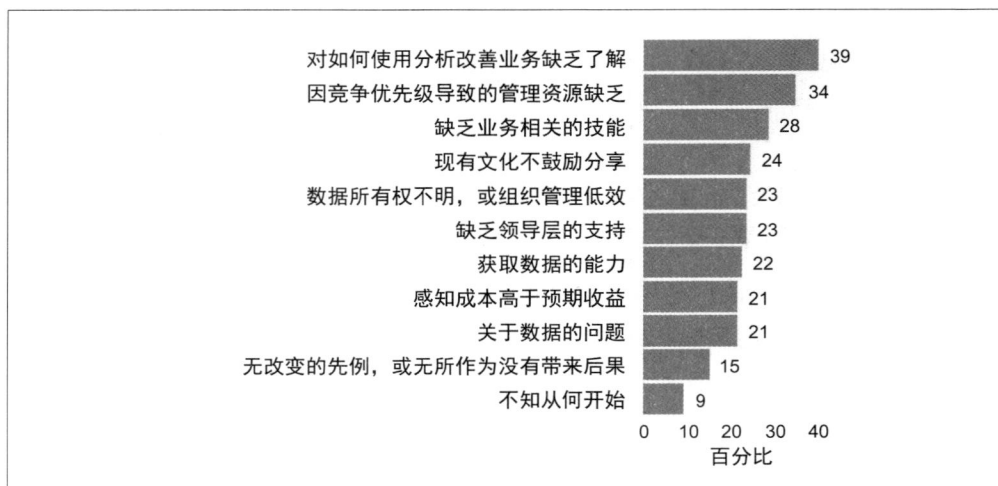

图 1-5：针对以下问题的反馈："在你的组织中，广泛采用信息和数据分析的主要障碍是什么？"

这些是每个人，包括每个数据分析师，都可以帮助驱动的。比如，分析师可以帮助提升他们的数据分析技能，更加积极主动地完成工作，并将其价值告知管理者和企业。他们可以做更多的研究，以搜集其他组织利用分析解决类似商业问题的案例。数据工程经理可以为数据集成和数据质量分配资源，以便提高数据的可信度。高层管理者可以推动或者要求更大程度的数据共享，以及明确数据责任人和数据管理职责，例如，任命首席分析官或首席数据官（第 11 章将介绍）。每个人都有自己的角色。

1.8　小结

接下来的章节会深入分析相关的问题。具体来说，本书先从基础层面分析需求：原始数据和聚合数据及其质量（第 2 章和第 3 章）。接着介绍数据分析组织本身：分析师的类型，以及他们应具备的技能及其组织结构（第 4 章）。然后描述数据分析的各个方面（第 5 章）、指标设计（第 6 章）以及用数据讲故事（第 7 章）。第 8 章探讨 A/B 测试。最重要的是，第 9 章和第 10 章探讨文化和决策过程，这两者也是优秀的数据驱动型组织的特征。第 11 章探讨在管理文化和变更管理方面，尤其是在大型组织中需要什么：数据驱动的高管。尤其要指出的是，本书将介绍 3 个全新的高管职位：首席数据官、首席数字官和首席分析官。第 12 章讨论与数据相关的道德及隐私问题，并介绍尊重用户数据的组织为何可能会限制其分析师对数据的处理。最后，第 13 章将得出一般性结论。

第 2 章

数据质量

> 我的时间大约有 80% 花在了清洗数据上。

> 优质的数据总是胜过优质的模型。

——Thomson Nguyen

数据是数据驱动型组织的基础。

如果缺乏及时、相关和可信赖的数据，那么决策者别无选择，只能凭直觉做决定。数据质量是关键。

本章中"质量"一词的含义非常广泛，主要从数据分析师的角度来考虑。

分析师需要在正确的时间、正确的地点，通过正确的手段，以正确的形式，获取正确的数据。（他们的要求不算多。）只要以上任何一点出现错误或缺失，分析师能回答的问题以及他们能从数据中获得的见解的类型或质量都将受限。

本章和第 3 章将讨论数据质量这一广泛的主题。本章讨论如何确保数据收集过程的正确性。此处的"质量"指的是精确、时效性和一致性等。第 3 章将介绍如何确保所收集的数据是正确的。这里的"质量"意味着选择和提供最佳的数据源，以便增强现有数据，从而获得更好的见解。简而言之，接下来介绍如何正确地收集数据以及如何收集正确的数据。

13

本章重点介绍判定数据可靠或不可靠的方法。首先将介绍数据质量的各个方面——干净数据具备的所有属性。之后将深入探讨数据质量变差的各种原因。后一部分内容会更加详细，原因如下。第一，影响数据质量的因素有很多，并且不是理论上的因素。只要你对数据稍事处理，就会碰到很多因素，即使不是大部分因素。这是事实，而且质量问题出现的频率远比我们想象的高，这就是为什么大多数数据科学家的大部分时间花在清洗数据上。此外，质量问题的发生概率会随着数据规模的增大而增加。我的前同事 Samer Masry 说："在处理大规模数据时，永远要记住，那些极罕见的问题每一秒都有可能发生！"第二，也可能是更重要的一点，正如我建议的，积极检查和维护数据质量是大家共同的职责。分析价值链中的每一个人都应该积极参与数据质量的维护。因此，更加深入地理解数据质量问题及其来源对每个人都有好处，其中有些问题很微妙，可能会给数据源带来严重的偏差。

下面我们来看看数据质量的意义吧。

2.1　数据质量的各个方面

数据质量并不是可以简化成单个数字的东西。质量不是数字 5 或者 32。原因在于，"质量"这个词涉及诸多方面或维度。所以有不同的质量水平，其中某些问题的严重程度高于另外一些。不过这些问题的严重程度取决于数据分析的**场景**。因此，假设你拿到了一张有州代码但大部分邮编缺失的客户地址表格，如果你计划利用邮编而不是州代码进行分析，这些缺失的邮编就会成为主要障碍。

具体而言，数据质量涉及很多方面。数据应具备如下特性。

可访问性
　　分析师能够访问数据。这不仅涉及访问权限问题，也需要有合适的工具使数据可用和可分析。例如，尽管一个用 SQL（结构化查询语言，帮助用户查询数据库的工具）语句导出的文件可能包含分析师需要的数据，但数据不是可用的形式。必须将数据导入在线数据库或商业智能工具（数据库上层），以供分析师进行分析。

准确性
　　数据值代表实体的真实值或状态。例如，未经校准的温度计、输入错误的出生日期以及过期的客户地址资料，代表的都是不准确的数据。

连贯性
　　相关数据可以用一种准确的方式组合到一起。例如，销售订单应该能够与客户、订单中的一件或者多件商品、账单 / 邮寄地址，以及可能的支付信息绑定在一起。这组信息提供了销售订单的连贯描述。连贯性是通过一组 ID 或键值实现的，它们将数据库中不同部分的数据绑定到一起。

完整性

数据没有缺失。这可能指一条记录中的某部分信息,例如客户记录中缺失的客户的名字;或者指缺失了完整的记录,例如一整条客户记录在存储到数据库的过程中都丢失了。

一致性

数据一致。例如在两个数据源中,同一客户的邮件地址是一致的。如果两个数据源中同一客户的信息不一致,那么其中一个数据源应被认定为主数据源,或者两者都不可用,直到不一致问题得到充分认识并及时解决。

明确性

每一个独立的数据字段都是定义明确、无歧义的。在数据字典中,明确命名的数据字段有助于保证数据的质量(后面将讨论)。

相关性

数据与正在进行的数据分析有关。例如,苹果公司股票的历史交易价格虽然很有意思,但可能和五花肉期货的分析没有什么关系。

可靠性

数据可靠性包含了完整性(你拥有期望的所有数据)和准确性(数据提供了正确的信息)两层含义。

时效性

在收集数据和向分析师提供或发布数据之间的时间间隔很短或合理。在实践中,这意味着要及时将数据提供给数据分析师以按时完成分析。我最近听说一家大公司的数据仓库存在一个月的延迟。这些延迟的数据几乎毫无价值(但仍然需要维护及存储成本),只能用于长期战略规划和预测。

以上任意一个特性欠缺都会导致数据无用、部分可用,或者最糟糕的,看似有用但具有误导性。

本章余下部分将介绍导致数据质量下降的一些流程和问题、检测并减少问题的方法,以及谁应对数据质量负责。

2.2 脏数据

在数据收集过程中的每一步,数据都有可能变"坏",而且会因为多种原因变"坏"。我将跟踪数据的整个生命周期,从数据生成到数据分析,并描述每个环节可能引入不良数据的方式。

数据总是比我们想象的"脏"。一项研究[1]表明，脏数据或质量差的数据使美国企业每年遭受 6000 亿美元的损失（约为美国 GDP 的 3.5%）。

在许多情况下，分析师无法控制数据的收集和基本处理。他们一般在数据处理链的下游接收数据。数据处理链包括数据生成、记录、转换、处理和聚合等步骤。不过，很重要的一点是，要意识到可能出现的数据质量问题的类型以及可能的解决方法。

本节的目标是强调常见数据质量问题和陷阱，说明如何避免这些问题，并简要介绍如何在数据集中识别它们。此外，这部分内容旨在号召每位数据分析师行动起来，尽可能地担负控制数据质量的职责，成为其中的利益相关者。

那么先从来源说起，是什么原因导致数据变脏的呢？如何应对这些问题呢？

2.2.1 数据生成

数据生成是质量问题的最初来源，硬件（传感器）、软件（bug）和人脑（人）都有可能成为错误产生的原因。

关于硬件，传感器可能校准错误或未校准，进而造成错误的读数。例如，一个温度传感器可能读数偏高，比如显示的读数为 95°F，但实际只有 93°F。这种情况很容易处理：在设置温度传感器的时候，根据一个正确的、可信任的传感器或计量器进行校准即可。

也可能传感器本身就不可靠。我曾参与过 DARPA（Defense Advanced Research Projects Agency，美国国防部高级研究计划局）批准的群体机器人项目。我们拥有一群简单的机器人，它们的任务是合作画出周围环境的地图。但问题是，这些机器人的红外传感器坏了。于是，我无法集中精力开发用于画出建筑物的分散算法，不得不将大部分时间花在研究过滤算法上，以解决传感器质量问题。这些传感器测量与最近的墙或其他机器人之间的距离。测量值将被删除，否则从静止机器人到最近墙的估算距离会突增一米或更多（误差>50%）——你显然不能信任来自那些传感器的信息。

当有人参与数据收集过程时，有无数种方式将错误引入到该过程中。他们可能不了解如何正确操作设备，可能操之过急或者马虎草率，可能对指令做出了错误的解释，也可能没遵守规程：设想一下两家诊所的护士给患者测量体重，在其中一家诊所，患者可以穿鞋测量，而在另外一家则需要光脚测量。需要明确的规程和培训来解决此类问题。如同任何实验，你需要尽可能地控制和标准化数据收集流程，这样才会得到可用、可靠、可比较的数据。

2.2.2 数据录入

当手动生成数据时，例如护士测量患者的体重，数据将被记录下来，最终录入计算机内。

注 1：Wayne W. Eckerson. Data Warehousing Special Report: Data Quality and the Bottom Line, 2002.

尽管存在无纸化办公这样的前景，但数据往往仍是先记在纸质表格上，作为录入计算机之前的中间步骤。这种复制方式会引入许多错误。

在转录手写内容时会引入错误。（你看一看我的手写体就能明白了。）卫生医疗服务提供商在该领域做了大量研究，其中一个原因是对患者的健康而言，不准确的信息造成的后果非常严重。另外也有成本的原因，比如，让患者进行一次不必要检查的成本非常高。一项研究提到，46% 的用药错误源于转录错误[2]。令人不安的是，在临床研究数据库中，某些字段的此类差错率高达 27%[3]。造成这些错误的原因可能是人们误读或者误解了字迹，或是在语音抄录时没有听清或弄懂质量低劣的声音或生僻字，也可能是因为将信息录入计算机时发生了键入错误。

例如，我曾在一家医疗建模公司工作过。我们经常使用的一个关键的政府数据集名为 NHANES（National Health and Nutrition Examination Survey，国民健康和营养调查）。这是美国关于健康的一项基本人口普查。移动诊所在全国巡回，对不同人群进行采样。他们记录血压读数，测量体重，询问家庭成员的糖尿病和癌症病史，等等。当我们观察一个数据集中采样人群的身高分布时，发现很多成年人的身高是 5 英寸[4]！这些都是训练有素的工作人员，并且是日复一日地参与这类调查。由于身高测量这一程序相对简单，因此最合理的解释就是数据录入错误。也许他们的身高是 5 英尺[5]或是其他。由于我们无法确定到底是哪种情况，因此不得不将这些数据设为未知。

幸运的是，人的身高为 5 英寸是个明显的错误，我们通过简单的直方图就可以识别，并且确定这里绝对有问题。但事实并非总是如此。这里存在可检取性的问题。假设数据录入文员抄录一段文字，但是将字符串 "allergies: cats and dogs"（过敏史：猫和狗）中的两个字母顺序调换了，结果变成了 "allergies: ctas and dogs"，这里的 ctas 是没有任何意义的一个词，字典里根本没有。这类问题相对简单，通过上下文就可以推断出正确的内容。比较隐晦的情况是，个别字母调换顺序后会产生另一个的确存在的单词；假如将 form 误写为 from，那就非常难以辨别了。面对这种情况，上下文也许能够帮助你识别"原貌"，但并不能保证如此。最后，设想一下把 56.789 中的两个数字调换一下，变成了 56.798。这就基本不可能识别出来了。

一般来讲，数据录入问题可以划分成 4 类。

注 2：Christina E. Seely, David. Nicewander, Robert Page, et al. A baseline study of medication error rates at Baylor University Medical Center in preparation for implementation of a computerized physician order entry system, 2004.

注 3：Saveli I. Goldberg, Andrzej Niemerko, Alexander. Turchin, Analysis of Data Errors in Clinical Research Databases, 2008.

注 4：1 英寸等于 2.54 厘米。——编者注

注 5：1 英尺等于 30.48 厘米。——编者注

抄写错误

录入的字词或者数据值与原始数据不同。

插入错误

插入了额外的字符，如 56.789 → 564.789。

删除错误

一个或多个字符被删除，如 56.789 → 56.89。

调换错误

两个或多个字符被调换了顺序，如 56.789 → 56.798。

插入错误和删除错误有两个特殊的子类：一个是**重复书写**，即一个字符串或数据值复制了两次（56.789 → 56.7789）；另一个是**重复字漏误**，即两个相同的字符串或者数据值仅复制了一次（56.779 → 56.79）。这两个术语来自文本批评，该领域的学者会重现破损的古旧的手写文字，这是一种特殊类别的坏数据问题。

日期会产生有关日和月的调换错误。我是英国人，英国的日期格式是日 / 月 / 年。然而我如今在美国生活，这里惯用的格式是月 / 日 / 年。在美国生活的头几年，这个问题一直困扰着我。这同样也会困扰其他人。设想一个全球性网站，用户可以在某个页面的文本框里不加限制地输入日期。用户对日期格式有不同的认知，所以在没有足够的提示或者验证的情况下，日期可能会被输错。有些日期很好判断：3/25（美国格式）不可能是 25 月 3 日。但是，像 4/5 这样的输入呢？你能确定所有人都会理解为 4 月 5 日吗？

那么，我们该如何应对这类错误？

1. 减少数据录入错误

首先，尽可能减少从数据生成到数据录入之间的步骤。显然，如果可以避免纸面书写的中间过程，就尽量将数据直接录入计算机。

尽可能在电子表单中加入字段验证（见图 2-1）。也就是说，如果数据结构良好，并且格式固定（例如，美国的邮编必须是 5 位或 9 位数字，社会保险号也必须是 9 位数字），则要检查数据是否符合既定格式，如不符合，就应拒绝这些数据并指导用户改正存在的错误。数据验证并不限于单一的值。例如，工作人员应该检查返航航班的时间是否在出航航班之后。简而言之，尽可能多地进行验证，从源头预防"垃圾进，垃圾出"问题。

图 2-1：一个在线注册表单中的字段验证示例

图 2-1 的表单中有几个需要验证的数据，例如州名的缩写，你可以使用下拉菜单供用户选择。另外一种可选方式是自动补全。一般而言，你希望用户键入尽可能少的字符：让他们从一组备选项中选择想要的内容，除非要填的是为开放式问题准备的格式不限的文本框。

在理想状况下，数据收集过程中应尽量消除人为因素，并且尽可能自动完成收集和存储的过程。

如果时间和资源充沛，可以安排两个人分别抄录数据，或者让同一个人抄录两遍，然后比对结果，检查数据不一致之处。这就是所谓的复式记账。我曾经安排一位实习生从一套技术图纸中抄录测量数据，然后他又主动重复做了一遍任务，以检查两次的数据是否有差异。他这样做可以让我这个数据使用者相信，到我手里的数据是准确的，符合预期。

当传输像银行账号、社会保险号、本书的 ISBN（国际标准图书编号）等重要数据时，使用数据**校验位**（check digit）是一种有趣的方法。校验位是通过一个数字的其他数位生成并添加到该数字末尾的一个额外数位，用于检查该数字其余部分是否被正确地从一个系统传输到另一个系统。假设你需要传输邮编 94121，下面详细讲解一个很简单的方案。将所有的数字求和（9+4+1+2+1）得到 17，再将 1 和 7 这两个数字求和得到 8。现在传输941218。在另一端的接收系统中进行同样的操作：剥离最后一位数字，94121 → 17 → 8。该结果和校验位 8 匹配，所以 94121 是正确的原始数字。如果存在抄录错误，例如传输的数字为 841218，就可以检测到 84121 → 16 → 7 ≠ 8。

这个方案不是非常可靠：93221（双重抄写错误）或 94211（调换错误）会提供相同的校验位数值。真正的校验位函数在数学上更加复杂，比这种方案更可靠，常用于处理一定数量的抄写错误或调换错误。美国银行的路由号码（支票左下方的 9 位数字）就是一个例子，它包含一个尾部校验位。这些路由数字必须满足：

$$3 \times (d_1 + d_4 + d_7) + 7 \times (d_2 + d_5 + d_8) + d_3 + d_6 + d_9 \bmod 10 = 0$$

模运算（mod）指获取在提取 10 的倍数后某个整数的余数，所以 32 取 10 的模运算得到 2，即 $32 = 3 \times 10 + 2$。用简单的 Python 代码实现如下：

```
routing_number= "122187238"
d = [int(c) for c in routing_number]
checksum = ( # 进行计算!
            7 * (d[0] + d[3] + d[6] +
            3 * (d[1] + d[4] + d[7] +
            9 * (d[2] + d[5])
          ) % 10
print(d[8]== checksum)
```

如你所见，在数据录入阶段，有许多方法可以帮助提高数据质量，但并不非都绝对可靠。如果系统中存在有质量问题的数据，并且传到了数据分析师那里，该如何处理呢？

2. 探索性数据（资料）分析

分析师收到数据后，应该先进行探索性数据分析（第 5 章）以评估数据的质量。要检查明显的错误，比如人身高 5 英寸，一种简单的方法就是汇总数据。对于每个变量，我们可以运用五数概括法进行计算：最小值（min）、下四分位数（第 25 个百分位数）、平均值（mean）或中位数（median）、上四分位数（第 75 个百分位数）和最大值（max）。先看最小值和最大值是否有意义？这些数值是否小于或者大于期望值？身高 5 英寸显然太低了。

下面以 R 语言的 summary() 函数和 Iris 数据集为例。R 是一个用于统计计算和图形绘制的开源软件环境，受到了统计学和数据科学家的欢迎。Iris 数据集由 Edgar Anderson 收集整理而成，却因统计学家 R. A. Fisher 而名声大噪。该数据集包含了 3 种鸢尾花的 50 个样本的测量数据：

```
> summary(iris)
  Sepal.Length    Sepal.Width     Petal.Length    Petal.Width         Species
  Min. :4.300    Min. :2.000     Min. :1.000     Min. :0.100     setosa :50
 1st Qu.:5.100  1st Qu.:2.800   1st Qu.:1.600   1st Qu.:0.300     versicolor:50
 Median :5.800  Median :3.000   Median :4.350   Median :1.300     virginica :5
  Mean :5.843    Mean :3.057     Mean :3.758     Mean :1.199
 3rd Qu.:6.400  3rd Qu.:3.300   3rd Qu.:5.100   3rd Qu.:1.800
  Max. :7.900    Max. :4.400     Max. :6.900     Max. :2.500
```

快速浏览一下行和列即可大致了解数据（1st Qu.= 第 1 个四分位数或第 25 个百分位数；3rd= 第 75 个百分位数或上四分位数）。通过箱形图（见图 2-2）亦可获得同样的信息（和异常值）。

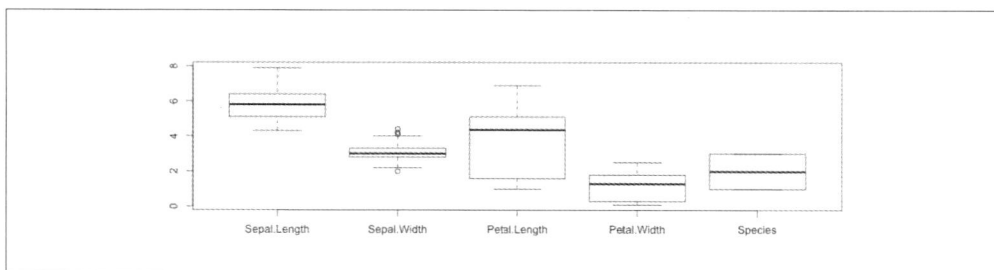

图 2-2：通过调用 R 的 `boxplot()` 函数得到的鸢尾花数据集的箱形图

图 2-3 展示了一些通过简单的数据直方图就能发现的问题。在 NHANES 数据集中，我也查看了血压测量结果。运行 summary() 函数之后，我发现最大血压值高得离谱，比正常水平高出太多。我本以为那些应该是错误数据。然而，从数据分布的角度看就会发现，它们虽处在分布的尾部，但频率合理。通过查找医学文献，可以确定血压值的确可以达到这么高。不过这些数据代表的是可能未经治疗的人群。要知道，这是美国人口的普通样本集，而不是某个医疗机构接受过治疗的患者群——分析场景即一切。

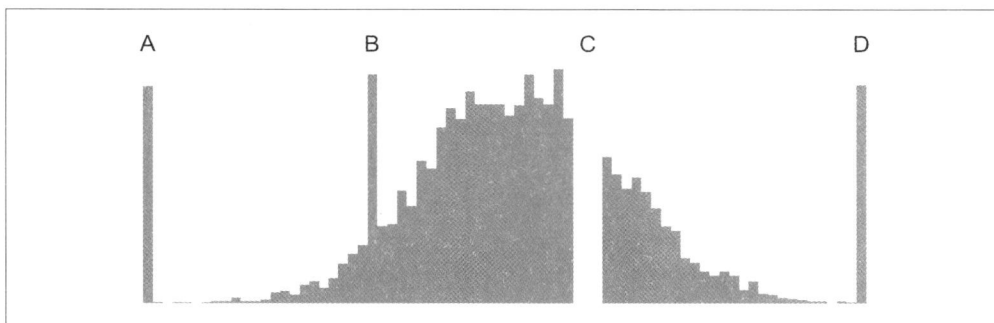

图 2-3：通过简单的直方图可以检测出来的错误和特征示例：A）默认值，如 −1、0 或 1/1/1900；B）输入错误或重复输入的数据；C）缺失的数据；D）默认值，如 999

建立数据期望和评估 [6] 是数据分析师应该培养的两项技能。我之前在血压值上出现误判，是因为我习惯性地考虑了正常的健康个体。但是，我有了更多发现，增加了领域知识，调整了对数据值范围的期望，并且因数据很可能是正确的而感到放心。

以上情况表明，一开始不能信任任何数据源。我总是先假定数据存在错误，而发现问题就是我的工作。虽然无须强迫自己，但我会做一些具体的工作（例如使用 R 语言的 summry()、pair() 和 boxplot() 函数），借此确认数据没有任何明显的问题。在处理 NHANES 数据集的过程中，我和同事绘制了所有变量的直方图，继而查看奇怪的模式、双

注 6：预估是一项被低估的分析技能。我想推荐 P. K. Janert 所著的《数据之魅：基于开源工具的数据分析》的第 7 章。

峰分布和其他极端值。基于日期计算记录的条数是另外一种简单的测试。像这样的探索性数据分析简单、快速且价值极高。

2.2.3　缺失数据

关于数据，最重要的问题之一就是数据不完整或缺失。数据缺失有两种表现形式：一条记录中的局部信息缺失，或者多条记录整体缺失。

填补空白：数值估计

许多统计方法可用于估计或用最合适的值填补缺失数据（我碰巧喜欢在处理表单数据时使用 R 语言的 Amilia 包和谷歌数值估计服务）。这些方法的成功取决于一些要素，包括样本数、缺失数据的数量和模式、变量类型（类别型、连续型、离散型、等等）和数据噪声等。最简单的方法之一就是使用变量均值填充缺失部分。更为复杂的方法则经常配合极大似然法，使用一种名为期望值最大的迭代方法。相关内容可查阅 P.D Allison 的《缺失数据》以及 R.J. A. Little 和 D.B. Rubin 合著的《缺失数据统计分析》。这种方法很强大，但取决于数据本身的特点，至少会产生一些不正确的预测结果。

那为什么还要使用这种方法？为什么还要冒这种险呢？在许多情况下，尤其是医疗和社会科学领域，收集数据的成本相当高，并且可能只有一次收集数据的机会。想象一下收集临床试验第三天患者的血压数据。如果数据丢失，就不可能再回过头重复一遍同样的试验了。正如现实中的双环困境，一个核心问题是：样本数量越少，每条数据记录就越有价值。但是，数值估计算法可利用的数据越少，预测的结果就会越差。

一条记录中缺失一个值会导致整条记录不可用。如果它代表的是主键，即唯一标识记录的值，例如客户编号或者订单号（需要用这些字段连接其他数据），就更是如此。如果与数据分析密切相关的其他字段缺失，整条记录也将不可用。例如，你想通过邮编分析销售情况，但是某条记录中的邮编缺失了，显然这条记录就不可用了。如果足够幸运，分析过程可能不需要信息有缺失的字段，这样就不会遭遇样本数量减少的困境。

如前所述，数据可能由于各种原因而缺失。例如在调查中，调查对象可能不理解或者忽略了某个问题，也可能是抄录者分辨不清潦草的字迹，或者调查对象中途退出了。在硬件方面，可能是服务器崩溃了，或者某个传感器失效了。由于任何偏差都会有损数据质量，因此真正重要的是弄明白数据是如何缺失的。

假设 Web 服务器硬盘坏了，而分析要用到硬盘上存储的数据，这就是所有数据记录都缺失的例子。如果提前利用负载均衡服务器，将所有负载随机分布到 20 个 Web 服务器上，那么当其中某个服务器硬盘出现问题时，因为数据的随机存储机制，只有 5% 的数据会丢失，而非全部。但是，当缺失的数据有一定的模式或偏差时，你可能就会陷入麻烦。如果那个损坏的服务器专门用于存储特定地理区域的信息，基于邮编的数据集就会遗失那个地理区域的相关信息，这种情况会严重影响数据分析结果。

来看一个偏差更严重的情形：假设你发出了一份客户调查问卷，要求接收者在两周内给予反馈。任何在截止日期后收到的反馈都会排除在分析之外。试想一下，其中部分客户正面临运输和订单延迟交付的问题，那么他们极有可能感到非常不快，并且还会较晚发回问卷反馈。在这种情况下，你可能会将较高比例的不开心的客户排除在外。现在你有了一个有偏差的样本。Daniel Mintz 在他的统计学教材中提供了一个特别清晰的关于偏差的例子："提问。你是否喜欢回答调查问卷？是还是否？"无论回答"是"还是"否"，其实都已经在回答调查问卷了。

数据缺失的类型对于分析准确性非常重要。（我要批评数据统计学家提出的以下术语，我个人认为相当糟糕。）你需要检查数据是否属于以下情况。

MCAR

完全随机缺失（missing completely at random），例如随机分布的 Web 服务器流量。

MAR

随机缺失（missing at random），指数据作为已观测数据或现存数据的函数缺失了，例如地理服务 Web 服务器，它导致邮编数据集的样本容量变小。

MNAR

非随机缺失（missing not at random），指数据作为缺失数据的函数缺失了，例如不开心的客户和他们的调查反馈。这是最糟糕的一种情况，带有严重的偏差。

对于上述三项，越往下，麻烦越大，解决问题的可选方案也越少。

关键在于识别和理解所面对的任何偏差。有时你至少能说出数据缺失对指标的影响或划定范围。在一些反常的情况下，带有偏差的缺失数据对测试结果没有丝毫影响。

以前在教授统计学时，我用以下例子讲解中位数属性：在赛鸽这种与众不同的体育运动中，鸽友驱车去离家 100 英里 [7] 的地方放飞鸽子，然后赶紧驱车回家，静候鸽子飞回。这是一种竞赛，并且在每只鸽子到家时，人们都记录了时间：6 号鸽子花了 2 小时 3 分钟，11 号鸽子花了 2 小时 13 分钟，等等。不可避免地，有些鸽子没能回来。它们可能被猎枪打到了，也可能成了猛禽的猎物。因为这些未返回的鸽子，我们不可能算出所有鸽子的**平均**飞行时间。但是，只要缺失的鸽子数少于一半，我们就可以较为准确地算出飞行时间的**中位数**。我们知道原始样本数量，也知道超过一半样本的飞行时间，重要的是，所有缺失的鸽子都比最后一只回来的鸽子晚到，因此我们可以计算出真实的中位数：对于这个缺失数据的样本集，该结果非常准确。所以，有时正确的指标选择可以弥补不利的实验情形（第 6 章将介绍指标的选择）。

注 7：1 英里约等于 1.6 千米。——编者注

2.2.4　多重记录

重复数据是另一类常见问题。多重记录指完全相同的记录出现了多次。这可能有多种原因。例如，你有 10 个数据文件，不小心将第 6 个加载了两次，或者在加载其中一个文件的过程中，碰到了一条中断加载过程的损坏的记录。对于后一种情况，如果你编辑文件进行修复，或者删除那条记录并重新加载文件，就会导致该文件的前一部分在数据库中被复制两次。另外，多次注册也可能导致多重记录。例如，一个客户用相同或不同的邮件地址多次注册账户，这会产生多个客户标识号，但其他的客户信息都相同。（听起来简单，但此类实体消歧问题很难处理。）交叠的传感器也会导致数据重复，即是两个传感器记录了相同的事件。在前面的用药差错研究中，35% 的差错是因为数据没能正确地从一个系统传输到另一个系统。有时是因为医疗数据提供不及时，有时是因为医疗诊断重复。就约翰斯·霍普金斯医院而言，它的重复数据中有 92% 是因为登记人员急躁而产生的。

对于数据库，存在几种防止数据重复的机制。最安全的方式是给数据库表增添限制条件。设置看门人。定义由一个或多个字段构成的组合键，使每条记录具有唯一性。定义了键值限制的数据库表会在添加重复记录时报错或拒绝。另外一种方式是利用事务回滚机制，即无论成功还是失败，整个事务要么被全部上传，要么被全部放弃。也就是说，数据库表记录当前状态（类似事务快照），开始加载一组新数据，然后如果遇到任何问题，就停止并回滚到初始状态，返回到事务快照处，并放弃已保存的所有数据。这种方法既提供了查找数据损坏原因的机会，也意味着不用处理数据混乱问题。第三种不算高效的方式是针对每条记录运行两次查询：先用 SELECT 查询语句确认记录是否存在；如果不在，再用 INSERT 语句添加新记录。

像上述这种数据重复问题远比想象中普遍。如果没意识到有重复数据的话，就会影响指标。不过更严重的情况可能是，一个分析师中突然注意到了这一问题。一旦数据的质量受到质疑，团队就会失去信誉，数据被使用和信任的机会就会骤减，继而被排除在决策过程之外。

2.2.5　截尾数据

当数据被加载进数据库时，会被截断尾部（anderson → anders 或 545675786 → 54567578）。最好的情况是，你可能仅仅丢失了自由形式响应字段的几个字符。最坏的情况是，两个不同的 ID 可能被截断，使它们看起来像相同的、更短的、不正确的 ID 值，例如你无意中组合了来自不同订单或客户的数据。

为什么会发生这种事呢？在典型的关系型数据库中，创建一张表需要指定每个字段的名称与类型。例如，对于名为 last_name 的列，指定为 32 个字符长度的字符串类型；或对于名为 customer_id 的列，指定为 0~65 535 的整数。问题在于，你并不是总能提前知晓将要输入的值的最大字符串或整数值长度。当然，可以通过获取一个数据样本估计字段长度，并在此基础上指定缓冲长度，比如估计长度的两倍，但即便这样，你依然需要在真实环境下才能确认设计的合理性。此外，在默认情况下，数据库将数据截尾错误视为**警告**（warning）。它会弹出警告信息，但不会停止对截尾数据的处理。这样数据截尾的问题就很容易被忽略。解决这类问题的一个方法是，将数据库设置成严格限制模式，以便将所有警告信息变为彻底的错误，这样你就可以快速捕获和处理了。

2.2.6　计量单位

计量单位不一致是造成数据质量问题的另一个原因，在国际化的团队和数据集中尤其如此。CNN 曾报道：

> NASA 损失了一颗价值 1.25 亿美元的火星人造卫星，因为美国洛克希德·马丁公司的工程团队在一个关键的航天器操作中采用了英制计量单位（磅秒），而该机构的团队使用了更传统的公制单位（牛顿秒）。

没错，计量单位就是这么重要。避免这种问题的唯一方式就是清晰、明确地沟通。需求文档需要明确指明对象的测量和记录方式以及计量单位。针对结果数据集还需提供详细的数据字典。

货币是另一个单位至关重要的领域。假设一家国际性电商网站收到一张数值为 23.12 的订单。在美国，我们可能认为这是 23.12 美元；但在法国，这就可能被看成 23.12 欧元。如果来自不同国家的订单在缺乏统一货币（元数据）标准的情况下合并到一个数据集中，分析结果将偏向较弱的货币（因为对于相同的商品，它们的数值较大），从而失去使用价值。

为了减少类似的模糊性，数据集必须提供尽可能多的元数据和应用场景。

你也可以只采用和坚持使用公制计量系统。

2.2.7　默认值

另外一个与数据相关的问题是默认值问题（图 2-3 中的 A 和 D），有时很难跟踪和区分。缺失数据在数据库中可以表示成 NULL，也可以表示成一些指定的默认值，例如，1900/1/1 是常用的日期默认值。这有两个问题。第一，如果忘记有这样一个默认值，结果就会令人困惑。假设用 1900/1/1 设定了出生日期字段的默认值，分析师就会奇怪为什么数据库里有这么多年龄超过 100 的人。第二，也是更严重的后果，如果选择不当，就可能无法从真实数据中区分出缺失数据。例如，某个字段的默认值为 0，但是该字段的非缺失数据值也可能是 0，这样就分辨不出哪个是真的测量值 0，哪个是缺失数据。要巧妙地选择默认值。

2.3　数据世系

当发现数据质量问题时，追踪数据源头至关重要。这样就可以将出现问题的整个数据子集移除，或者可以设计更好的流程或方案来解决这个问题。用于存储数据源头和变更历史的元数据被称为"数据起源"或本书使用的"数据世系"（data provenance）。

数据世系存在两种基本类型：跟踪数据出处的**来源世系**，以及追溯数据变化的**转变世系**。

举个例子，在我的团队里，我们每天从各种供应商处收集数据文件，并将其加载到数据库中以便报告和分析。通常，接收原始数据的表（称为着陆表或临时表）包含两个额外字段：加载时间（开始加载或批处理文件的时间）及文件名称。这样，在发现数据质量问题时，很容易确定数据来自哪个文件，也很容易彻查原始数据文件中的行，并让供应商进行调查。这是来源世系的一个例子。

在事务型数据库（用于支持在线应用的数据库，如处理订单，而不是制作报表）中，我们常常能在表中看到一对字段：created_at（创建时间）和 last_modified（最后更改时间）。顾名思义，这两个字段指明了记录最初是何时创建的（该元数据仅在创建时设置一次，之后不再更新），以及最后一次更改的时间（只要记录中的数据值有变化，就及时更新）。有时你可能会碰到另一个字段，如 modified_by（更改者），该字段显示了最后一次改动数据的用户。这有助于确认订单或电子邮件的信息是用户自己还是代表用户的客服代表改动的。此处，created_at 属于来源世系，而 last_modified 和 modified_by 属于转变世系。最精细的数据世系是独立的日志表，或精确列出更改内容、更改者及更改时间的日志语句。

用于追本溯源的元数据，应成为检查、维护和提高数据质量的积极战略的一个要素。

数据世系的重要性很可能与日俱增。利用系统收集和存储更多自有数据以及从第三方购买相关补充数据变得越来越简单（例如，基于邮编的地理位置信息或基于邮件的消费历史信息）。这些组织正在围绕客户、显性或隐性事件以及交易数据构建更加丰富的应用场景。这就需要从多样的数据源创建分析对象，修改现有数据，例如补充缺失数据，或者利用其他属性（如推断出的性别、动机等）注释数据。所有这些都应可追溯到原始数据值、数据来源，以及任何修改和转变的原因或元数据。

2.4　数据质量是共同承担的责任

导致数据不准确或质量低的原因数不胜数。除了前面提到的，还有如下问题：行结尾问题、将 Unicode 码值转换为 ASCII 的编码问题（时有发生）、数据被损坏、文件被截断、数据延迟，以及姓名和地址信息不匹配等（见表 2-1 的总结）。数据质量不应该只由数据工程师负责，而应是整个公司的共同责任。

表 2-1：几种数据质量问题和应对策略。更详细的列表，请参阅 Ranjit Singh 和 Kawaljeet Singh 共同发表的 "A descriptive classification of causes of data quality problems in data warehousing"

特　　性	问　　题	解决办法
准确性	数据录入：字符插入	Web：下拉菜单、自动补全。模拟：复式记账
准确性	数据录入：字符删除	Web：下拉菜单、自动补全。模拟：复式记账
准确性	数据录入：字符变异	Web：下拉菜单、自动补全。模拟：复式记账
准确性	数据录入：调换位置	Web：下拉菜单、自动补全。模拟：复式记账
准确性	数据录入：边界溢出	Web：表单验证。数据库：字段限制
准确性	数据录入：日期格式有歧义	Web：日期选择器或明确格式。数据库：创建数据字典，格式标准化（如 YYYY-MM-DD）
准确性	重复记录	数据库：组合主键限制，删除重复数据
准确性	数据损坏	校验位或校验和
准确性	不同的编码（如一个表为 UTF-18，而另一个表为 ASCII），或编码转换损失（如 José 存为 ASCII 时可能就是 Jos）	数据库：标准化为单一、广泛的字符集，如 Latin1 或 UTF-16
准确性 / 连贯性	数据截尾	数据库：更大的字段类型；将警告提升为差错
连贯性	组合字段（例如，"Doe, Joe" 很难与其他表中表示同一人的 "Joe Doe" 合并）	应用或者数据库：使用单独的字段
连贯性	在不同系统中用不同主键标识同一个实体，较难建立数据的关联性	应用或数据库：统一标识系统
一致性	冲突数据（例如，同一人在不同系统中有不同的地址）	数据库：统一账户管理系统或基于规则来决定哪一个更可靠
模糊性	模糊或不清晰的时区	Web：日期选择器。数据库：创建数据字典，标准化
模糊性	字段滥用：用其他数据填充字段（例如，用没有使用的 middle_name 字段存储订单状态）	应用或数据库：最佳实践，严格的、清晰记录的数据库模式
模糊性	混乱的代码（如 HiLowRangeTZ3）	数据库：创建数据字典
完整性	引起歧义的缺失数据：0 值代表缺失状况还是实际值为 0	应用或数据库：选择有效值范围之外的默认值
完整性	部分加载错误	数据库：警告、交易 / 事务（例如，出错时立刻回滚到前一个数据快照）
完整性	MCAR（完全随机缺失数据）	数据分析：样本过量，使用分类权重
完整性	MAR（随机缺失数据）	数据分析：仅对可安全使用的数据进行分析
完整性	MNAR（非随机缺失数据）	数据分析：重新设计或重启数据收集过程
完整性	在扁平型数据结构中，分节符的数量不对，导致列数过少或过多	对字段加注引号，数据源质量检查
时效性	升级缓慢导致数据过期（例如，地址表格变更的积压）	最好用快捷的自动化升级方式
世系	不清楚数据字段改变的时间和原因	应用或数据库：做好日志，添加数据字段的来源信息

前端开发工程师可以在网站表单中添加邮编验证代码，数据工程师可以在数据于仓库间传输的过程中添加一个校验位，数据库管理员可以检查并防止数据重复或者监控数据加载错误。然而，你不能指望这些技术人员知道什么是超出范围的收缩压值。当输入数据表格属于组织运作的一部分时，企业主（相应业务部门的经理）、领域专家和分析师应该与前端开发人员协同工作，以提供边界检查范围。他们还应当参与业务需求和项目管理流程，以确保数据质量要素正确融入数据流动过程。如前所述，所有与分析相关的组织成员都应该是数据收集的利益相关者。

在数据价值链下游，企业主和领域专家应该积极检查数据质量。数据分析师需要进行探索性数据分析或研发可重复的处理过程，以检查数据是否处于合理范围、预期的关系是否成立（例如收缩压与舒张压的比率），以及查明数据缺失的级别，等等。在农贸市场，厨师会挑选食材，捏压牛油果，闻一下香料。这些毕竟都是他烹饪所需的原材料。同理，分析师也需以相同的态度对待数据。数据是分析师的原材料，必须通过他们的嗅觉测试。

企业主很可能负责做出从第三方数据厂家购买数据集的决定，或者负责设计在客户调查问卷或在线 A/B 测试中对人群进行抽样的实验。他们应该时刻思考和寻找数据中存在的偏差。他们应该进行或委派他人进行探索性数据分析，绘制数据分布图，并找出其中的错误。

第 3 章

数据收集

数据不足会导致误差，但与根本不使用数据相比，误差要小得多。

——Charles Babbage

当各种海量数据能为你所用时，你将拥有超乎想象的力量。

——Tim Berners-Lee

第 2 章讨论了数据质量和正确收集数据的方法，本章介绍如何为分析师提供正确的数据源，即收集正确的数据。我将按照优先级列出各种数据源，并说明如何收集数据和评估它们对组织的价值。

3.1 全量收集

设想你计划在网站上推行一套新的结账流程，你一定希望**了解新流程的实际效果**是否符合预期。因此你需要追踪转化率、购物车中的商品数量等指标，但是理解**该流程的使用情况**也很有指导意义。举个例子，在某些网站上"添加到购物车"只需简单的一次点击，因此可能存在这样一种用户行为模式：用户把购物车当成候选区，放入大量商品，再在付款前删除不需要的商品，只留下最终要购买的商品。而另一些网站中的"添加到购物车"操作包含多次点击，删除商品的操作可能更复杂；简言之，对用户的阻力更大。所以，实际上用户需要在把商品加入购物车之前，就想好最终要购买什么。由此可见，如果你在实施结账流程上具有丰富的经验，就能深刻理解其中所涉功能，也就更容易产生关于功能迭代和测试的灵感。

DJ Patil 在他的著作 *Building Data Science Teams* 中指出：

> 数据驱动说起来很容易。但是如果你养成了习惯，尽可能收集并测量全量数据，同时持续思考所收集数据的含义，那么你就已经领先于大部分自称数据驱动型的组织了。

尽你所能收集和测量一切。你永远想不到自己将会需要什么。对于某些数据，收集的机会往往只有一次，一旦错过，必定会追悔莫及。收集的数据越多，就越有可能建模并理解用户行为（如结账流程案例所述）和场景——场景意味着一切，至关重要。一个组织对个人用户及其爱好、意图和愿望的理解越深刻，就越能在个性化推荐或触达"长尾用户"的更细粒度的服务上改善用户体验[1]。

在开发线上产品时，全量收集变得容易很多，因为你能控制数据源，而且对于用户在不同功能点的点击，你可以使用相同或相似的机制进行收集。这意味着，你可以利用常见的模式、数据流和存储机制。然而，高度数据驱动的组织可能会考虑更多东西，例如数据驱动型营销、数据驱动型销售、数据驱动型客服、数据驱动型供应链、数据驱动型人力资源管理。如果它们各有一套内外部数据源，并且各自具有不同的格式、延迟、数据质量问题、安全性和合规性要求等，那么数据团队将望而生畏。"全量收集"听上去很美好，实践起来却颇具挑战性。

况且，数据收集是有成本的。尽管数据越多越好[2]（附录 A 提供了一些案例和说明），但获取数据可能成本高昂。搭建沉淀、清洗、转换以及存储数据所用的数据通道需要资金，维护这些系统、备份数据和整合数据源，以提供整体的业务视图也有成本。此外，为了让分析师充分利用不同的数据源，获取正确的数据，为他们提供高质量的工具也会产生高昂的下游成本。

大数据的 3 个 "V"

大数据从业者和供应商常用 3 个 "V"，从数据收集和批量处理的角度来描述大数据：数据量（volume）、多样性（variety）和速度（velocity）[3]。

数据量

> 数据量指数据的多少。这关系到数据存储和数据传输产生的直接成本。虽然存储成本确实一直呈指数级下降：2000 年每吉字节约为 10 美元，而现在每吉字节约为 0.03 美元，但可用数据源的数量以及这些数据源的采样率都大幅增长，抵消了存储成本的下降。

注 1： Chris Anderson. The Long Tail: Why the Future of Business Is Selling Less of More, 2005.

注 2： Enric Junqué de Fortuny, David Martens, Foster Provost. Predictive Modeling with Big Data: Is Bigger Really Better? 2013.

注 3： D. Laney. 3D Data Management: Controlling Data Volume, Velocity, and Variety, 2010.

多样性

多样性是数据的另一个重要维度。一方面，多样化的信息源提供了更丰富的场景和更全面的视角，让你能通过所抓取的天气信息、通胀数据和社交媒体上的聊天记录对商品销售得出更有价值的见解。然而，数据源和数据类型（比如，一个数据源是 CSV 文件，另一个是 JSON 对象；这里是实时天气，那里却是飞快变动的股价）越多样，其整合成本就越高，毕竟将这些数据集中在一起绘出全貌是非常困难的。

速度

速度指单位时间内需要处理的数据量。假设你要在总统辩论期间对 Twitter 数据取样来展示当前民众情绪，不仅要处理海量信息，还要有能力迅速提供民众对辩论言辞的实时情绪信息。大量的实时处理既复杂又成本高昂。

[有时一些供应商还会提到另一个 "V"：真实性（veracity）。该指标反映了数据质量。]

即使是那些收集大量数据的组织（Facebook、谷歌，还有美国国家安全局），也不能一蹴而就。构建数据源、关联数据源和获得数据处理能力都需要时间，你需要有一套合理且周详的数据收集和供给策略。而且，大部分组织里的数据团队资源有限，不能立刻完成交给他们的所有工作，所以必须非常谨慎地考虑数据源处理的优先级。现实中，数据收集过程中事件的发生是持续且缓慢的，总有意想不到的延迟和问题出现。因此对于新数据源，你必须关注其价值、投资回报率以及它对组织产生的影响。本章主要关注这些方面。

3.2　数据源的优先级

在典型的资源受限的小型组织中，数据工程师在工作中接到的很多需求相互冲突，那么如何选择下一步要使用的数据源呢？在决定这些数据源的使用和供给优先级时，数据驱动型组织需要关注第 4 个 "V"，也是更重要的一个 "V"：对业务的价值（value）。

数据团队的基本职能是满足业务部门及分析师的需求，并帮助发挥数据对组织的作用。每个团队或部门可能都有"核心"数据集，比如对客服团队而言，"核心"数据是各种形式的与客户的交互数据：电子邮件、电话记录、社交媒体、即时信息、案例数据和销售订单数据。有了这些数据，他们就能履行基本职能（提供优质的客户服务），也能整合这些信息源，通览每个案例的交互数据集；他们可以查看团队生产力的高层指标，比如处理一个案例的平均时长，也可以分析每个数据源的互动类型。团队必须有自己的核心数据，当然，也可以有额外的补充数据。比如，来自制造部门的缺陷率数据或 A/B 测试的数据就可能凸显某项新功能让客户感到困惑的问题。这些数据可以帮助团队预测可能出现的问题类型及其概率。另外，还可能存在其他数据源，虽具有价值和影响力，但没那么关键。

资源受限的组织会面临这样的问题：客服团队只是众多团队之一，其他团队也有自己的核心数据和"锦上添花"的数据需求。数据工程师或数据团队项目主管要试着平衡不同团队的所有需求。表 3-1 列出了一些可以辅助决定优先级的维度，其中最关键的一个指标是 ROI（return on investment，投资回报率），但折损率、复杂度、数据质量和其他问题也都值得考虑。

表 3-1：对于资源受限的数据工程师团队，当考虑纳入组织的新数据源，确定其优先级时需要考虑的点

优先级	原因	说明
高	数据是真正急需的	如果业务部门有真正的需求和严格的时限，你就需要尽快为这些内部客户提供服务
高	数据会带来高价值	比如，当 ROI 很高时，它们能显著提高收益或降低成本，那么就应该高度重视该数据源
高	多个团队需要相同的数据	如果能同时满足多个企业主的需求，ROI 就会更高
高	数据是临时的或流式的	一些流式社交媒体 API 或硬件设备只允许在很短的特定时间内查询，过了这个时间窗口，数据就会永远丢失。要么用，要么用不到
中	以价值驱动的方式增强现有数据	新数据会增强现有数据，并提供更加丰富的场景（稍后会详细探讨）
中	数据工程师可以复用现有的数据处理代码	如果团队对数据源或其 API 比较熟悉，能利用现有代码的话，未知和意外情况就会减少
中	容易抓取	有时候一个需求的插队，是因为现成的 Python 客户端或 API 能轻松抓取数据，或数据有简单干净的模式。如果你花一个中午或一两天就能搞定这个数据源，并且能带来显而易见的价值的话，不妨快点搞定它
中	有能抓取历史数据的优质 API	如果现在不急需数据，而且可以随时返回和提取历史数据的话，那么可以优先考虑其他数据源。比如，如果想抓取谷歌分析（Google Analytics）的原始数据用于归档，可以在真正要用的时候再抓取
低	分析师有一些数据访问权限和替代方法	如果分析师有一些数据访问权限，即使不太理想（比如通过供应商仪表板访问），但是有替代方法（比如把数据导出成符合其迫切需求的 CSV 文件）的话，优先级就低一些。这是因为可能还有其他能立即产生更多价值的数据源，只是组织现在无法访问而已
低	数据质量差	如果数据的质量无法保证，那么它只能提供很少的价值，最坏的情况下甚至可能起反作用
低	数据需要通过屏幕抓取获得	从网页上提取数据时会用到屏幕抓取。因为站主会频繁修改网页背后的 HTML 和 CSS，而且数据不一定保持良好结构，所以数据的处理也会变得复杂、脆弱且需要大量维护
低	数据不太可能被使用	可有可无，用途不明，ROC 低

可见，当准备为组织引入一些数据源，需要判别哪个更合理时，需要考虑很多相互矛盾的因素。引入新数据的成本及其复杂度，与随后数据整体能给分析师和组织带来的价值之间，存在着微妙的平衡。

3.3 关联数据

虽然在整个组织中使用数据（一些数字化营销数据、一些销售数据、一些供应链数据等）进行深入分析有明确的价值，但是将"相邻的"数据关联起来会产生更大的价值。这如何理解呢？

假设你拿到一幅具有上千块碎片的拼图，但包装盒上没有示意图。在给碎片分类时，你发现了一组蓝色碎片，这可能是天空；一组绿色碎片，似乎是草；一只眼睛，是人的还是动物的？根据以上碎片，你对整幅图片有了模糊的认识，但仍缺少细节。细节会在你将相邻碎片拼接在一起时显现。把带有眼睛的碎片和带有耳朵的碎片拼在一起，就会更明朗。同理，这也适用于数据分析。

假设你正在使用谷歌分析来分析人们访问你的网站的途径。你对引用网站的页面、搜索关键词、地理位置等进行了细分，大致了解了样本水平或**总体**水平（相当于天空部分的拼图碎片）。你分析了过去 3 个月的客户调查的回复情况：75% 的客户认可这个价格，20% 的客户惊叹于用户服务，等等（相当于草的拼图碎片）。你可以了解到企业的状况，但只是粗略地了解，因为这些都是独立的数据点。

或者反过来，设想单个销售订单的情形（见图 3-1）。Belinda Smith 订购了一套阳台家具，如果你能从点击流中把她的销售订单和交易会话结合起来，就能获得更多信息：她在花 30 分钟浏览了 15 套阳台家具之后，才做了决定。显然，她在选购前并不知道自己想要什么。她是怎么来到该网页的呢？如果再结合来源数据，就会发现她在谷歌上搜索了"阳台桌子"，是搜索结果把她引到了这个网站。这也证实了你对她的浏览行为的猜测。如果再考虑她相关的完整销售记录，就会发现她经常购物，购买的一般是家居用品。有趣的是，上个月她有一次购买高峰。结合她使用谷歌搜索和经常购物的信息，就会知道她并不钟爱某个品牌，所以你要很努力才能吸引她再次购买。每次在**个体**水平结合另一个数据集时，对该个体的了解会更深刻、更丰富。再考虑美国人口普查数据，根据名字确定性别概率，几乎可以确定 Belinda 是一名女性。很好。她在支付时填写了邮寄地址，我们再把该邮编下的人口数据考虑进来，发现这是一个富裕的郊区社区，有大量停车位。还能从数据中得到什么呢？在 MLS（multiple listing service，一个房屋销售数据的中央资料库）中搜索一下这个地址。有趣的是，系统显示这幢房子带有一个游泳池。这项信息对于推荐可能很有用。还有什么呢？这幢房子 6 周前刚被售出，她好像是刚搬到那里的。根据其他一些分析，我们得知，新的自有住房者往往会购买临时地垫、床和台灯（这是真实可信的，我做过这个分析）。最后，她在付款过程中点击了"推荐给朋友"按钮，获得了一张优惠券。因为在此过程中，她接受了 Facebook 的服务条款，所以我们也得以获取她的社交网络数据。（第 12 章将详述隐私和道德问题。）

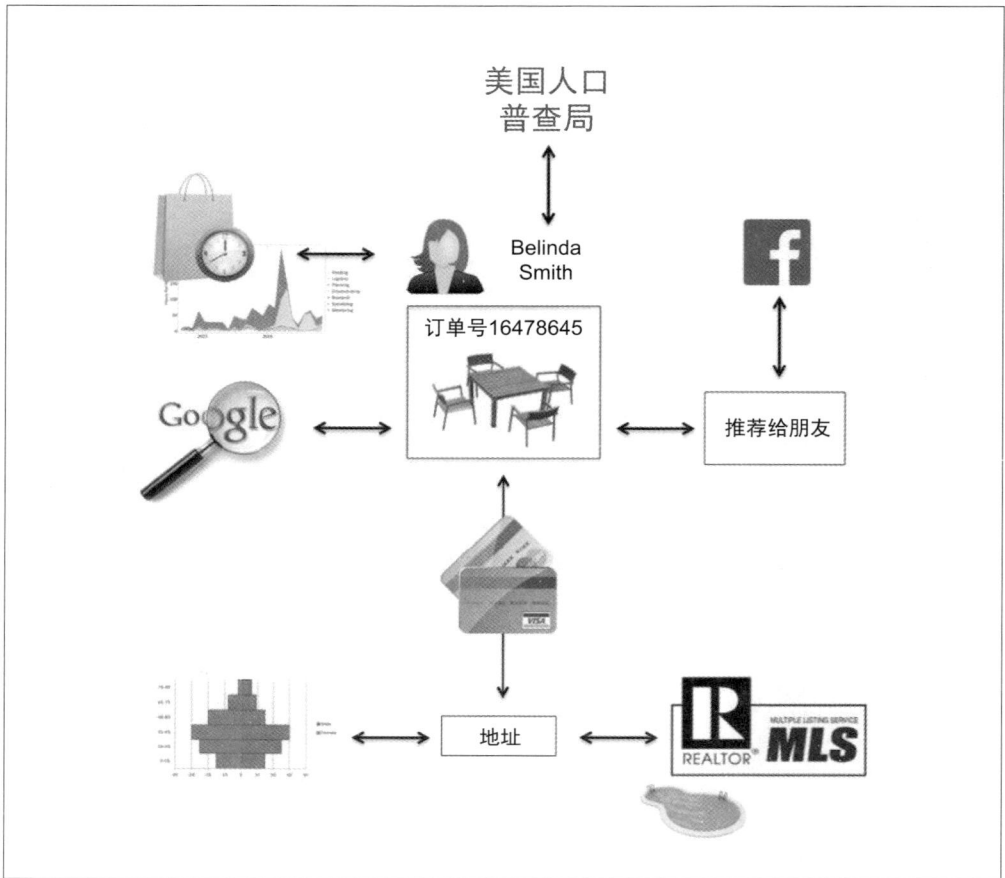

图 3-1：用一系列数据源给 Belinda 的订单添加丰富场景

对数据分析师或数据科学家来说，深入挖掘档案和背景能获得大量原始数据。你可以清楚地了解她的过往和人口统计学信息。在这个案例中，你甚至还可以清楚地了解到她目前的动机。你可以对其他用户做这样的分析，即便只将其中一些分析步骤自动化，也能取得很大的战略优势。

相对于仅利用割裂的数据，关联数据能够产生巨大价值，这可以辅助你决定后续将哪个数据集引入组织（同时不侵犯他人隐私，也不违背伦理）以及如何关联这些数据。

3.4 数据收集

在考虑过收集什么数据之后，下面简单思考收集数据的方式。

对于很多数据源，只需采用**系统的**方法，将该数据源（或其子集）中可获取的数据全量积累即可。使用数据源的方式有很多。你可以使用 API、通过 FTP 传输文件，或通过抓取屏幕获取想要的信息。如果这只是一次性的转储行为，你就已经大功告成了；但是如果会频繁地更新或添加数据，而且数据流会一直持续的话，你就必须确定如何使用这些数据。对于小型文件或表格，直接删除原有表格，并用当前更大的数据集替代会相对简单。所谓的"小"数据集，在我们的团队里是指不多于 10 万行的表格。但是对于更大的数据源，你就需要设置更复杂的 delta 流程。最简单的情形是所有新数据只产生于全新的记录行（比如不允许更新或删除已有记录行的交易日志），这时你可以只向现有数据表插入（INSERT）新数据记录。而在更复杂的情形中，你需要应对多种情况：新的记录是应该被插入（INSERT），还是被删除（DELETE），又或是被更新（UPDATE）。

对于某些数据源，你可能不得不对数据进行**抽样**。这是因为无论是数据调查的发放和处理，还是开展临床试验，抑或是从 Twitter 的集中数据出口（Twitter's firehose）中获取数据，成本都可能非常高昂。采样的方式对数据质量有很大的影响。第 8 章将介绍实验设计相关内容，但首先要知道，糟糕的实验设计会带来严重的偏差，进而大幅降低数据的质量和效用。一种最简单的采样方法是"简单随机采样"，这就相当于掷硬币来随机决定采用哪一部分数据。好的采样所得的样本能够真实地代表数据总体或其母样本。

对纵向数据集[4]采样时需要额外留意。设想你要对一个网站的每日会话数据采样，你随机抽取了 10% 的会话样本并载入数据库以便后续分析。如果你每天都这样做，就会得到一系列独立且随机的会话数据，但是很可能会漏掉那些来自连续几天访问该网站的访问者的会话数据。也就是说，最终的数据集可能不包含任何访问者的多日会话数据——有的访问者可能出现在周一的样本中，但周三再次访问时未被采样。所以，如果你对接下来的多日会话数据感兴趣，而且该网站有不少频繁回访的访问者，不妨仅对访问者个体随机采样（而不是对登录会话进行采样），通过跟踪这些个体不同时间的会话，来获取质量更高的数据（不过可能会因某些个体未能回访而承受一些数据损耗）。对数据的采样方式应该取决于尝试研究的业务问题。

最后，应该使用原始数据还是聚合数据？有的供应商会提供仪表板，其中的数据会聚合为分析师所需的关键指标。这为分析师提供了巨大价值。然而，如果数据确有价值，分析师往往会有更多需求，他们会想深挖数据，分割数据，而供应商的仪表板不支持这种形式。虽然这些报告和仪表板可以按其样式归档，但我认为，最好尽可能保留原始数据，因为你随时可以将它们聚合成那些指标，反之则行不通。一般来说，有了原始数据，你就能以分析师所设想的各种方式分割数据。不过有时候，使用原始数据并不可取，比如原始数据量很大且存储成本高昂，或供应商提供的计算指标服务（你自己无法实现的流程）颇具价值，但原始数据通常是更好的选择。

注 4：包含在不同时间进行重复观测的数据。——译者注

3.5 购买数据

虽然组织的内部数据系统本身往往就含有大量信息，但我们仍可以从开放数据中得到补充。有时候你可以从第三方购买额外数据。

购买额外数据集的理由有很多。前文用 Belinda Smith 购买阳台家具的案例说明了场景的重要性。首先，合伙人、供应商甚至政府机构就拥有一些能为你提供场景、给你的拼图添加"相邻碎片"的数据。其次，即使你有内部数据，但第三方可以提供更大量或更高质量的数据。

有时候你在购买数据时可能没有多少选择，比如 MLS 实际垄断了住房销售数据。一般说来，数据的提供市场存在直接竞争。

面临资源的选择时，比如将邮编映射到大都市区的数据集，还需要考虑多个维度，示例如下。

价格
　分析师和领导层都喜欢免费的东西，可是通过付费获取更高质量的数据是更好的做法。你需要考虑数据的价格是否公道，以及它给组织带来的价值。3.6 节将详谈该维度。

质量
　数据的干净程度和可靠性如何？

排他性
　这个数据集是不是专属、排他的数据集？如果使用得当，能否给你带来超越竞争对手的优势？

样本
　你能否获得一个样本，以便在最终决定前可以审核数据，充分地判断数据的内容、质量和格式？

更新
　数据发生变化、过时或变得无关的速度如何？数据的更新频率如何？

可靠性
　调用 Web 服务 API 时，其可用时间有多久？API 调用或其他服务水平的协议是否存在限制？

安全性
　如果数据很敏感，那么它是否被加密且安全地传输？

使用条款
　是否有任何许可条款或限制会制约从数据中可获得的价值？

格式

虽然每个人有不同的数据格式偏好，但它们通常都是人类可读的格式，如 CSV、JSON 或 XML（排除二进制格式，标准压缩除外）受到普遍欢迎，因为它们容易解析且解析方式多样。设想在一天快要结束时，你是选择可以轻松处理的数据格式，还是选择需要额外的开发成本和时间才能使用的数据格式。

文档

应优先考虑文档完备的数据资源。一般我们需要了解数据的收集方式（以了解数据是否可靠，能否带来价值），也需要一份数据字典（列举了字段、数据类型、取值范例及该字段包含的任何重要的业务逻辑，见表 3-2）。富尔顿金融公司的首席数据官 Randall Grossman 曾称："一个可靠的数据字典是首席数据官给业务用户所能提供的最重要的东西。"

表 3-2：数据字典示例，该数据字典来自美国加州的公共卫生项目

SAS变量名（eHARS）	标签	描述	值	SAS格式	HARS变量名
aids_age_mos	诊断出艾滋病的年龄（月）	诊断出艾滋病（HIV，3期）时的年龄（按月计）			age_mos
aids_age_yrs	诊断出艾滋病的年龄（年）	诊断出艾滋病（HIV，3期）时的年龄（按年计）			age_yrs
aids_categ	艾滋病病例定义类别	疾控中心对病人所患艾滋病（HIV，3期）的定义；根据输入的实验室信息和机会性疾病计算。有关计算 aids_categ 的算法的描述，参见 eHARS 技术参考指南第 8 部分	7- 免疫学定义（CD4 细胞数或百分比）的艾滋病病例（HIV，3期）；A- 临床疾病（OI）标准定义的艾滋病病例（HIV，3期）；9- 未患艾滋病（HIV，3期）	$A_CAT	categ
aids_cdc	疾控中心对艾滋病的诊断标准	此人是否达到疾控中心对艾滋病（HIV，3期）的诊断标准？病例必须符合免疫学标准或临床疾病标准的定义，才达到该标准（aids_categ = A 或 7）	Y—是；N—否	$YN	不适用

好的数据字典能清楚显示字段的定义方式、格式及取值范围，在本例中，还显示了每个字段如何被某个软件包使用。这是美国加州的 eHARS（增强 HIV/AIDS 报告系统）中的几条。（SAS 是医学界常用的一款统计应用套件。）

数据量

能否满足数据量和存储需求？有价值的数据集未必很大。比如，DMA（指定市场区域，即尼尔森公司定义的收看电视的地区）的邮政编码数据集只有 41 000 行，但可以为评估电视广告支出的营销团队带来巨大价值。

粒度

数据的详略是否达到了所需的水平？

数据集的价值

计算数据的成本相对容易。你可以直接查看存储成本的账单（比如通过 AWS 获取）、备份服务的成本以及数据团队中负责数据管理和维护的人员的薪资支票和杂项支出，当然还有数据的购买价格（若有）。然而，数据驱动型组织更需要确定数据对业务的价值。ROI 这个问题确定起来就棘手多了。

Dalessandro 等人[5] 提供了一个原则框架，让我们至少能在某些情况下估计直接 ROI 值（以美元计）。他们从事广告行业，开发预测模型来计算针对每个用户应展示的最佳广告。如果用户点击了广告，他们就能获利。这样，预测模型的效果和回报很清晰：如果用户点击，他们就得到假设为 1 美元的报酬，否则收益为 0。他们自己也拥有能够驱动模型的数据，部分数据来自过去积累的用户行为，部分则是以前购买的（他们将其视作沉没成本）。他们提出的问题是："和利用额外的第三方数据构建的模型相比，根据自己的数据构建的模型的 ROI 如何？"回答这个问题需要确定以下 3 点。

1. 行为的价值是多少？本例中的行为指的是用户点击一次广告，价值 1 美元。
2. 基于自己的数据所建立的模型，其期望价值是多少？
3. 基于自己的数据加上额外的第三方数据所建立的模型，其期望价值是多少？

也就是将二者相结合：

数据的价值 = 包含第三方数据的模型的期望价值 − 无第三方数据的模型的期望价值

以及

增值 = 点击的价值 × 数据的价值

因此，假设基于自己的数据的模型被点击的概率只有 1%，而包含额外第三方数据的模型被点击的概率有 5%，那么数据价值的提升度就是 4%，而数据的增值是 $1 × (5%–1%)=$0.04。

有了这样的具体值之后，你就可以客观地确定购买数据的价值了。如果数据增值需要花费 0.04 美元，那么就不值得；如果只需要花费 0.01 美元，那么不假思索地购入即可。

注 5：Brian Dalessandro, Claudia Perlich, Troy Raeder. Raeder. Bigger is Better, But At What Cost? 2014.

对于第三方数据，不必仅限于评估其增值。正如数据中经常出现的情况：场景意味着一切。Dalessandro 等人做了一个有意思的实验，他们将第三方数据的增量价值与随机目标用户（没有数据的情况与只有第三方数据的情况）进行了比较。其研究表明，在不同的细分市场中，每 1000 个用户的细分市场价值的增量价值高达 1.80 美元。然后他们对自己的数据加上第三方数据做了实验，你认为结果如何？增值大大降低了！每 1000 个用户的细分市场价值只有约 0.02 美元了。在他们已获取的数据的基础上，额外数据会带来正向但微乎其微的增值（如图 3-2 所示），这很可能是由于数据中的冗余导致的。

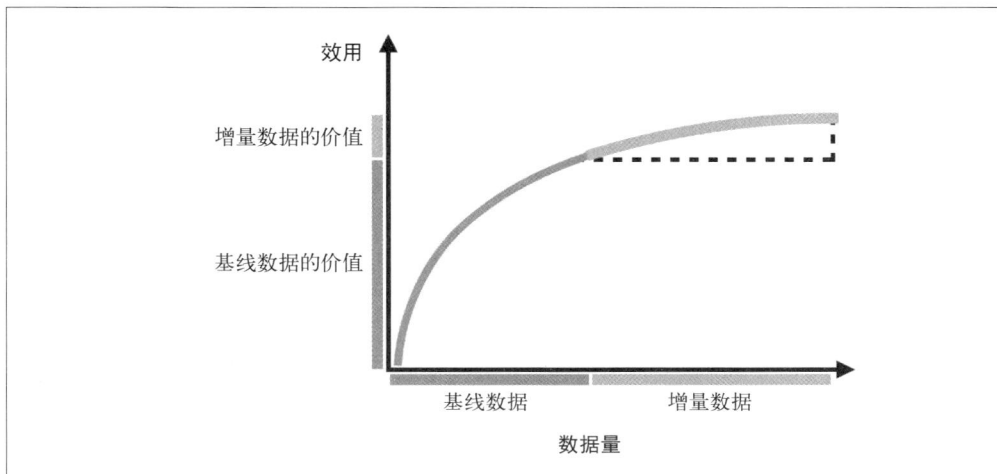

图 3-2：加入额外数据可能会增加价值，但也可能使收益增值递减

这个通用方法效果不错，因为你可以从数据提供者那里获取可供测试的数据样本。如果值得，就可以购买整个数据集。也就是说，可以在通过实验评估价值之后，再决定是否购买数据。不过，供应商的情况并非总是如此，有的可能要求每月支付实时数据更新服务费，这时你可以用如上实验确定数据价值，判断数据能否带来正的 ROI，否则可以取消服务。

正如文章作者所总结的：

> "大数据"变成了许多企业优化决策的灵丹妙药，管理者评估其数据驱动决策的能力以及证明其为了获取和使用数据所做的投资合理性的能力，也随之变得愈发重要。如果缺少做这些评估的工具，大数据就更像是一种基于信念的举措，而不是一种科学的实践。

3.6 数据留存

本章重点探讨了额外数据的获取和整合，这增加了分析师必须处理的数据量。然而，数据会过期或变得不相关。3.6 节提到了一些成本：存储成本、维护成本和购置成本，但还有一些成本和风险不太容易估量，比如数据泄露对业务造成的损失和成本。所以，需要考虑何时删除数据（降低风险和成本）以及何时把数据移至更合适的存储介质。

数据往往需要复制。将数据集导入关系型数据库并不意味着结束，某条数据记录可能还会流动至一个或多个从属数据库，以防主数据库服务器宕机。有了两份数据副本之后，你可能就要在服务器上备份。我们一般会准备近几天或一周的数据备份，以备不时之需。现在我们共有该数据记录的 9 份副本，而所有这些副本都会产生成本。你可以将数据集与所需的相关延迟匹配，以便使用或恢复它们。

举例说明，Amazon S3（Simple Storage Service，简单存储服务）是一个价廉、易用的数据存储服务。比如，把备份数据存储到服务器上，往往比维护额外的服务器去存储这些备份数据要便宜。当你需要数据时，就可以立即下载下来。但 Amazon 也提供一种名为"Glacier"的相似服务，它虽然实质上和 S3 几乎相同，但被视为一种归档服务。用它来恢复存储的数据需要四五个小时，而它当前的价格只有 S3 的约 1/3。如果出了什么问题，你是会立刻需要数据，还是愿意等上半天或者一天？

数据驱动型组织必须谨慎考虑自身数据的价值，应将重点放在其核心数据上，因为任何停工期都可能对其产生实际影响。应该考虑删除旧的、无关的数据（说来容易做来难）。如果没有其他办法，则应该考虑将数据移至最便宜的合适的介质，如异地磁带存档。

数据驱动化程度更高的组织，比如达到预测建模"水平"的组织，能够构建"丰富的"数据模型捕捉数据的关键特征并舍弃剩余部分。例如，C9 的首席执行官 Michael Howard 曾说："Salesforce 的交易历史数据不会保存超过 90 天。"对于这种情况，就有必要仔细地斟酌细节。

如前所述，数据驱动型组织必须极具战略性地考虑其数据源，以及存储和维护它们所需的组织资源。这里分析师的角色很重要，他们要调查可能的数据源和供应商，获取样本，并在可能的情况下确定样本质量，以及利用样本确定数据价值。

第 4 章将讨论这些分析师的身份与角色，以及如何组织他们。

第 4 章

分析组织

> 优秀的数据分析师令人振奋……我知道自己是第一个拿到数据的人，也就是最先洞悉前因后果的人。发现的过程总是充满乐趣。
>
> ——Dan Murray

优秀数据驱动型组织中的人类部分是优秀的分析组织。其中都有什么样的人呢，应该如何组织他们呢？

本章讨论分析组织本身：构成分析组织的人员类型及其各自应具备的技能。我将介绍各种分析型职位以及担任这些职位的一些人。将分析师组织起来有多种方式且各有利弊，因此我也会逐一介绍各种组织架构。

4.1 分析师类型

数据驱动型组织中的分析师可能会扮演不同角色，他们通常被划归到不同团队中。尽管对这些分析师角色的描述因人而异，而且各类分析师所需技能也多少有所重叠，但我基于自己的理解，把他们分为数据分析师、数据分析工程师、商业分析师、数据科学家、统计学家、金融工程师、会计和财务分析师，以及数据可视化专家。我将逐一介绍上述各类分析师通常需具备的技能和惯用的工具，并以真实的从业人员为例。也许你所在组织中的职位名称与之不同，但要最大化地利用数据，这里描述的技术通常都是必要的。

4.1.1　数据分析师

"数据分析师"是最宽泛、最常见的称谓,至少与后文中更专业化的角色相比如此。多数情况下,数据分析师是"T"型的:他们在广泛的技能领域经验较少,但在某一领域拥有扎实的技能和知识。初级数据分析师主要从事数据收集和准备工作,而技术娴熟、高度专业的数据分析师往往是领域专家,会关注各种领域,如客户反馈、忠诚度计划、电子邮件营销、地缘专业情报或股票市场的若干板块。数据分析师在组织里的角色取决于组织的规模、成熟度、领域和市场。数据分析师存在于广泛的领域中,其技术水平也不尽相同。他们的职责通常是生成报告和进行分析。

有的分析师终日与 Excel 制表和供应商仪表板打交道,而有的分析师,比如在 Etsy 工作的 Samarth,则使用 Scala 代码处理大量原始数据。Samarth 主修政治学,但在 2012 年接受了数据分析训练。为了进行 Web 和电子邮件实验,他学习了著名的"数据科学三重奏"——R、SQL 和 Python。如今他在 Etsy 担任数据分析师,在纽约工作。除了 Web 和电子邮件实验,他也会负责点击流分析、趋势分析以及编写报告和白皮书。他同公司中的各位产品经理、工程师和设计师一起设计实验,用 Scala/Scalding、R 和 SQL 分析实验并解释分析结果。他也会编写企业通用的白皮书以及更详细的备忘录,以供高管们了解趋势、用户行为或其具体特征。

Samantha 则截然不同。她拥有会计专业学士学位,目前在美国俄亥俄州克利夫兰的 Progressive 保险公司索赔控制财务组中担任数据分析师。她通过审计、分析以及针对州政府资产管理法的合规来管理资产充公(将无人认领或被遗弃的资产上交州政府的流程)。她的职责涉及追踪被遗弃的资产并撰写报告,分析未付票据,并总结与这些资产相关的金融风险。她不仅使用 SAS、Excel 和 Oracle 等工具,也会使用某些领域专用工具,如 ClaimStation。大量内部"客户"依赖她的工作,包括公司税务部、财务经营部、IT 部、索赔业务负责人和外派个人索赔代表。她说,因为在工作中"看到我的分析能让 Progressive 和投保客户共同受益"而备受鼓舞。由于身处于一个监管相对严格的行业,并肩负着确保 Progressive 遵守州法的特殊责任,因此对于她的角色来说,注重细节是特别重要的特质。

4.1.2　数据工程师和分析工程师

他们主要负责获取、清洗和处理数据,并将其转换成分析师能够获取和分析的形式。他们负责处理运营方面的事项,如吞吐量、扩展、峰值负载和日志等,可能还负责构建供分析师使用的商业智能工具。

Anna 在攻读物理学博士学位的过程中,发现自己真正喜欢的是数据科学,于是她在拿到硕士学位后就结束了博士研究生生涯,并加入 Bitly 成为了数据科学家。在 Bitly,她对大型数据集进行可视化,使用 Hadoop 处理数据,以及实现机器学习算法。后来她加入了 RTR。

目前，她担任数据工程师，运用 SQL、Python、Vertica 和 bash 等工具，维护数据基础设施来为分析师提供支持，同时也开发一些新工具以便让数据更可靠、具有时效性且可扩展。她的工作可以帮助其他工程师理解他们所做出的任何变更对数据造成的影响。

4.1.3　商业分析师

商业分析师通常充当企业利益相关者（如部门主管）和技术部门（如软件开发人员）之间的纽带。他们负责改进业务流程，或帮助进行后台或前端系统功能的设计、开发和优化，比如改进面向用户网站中的结账流程。

Lynn 是梅西百货公司的高级商业分析师。她拥有美术专业的学士学位，具有应用程序开发经验和 PMP（项目管理专业）认证，并在项目管理和业务分析方面拥有十年工作经验（主要是在线书店）。她的职责包括分析项目需求、理解客户需求、优化流程和管理项目，而她通常采用敏捷方法。"每一天都不同，"她说，"有时我要和用户（使用梅西百货公司产品信息管理系统的经销商）交流，了解他们的需求，有时则要和开发人员一起回顾用户故事，或是回复 QA（质量保证人员）或开发人员关于用户故事的问题。"

4.1.4　数据科学家

数据科学家是一个广义的称呼，一般指那些更偏向数学或统计方向的人员，他们通常同时拥有较高的学位（多是数学、科学和计算机科学等定量学科）和娴熟的编码技能。我很喜欢 Josh Wills 对该角色的简洁定义，"数据科学家（名词）：比软件工程师更擅长统计，比统计学家更擅长软件工程的人。"不过，该定义并不能完全涵盖他们的职责，也就是构建"数据产品"，如基于机器学习的推荐引擎，或预测建模及自然语言处理[1]。

Trey 在西雅图的每日优惠网站 Zulily 担任高级数据科学家。他拥有社会学硕士学位。他把工作时间分配到了各种项目上，从构建用于改善用户体验的统计模型和推荐算法，到帮助产品经理解读 A/B 测试的结果。他最常使用 Python（以及一些函数库，如 pandas、scikit-learn 和 statsmodels），他还会使用 SQL 和 Hive 抽取数据进行分析。尽管他掌握了构建统计模型的技术，但他认为，向非专家人士解释这些模型才是最关键的数据科学技能。他对教育的热爱体现在了他的爱好上，在博客"the spread"中使用美式橄榄球数据教授数据科学概念，还教消费者如何通过体育数据统计获取更多信息。

4.1.5　统计学家

统计学家是组织中关注统计模型的技能型人才，一般至少拥有统计学硕士学位。他们备受保险、医疗、研发和政府部门的欢迎。美国有约 1/4 的统计学家在联邦政府、州政府和地

注 1：Drew Conway. The Data Science Venn Diagram, 2010. Carl Anderson. What is a data scientist? 2012.

方政府就职。他们通常不仅从事分析工作，还要为获得原始数据而设计调查问卷、实验和采集协议。

Shaun 是谷歌博尔德办事处的一名统计学家，负责为定量营销提供支持。他拥有数学与计算科学学士学位和统计学博士学位。如今他常常需要根据需求穿梭于各个项目之间，以多种身份为其他团队提供支持。他既要拉取、清洗、可视化数据和核实新数据源的质量，又要利用自己的统计能力开发聚类算法，改进线上搜索地缘实验，开发贝叶斯结构化时间序列模型，或用随机森林根据家庭粒度数据估计个人粒度的浏览量。他最常使用 R，特别是在分析和可视化数据时（尤其常用 ggplot2、plyr/dplyr 和 data.table 之类的包），但也会用 SQL 一类的语言提取数据，偶尔也会用到 Python 和 Go 语言。

4.1.6　金融工程师

金融工程师是精通数学的数量分析专家，通常在金融服务业（买方或卖方）从事对证券定价、风险管理和股市行为的建模工作。例如，一支养老基金可能会聘请一名金融工程师寻找最优的债券投资组合，以满足基金的未来盈利需求。他们往往具有数学、物理学或工程学背景，而一部分人，特别是算法交易分析师（在所有分析师中薪水最高），是尤其卓越的程序员，擅长 C++ 之类的程序语言，可以实现超低延迟的数据处理和行为决策。

Satish 是纽约彭博有限合伙企业的一名金融工程师，有着应用数学和电子工程学的强大背景，还有一个博士学位。他用 R（配合 ggplot2、dplyr、reshape2）、Python（配合 scikit-learn、pandas）和 Excel（数据透视表）构建了一系列统计模型，并用 C/C++ 部署其中一些模型。这些模型往往涵盖各类固定收益资产的相对价值。他还是一名内部顾问，面对各类问题，从按揭抵押债券的信用模型到英国的风电供应预测。"彭博所拥有的海量金融数据和分析能力在业内是无可比拟的，"他说，"因此我们建立的大部分模型能为所有客户提供价值，这令人非常有成就感。"处理金融数据的一个挑战是其严重的长尾程度，因此模型必须谨慎地处理那些罕见的极端事件。

4.1.7　会计和财务分析师

会计和财务分析师关注内部财务报表、审计、预测和企业绩效分析。Patrick 就是一名会计和财务分析师，他拥有哲学、政治和经济学学士学位，曾在苏格兰皇家银行证券公司担任债务资本市场分析师，目前在纽约市 Warby Parker 担任零售金融和战略经理。他负责零售业的财务规划和分析，帮助制定门店推广策略。他日常使用 Excel 研究管理门店的盈亏和 KPI，建立业绩预测模型，挖掘模型的差异性，以及分析市场发展情况。他用约 60% 的时间来撰写报告，剩余时间进行分析。不过随着他开始使用并逐渐熟悉和熟练掌握公司的商业智能工具，他在分析上花的时间也逐渐增多。

4.1.8 数据可视化专家

数据可视化专家具备优秀的设计审美，他们负责构造信息图、仪表板和其他设计相关产品。有的也参与编写代码，比如会用到 JavaScript、CoffeeScript、CSS 和 HTML，以及一些数据可视化库，如 D3（一个非常强大而优秀的可视化库，可参考 Scott Murray 的著作《数据可视化实战：使用 D3 设计交互式图表（第 2 版）》[2] 和 HTML5。

Jim V 主修生物信息学和机器学习，在取得计算机科学硕士学位之后加入了 Garmin 公司，为 GPS 设备开发 GUI（图形用户界面），此后又去了一家生物研究机构负责分析大型序列数据。正是在那里，他发现了 D3 这个工具，并开始撰写博客，在上面发布简明易学的 D3 教程。目前他在西雅图的 Nordstrom 公司担任数据可视化工程师兼数据科学家。他兼用 Ruby、R（尤其是 ggplot2 和 dplyr 两个包）和 Python，负责为个性化推荐系统提供支持以及数据可视化两方面的工作，其主要受众是公司其他团队的员工。

由此可见，这些角色和称呼有相当大的重叠。绝大多数在用某种语言（SQL 或类似语言）处理数据，有的则编码更多一些。很多角色需要构建统计模型，通常借助 SAS 或 R，而大多数角色需要兼顾撰写报告和分析。

4.2 分析需要团队协作

分析需要团队协作。有战斗力的数据驱动型组织需要角色各异并且技能互补的分析师。应注重团队的技能"组合"，以及在招聘新人时，注意充实和加强团队缺失或薄弱的方面。

图 4-1 展示了 2013 年 Nordstrom 数据实验室的团队概况。你可以轻松地找出团队中最厉害的数学家和统计学家（Elissa、Mark 和 Erin）、开发人员（David 和 Jason W），以及数据可视化专家，即前文提到的 Jim V。我曾问实验室主任 Jason Gowans，他在雇用新人时会考虑什么。"首先，我们推崇杰夫·贝索斯的两个比萨原则[3]，"他说，"所以我们的团队不能比现在更庞大了，这样我们才能持续关注那些大的机遇。其次，每个成员都会给团队带来一些独特的东西，能帮助他人'更上一层楼'。"

注 2：此书已由人民邮电出版社出版，详见 ituring.cn/book/2062。——编者注
注 3：杰夫·贝索斯把比萨数量当作衡量团队规模的标准。他认为两个大的比萨就够任何一个项目团队吃了。——译者注

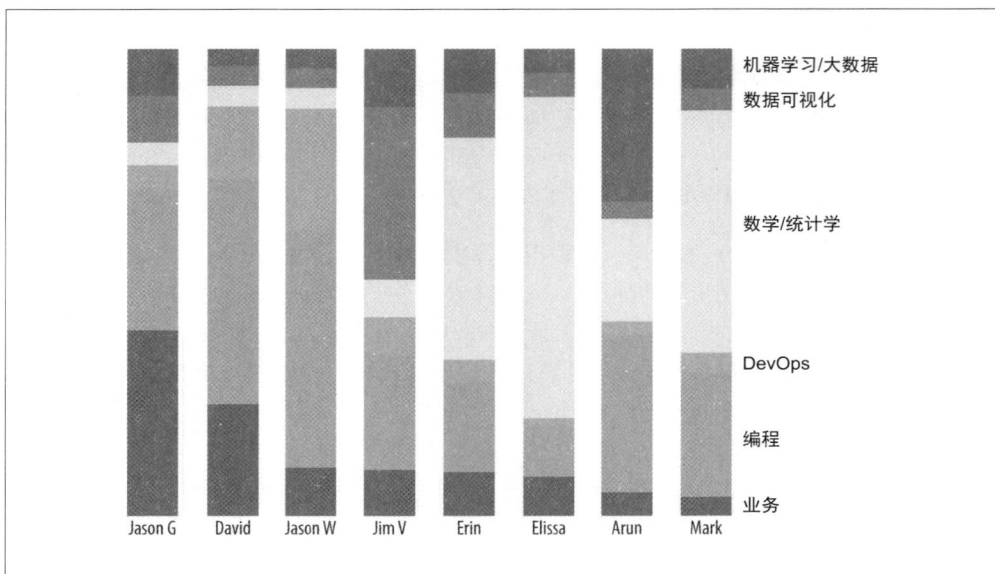

图 4-1：Nordstrom 数据实验室的团队概况（截至 2013 年的 Strata 大会）。术语 DevOps 源自敏捷软件开发，代表 IT、系统管理和软件工程的结合

在团队成立之初他们就做了一个明智之举，雇用了一名卓越的数据可视化专家，很多团队往往在后期才会这样做。凭借精美的概念性数据产品，团队在组织中得到了更广泛的关注和认可。Jason 评价说："对于激发我们的工作热情，Jim V 是关键因素，他的数据可视化让我们的工作充满了活力。"

数据科学家通常有学术背景，技能为 T 型的情况尤为明显。如果他们在两个领域具有优势，则可称为 π 型。你可以把招聘新人和团队构成设想成在玩分析学的"俄罗斯方块"。

Harris 等人在 2012 年对数百名独立数据从业人员进行的一项调查中提到了 5 大类技能：

* 业务；
* 数学 / 运筹学；
* 机器学习 / 大数据；
* 编程；
* 统计学。

他还确定了 4 种角色。

数据业务人员

"T 型技能，业务方面能力卓越，而其他方面能力相对平庸。"

数据研究人员

在统计学方面功力深厚，而在机器学习 / 大数据、业务和编程方面相对薄弱。

数据开发人员

π 型，拥有很强的编程技能和较强的机器学习 / 大数据技能，而其他 3 类技能相对平庸。

数据创意人员

最不 T 型的一类，"处于平均水平，任一种技能都处于中等水平"。

他们的总体画像如图 4-2 所示。显然，这 4 种角色之间有巨大的区别。

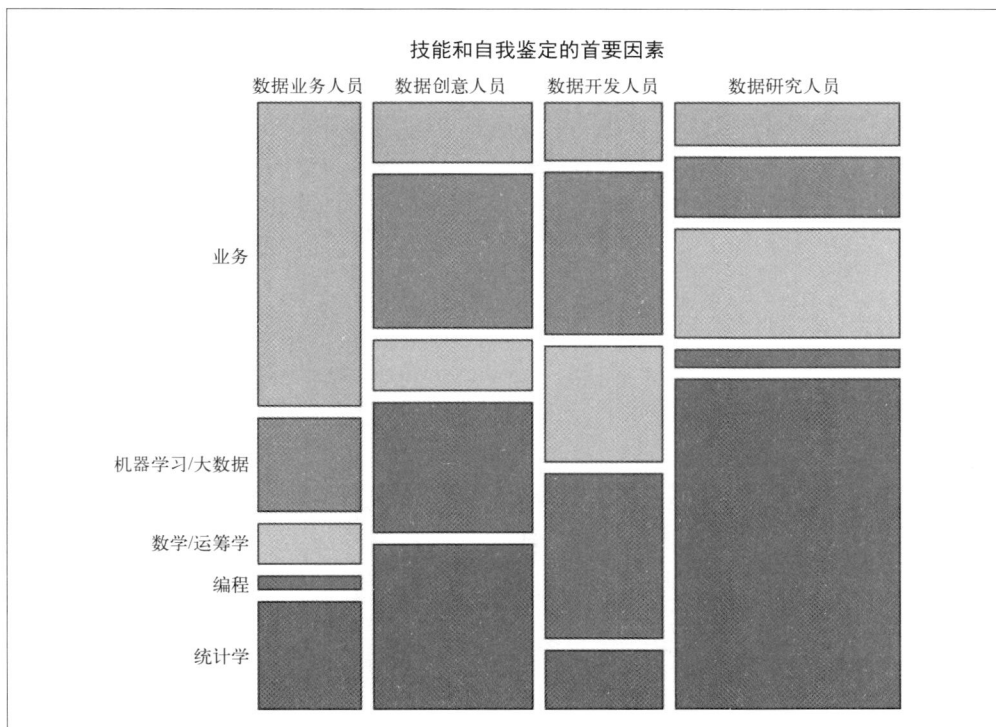

图 4-2：4 类受访者的技能画像

这 4 种角色能与分析师职称大致对应（如表 4-1 所示）。员工较多、复杂度较高的组织中也许会设置更多角色，而规模较小的企业中人员较少而且可能一人身兼数职。值得注意的是，Harris 等人的研究发现，数据创意人员的"任意一种技能都处于中等水平"，但他们并未将可视化和沟通能力归为一类技能，而这对工作团队来说至关重要。你可能还会发现，调查中的选项受到设计者设想的类别的限制，从数据科学的角度来讲，这是问卷调查的一个缺陷。就这里而言，数据创意人员的专业知识是推动团队成功不可或缺的一部分，但我们还无法清晰地描述他们给团队带来的增益。

表 4-1：Harris 等人（2013）提出的角色与本章前文中提到的分析师角色的关系

数据业务人员	数据创意人员	数据开发人员	数据研究人员
商业分析师	数据可视化专家	数据科学家	统计学家
数据分析师		数据工程师	金融工程师
会计和财务分析师			

理想情况下，管理者在招聘新员工时必须考虑 3 个层面。

个体层面

此人是否合适？是否拥有我们寻找的技能、潜力和魄力？

团队层面

此人能否和团队其他成员相配合，填补团队的不足之处，或者强化团队的薄弱环节？

工作层面

团队状况与其工作职责是否相匹配？换言之，达成预期目标的最佳团队应该是什么样的？例如，专注于金融预测建模的工作与专注于优化客户服务的工作，其要求的最优人员技能配置是不同的。

4.3　技能和素质

优秀的分析师有哪些特征？[4]

计算能力

不必拥有数学或统计学的博士学位，但至少要擅长描述性统计（中位数、众数、分位数等，见第 5 章），并且愿意学习新知识。

注重细节和方法

如果高管依赖这些数字、报告和分析做重大业务决策，那它们最好准确无误。分析师必须三思而后行。

适度怀疑

优秀的分析师会培养敏锐的"预感"能力，能在原始数据、聚合数据或分析本身的问题初现时就发现它们。首先，他们会主动地仔细考虑数据取值的有意义范围。其次，他们会主动检验数据有效性，并在指标和预期不同时复核源数据和计算。

自信

分析师在向（资深的）同事展示自己的分析结果时应充满自信。如果他们的结论出人意料或者暴露出严重的低效率，他们的数据和分析可能会遭受质疑。因此，分析师必须对

注 4：Stephen Few 的 *Now You See It* 对该话题做了很好的讨论。

自己的工作有信心，坚定自己的结论。

好奇

分析师的部分职责是提出可行的建议，因此他们需要始终保持好奇心，才能持续对数据中潜在的兴趣点提出假设或质疑。

良好的沟通和叙事能力

如果分析结果没能很好地传达给决策者和企业主，让分析工作落实为行动的话，分析师的工作就毫无价值。他们需要把数据和分析结果变成一个一气呵成、引人入胜的故事。因此，他们必须有很强的书面和口头表达能力与数据可视化技能（第 7 章将详述更多相关内容）。

耐心

对于分析师而言，很多事情不可控，其中包括原始数据源的准确性或可用性、数据丢失、需求改变或数据在分析之后暴露出偏差，这也就意味着需要丢弃数据或重新分析。因此分析师必须要有耐心。

热爱数据

就像许多程序员喜欢写代码，而不管是什么领域的代码一样，有些人喜欢数据，把数据视为一种资源，一种让自己的世界变得有意义并产生影响的方式。他们喜欢钻研数据。让这类人成为团队的一员吧。

终生学习能力

这个特质不仅限于分析师，那些热爱学习，持续阅读最新文章和教材，并参加学习班扩充知识、提升技能的人，一定会有出色的表现。

务实且有商业头脑

必须关注正确的问题。有些人很容易钻牛角尖，花太多时间钻研对业务实际影响小于1% 的边缘情景。好的分析师就像好的编辑一样，他们心中有更大的蓝图，知道何时该放弃，能合理利用时间处理更重要的事情。

我曾问 LinkedIn 的搜索质量主管 Daniel Tunkelang，他在招聘分析师时寻求的是什么特征。他答道：

> 我在数据分析师或数据科学家身上寻求 3 样东西。首先，他们必须聪明，能创造性地解决问题，他们不仅拥有分析技能，还知道如何以及何时运用这项技能。其次，他们必须实干、有行动力，并且有能力和热情用恰当的工具构建解决方案。再次，他们要有足够的产品意识（无论是与生俱来还是后天培养的），这样才能在困境中正确地发现问题，然后解决它。

Facebook 的分析部主管 Ken Rudin 表示：

> 你可以用科技和统计学去寻找答案，但理解正确的问题仍是一门艺术……雇用统计学博士已然不够，你还需要确保受雇的人都有"商业头脑"。我相信，"商业头脑"会逐渐成为任何分析师都应具有的最为关键的特质和技能之一。
>
> 如何知道你打算雇用的分析师是否具有商业头脑呢？在面试他们时，除了关注他们如何计算指标，还可以给他们提供一个案例，可以是从你自己的业务中提取的业务案例，然后提问："你认为在此情境中，应该重点关注哪些指标？"通过这种方式，便可以了解他们的思维方式。

4.4 辅助工具

在实践技能方面，自不必说，全世界大部分分析师将微软 Word、Excel 和 PowerPoint 作为主要的分析工具，毕竟它们都非常强大。不过，如果再多掌握几样工具，分析工作的效率就会得到惊人的巨大提升。

本节希望向本书主要的两类读者提出一个挑战。如果你是分析师，不妨挑战一下自己，在下个月或下个季度额外学习一样工具。如果你是分析师主管，可以让你的分析师尝试进行这项挑战。收效如何，拭目以待，你定会大吃一惊。

下面列出了值得考虑的几个方面。

4.4.1 探索性数据分析和统计建模

R 是一个日益流行的统计计算环境，它的数据可视化库（如 ggplot2）极为出色。仅用两行命令即可读取一个 CSV 文档，并绘制出其中所有变量可能的两两关系图，例如：

```
data<-read.csv(filename.csv);
pairs(data)
```

图 4-3 展示了以上两行代码的输出。在最顶行的第二格中，可以看到鸢尾花的萼片宽度（x 轴）与萼片长度（y 轴）的关系的散点图。

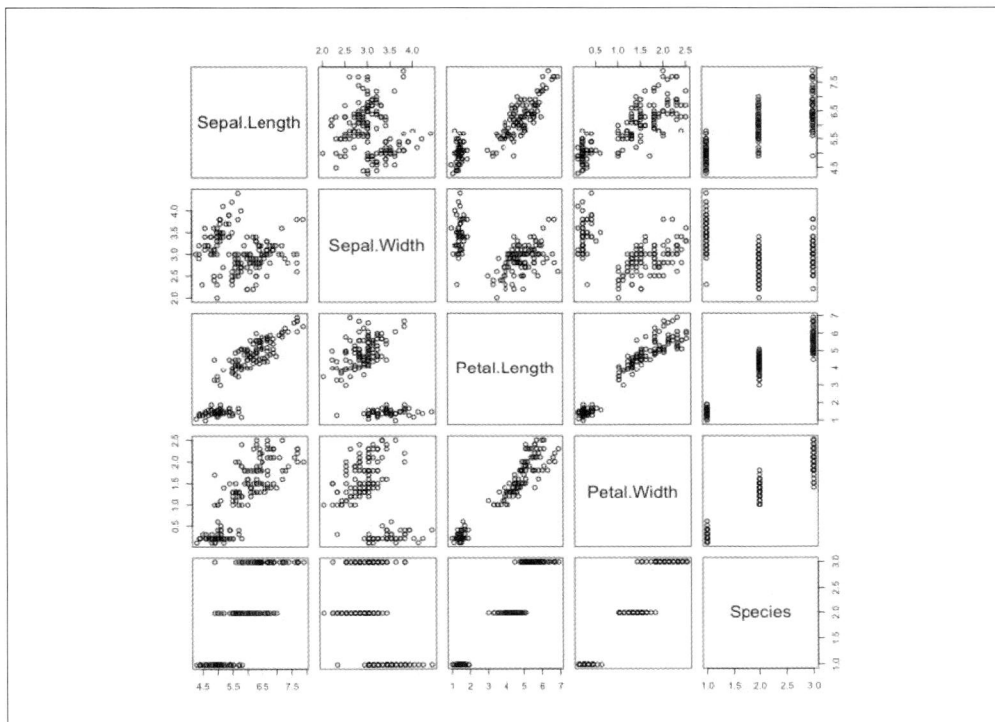

图 4-3：R 中命令 pairs(iris) 的输出。Iris 是一个著名的数据集，包含了 3 种鸢尾花的各 50 组样本。它由 Edgar Anderson 收集而成，却因统计学家 R. A. Fisher 而出名。当你能够以这种视角全方位地查看变量之间的关系时，变量之间的相关性和 3 种鸢尾花的区别显而易见

因此，这对于快速的探索性数据分析来说极具价值。（非开源的 SAS 和 SPSS 同样很常用且强大。）R 有大量适用于各种数据类型、模型、领域和可视化的包，而且免费、开源[5]。如果你已经了解 R，不妨学个新的 R 包来扩展技能吧。

4.4.2　数据库查询

Excel 虽然非常强大，但其扩展性存在问题：当数据量和 VLOOKUP 函数的使用次数达到一定量时，计算机就有可能崩溃。因此，对所有分析师而言，SQL 便成为了相当重要的工具。SQL 是一项可转移技能，尽管不同数据库语言（比如 MySQL、PostgreSQL 和 Access）之间存在微小差异，但 SQL 是非常标准化的，所以只要学会它，便能轻松驾驭不同的关系型数据库。然后你可以以可扩展的方式查询数据（即使数据有数百万行也不在话下）、与同事分享查询（分享一小段文字查询语句，而非大量原始数据），而且分析过程是可重复的（可以轻松地重新进行分析）。

注 5：Philipp K. Janert 的 *Data Analysis with Open Source Tools* 介绍了用于数据分析的优秀开源工具。

许多图书和课程（线上的或线下的）可以帮你入门 SQL，这里推荐一门免费的线上课程——W3School 的 SQL 教程，它可以让你在浏览器中运行查询语句。另一个入门方法是在你的计算机上安装一个数据库，但安装和配置主流数据库（如 MySQL 和 PostgreSQL）可能会比较复杂，所以建议先使用 SQLite——智能手机上的许多应用是用 SQLite[6] 来存储应用数据的。它免费且安装简便，能将你的数据存储为便携文件，并且能让你马上着手开始编写 SQL 查询。

或许你担心这项技术会过时，说不定什么时候就会被其他新颖的技术所取代，但在 2014 年 O'Reilly 的数据科学薪水调查中，King 和 Magoulas 称："SQL 是最常用的工具……即使新的数据技术层出不穷，SQL 也绝无消逝的迹象。"

4.4.3 文件审查和操作

如果分析团队必须处理大规模的原始数据文件，就必须有人——并非所有人，因为分析需要团队协作——学习一些简单的 UNIX 命令行技术来执行文档过滤和其他操作。另外，像 Python 这样的脚本语言也能提供这类工具和更多功能。

第 5 章将详细讨论这些内容。

另一个工具：用 *nix 的 wc 功能计算行数

如果你知道 *nix（UNIX 和 Linux）命令行是什么，那么可以继续学习；如果尚不清楚，不妨简单了解。

假设你收到一份 10 MB 的 CSV 数据文件，需要计算记录的数目，你会怎么做？打开 Excel，向下滚屏或使用 CTRL+ ↓ 快捷键，查看最后一行的行编号吗？这么做当然可以。如果文件有 100 MB 呢？Excel 勉强能解决需求，不过可能要耗费 10 分钟。那 1 GB 呢？这个方法就不行了。

问题变换一下：如果有 3 个 10 MB 的 CSV 文件呢？可以打开 Excel 3 次，每次打开一个文件。这么做当然可以。如果有 300 个文件呢？嗯，那就需要另辟蹊径了。

如果我告诉你能在几秒之内处理所有这些问题呢？*nix 命令里有很多小而美的功能，每个都专注于一种特定的工作。wc 便是其中一个功能，它能够对单词计数（word count），也能对行、字符和字节计数。

提问：可我没法使用 *nix！我用的是 Windows 系统。

回答：没问题，安装免费的 cygwin，你就可以在 Windows 系统中使用 UNIX 命令行了。

注 6：Jay A. Kreibich 的 *Using SQLite* 可作为入门书。

> 提问：我用的是 OS X 系统，没法使用 *nix！
>
> 回答：Mac 的内核是基于 UNIX 的。点击"应用程序"，打开"功能"，然后点击"终端"，UNIX 命令行就出现啦。
>
> 命令的格式很简单：`wc -l filename`。
>
> /wc 指的是单词计数功能，-l（字母）告诉它要计算行而非单词，filename 则是你文件的文件名。举个例子：
>
> ```
> $ wc -l weblog_20150302.log
>  1704190 weblog_20150302.log
> ```
>
> （$ 是提示符，你的系统显示得可能不同。）结果显示，weblog 文档有 170 万行。要想计算一个目录下每个文档的行数，只需要在写文档名的位置写上文件夹名：
>
> ```
> wc -l mydatafiles/
>    123 file1.csv
>    456 file2.csv
>    579 total
> ```
>
> 很简单吧！甚至还帮你求了和。我在检查数据量时总会使用这个命令，它能帮我估计将数据集载入数据库的用时，并核实所有数据是否载入完毕。
>
> 至此，希望你能进一步体会到：几分钟便能学会的简单功能，能够极大地提高分析师的技能和生产力。

学习哪种工具或功能取决于你当前已经掌握的技能及短板。每个人都有自己的短板。接受挑战吧。

再给你一些动力，2013 年，O'Reilly 对 2012 和 2013 两届大型 Strata 会议的出席者就数据科学薪资做了调查，结果显示：

> 受访者薪资和其使用的工具数量呈现正相关。受访者平均选择了 10 种工具，收入中位数为 10 万美元，而使用 15 种及以上工具的受访者的收入中位数为 13 万美元。

2014 年的调查更清晰地显示了这一点（见图 4-4）。

他们进一步得出结论：

> 掌握 R、Python、Hadoop 框架、D3 和可扩展机器学习工具用法的分析师，有可能获得更高的薪水，了解 SQL、Excel 和 RDB（关系型数据库）平台的分析师更是如此。可以推断，分析师掌握的工具越多越好。所以，如果你想学习基于 Hadoop 集群的工具，最好多学几种。

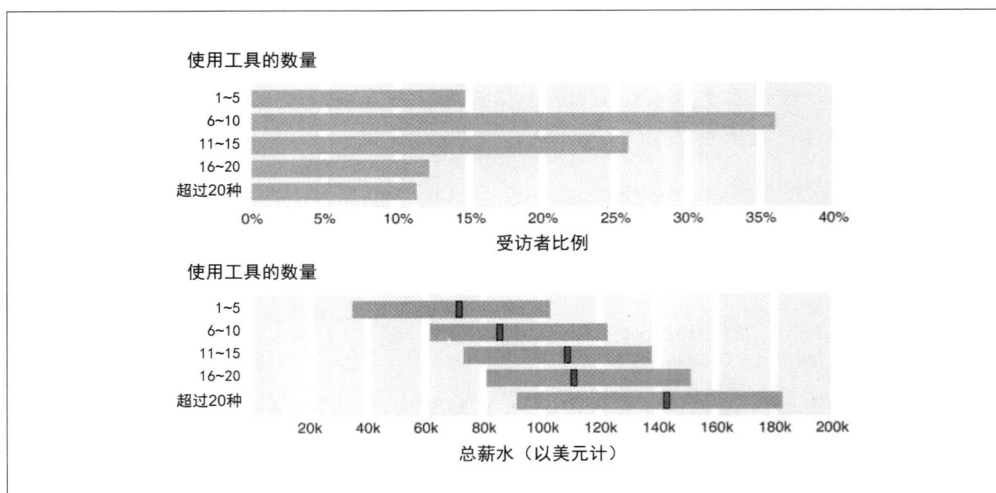

使用工具的数量

图 4-4：不同工具的数量与数据科学薪资的关系

最后，2014 年的调查显示，会编程的分析师和不会编程的分析师的薪资相差大约 15 000 美元。作为分析师，如果还不会编程，为自己着想，学一学吧！

4.5　分析组织结构

了解了分析师的角色和技能的类型之后，下面考虑分析师们在大型组织中是如何协作的。

首先，考虑以下两种常见的极端情况。

4.5.1　集中型

所有分析师都要向一个核心团队汇报。这样有很多好处。第一，核心团队可以将技能、培训和工具作业标准化，还可以共享资源，降低软件购买成本。第二，他们可以更容易地在组织内部推广分析及高级分析技术的使用。第三，分析师们可以轻松交流，相互学习和指导，获得与一群志趣相投的人共事的团队参与感。第四，这种情形下成员有可能会拥有更强的客观认知，因为他们的成功或回报不太可能与他们所分析项目的成功相一致。最后，核心团队可以促进最终以主数据源为准。这种形式的缺点是，核心团队可能在一定程度上脱离了企业主及其目标，面对工作他们往往流于被动[7]，甚至可能会比较官僚化。正如 Piyanka Jain 所言[8]："一切都需要走流程，获得优先级，并争取获得相应的资源。"

注 7：Ken Rudin. Big Impact from Big Data, 2013. Thomas H. Davenport, Jeanne G. Harris, Robert Morison. Analytics at Work, 2010.

注 8：Piyanka Jain. To Centralize Analytics or Not, That is the Question, 2013.

4.5.2　分散型

分散型的组织会将分析师分配到各个团队中。这些分析师向各自的团队汇报，并与团队共享目标。换言之，他们在工作中会以自己团队的目标、汇报和指标为准。这种组织方式的缺点是分析师可能会与其他分析师脱节，有些工作可能会重复，在工具、技能、对指标的定义和实施方面可能会存在分歧，而且不同团队的分析师之间的交流和分享也可能欠缺。分散型管理更为常见，在一项调查中，42% 的受访者属于此类，Davenport 等人认为这反映了"分析的不成熟"。他们并未就该观点进行澄清或辩解，但我认为他们想表达的是，如果组织缺乏更集中化的协调、专业知识和监督，将很难在一些更高端的分析（比如运筹部门试图解决困难的优化或预测问题）中出色地完成任务。

这两种结构各有利弊，表 4-2 做了总结。在集中型的大型分析组织中，分析师能得到更多的本地支持、指导，拥有更清晰的职业道路。而在分散管理型架构中，业务经理拥有专门的资源，周转时间可能也会更短。

表 4-2：集中型分析结构和分散管理型分析结构的优点。"更多领域知识"这一点在两种情况下都有可能（见正文中的解释）

优　　点	集　中　型	分　散　型
清晰的职业道路	✓	
直接、全天的访问权限		✓
更短的周转时间		✓
更多的领域知识冗余	✓	
标准化工具集和培训	✓	
标准化指标：数字吻合		✓
更轻的官僚主义		✓
客观性认知	✓	
更多领域知识	?	?

"把集中型业务部门作为分析主力"的变革型组织比进取型组织（回顾第 1 章）多出 63%。有一些混杂的因素仍然在起作用，尤其是公司规模和分析师数量，因为变革型组织更有可能在业务部门中运用分析[9]。

可以想见，分散管理型组织中的分析师会积累更多的领域知识，比如深入理解客户数据的含义、分析过程以及指标。然而，如果有人离职，知识的集中也可能给整个企业带来风险。（集中型组织更可能存在领域知识的冗余，因为分析师会在不同业务之间切换。）这可能意味着，在分散管理型组织中，如果分析师频繁离职，而继任的新人需要从零开始接受多年的培训，那么平均而言组织中的领域知识反而更少。

注 9：Steve LaValle, Eric Lesser, Rebecca Shockley. Big Data, Analytics and the Path From Insights to Value, 2010.

有趣的是，Jeb Stone[10] 却认为，在标准技术不多的集中型组织中：

> 为了给组织增值，分析师需要掌握这些额外的技术，针对这些特定业务进行交叉训练，并争取达到高级分析师的水准。如果缺乏发展通道，分析师将很愿意学习那些热门的技术——无论你的组织是否需要——然后跳槽到会因该技能获得高薪的雇主那里。更确切地说，受追捧的分析师会避免进入分散管理型分析组织，因为他们知道，这会让他们花更多时间去跟上进度，而且他们的成就很可能没有对应的绩效奖励计划。

是否存在将优点最大化同时将缺点最小化的结构呢？确实有一种过渡形式，叫作混合模型。比如在 Facebook，分析团队的管理是集中型的，这样就拥有了标准化培训和工具等好处，但分析师本人身处不同的业务团队中，和他们一起办公，并共享业务团队的目标。这样一来，就兼具了紧密配合和分析标准。而这种形式的缺点是，分析师可能会向不止一个管理者汇报，一个来自业务端，另一个则来自分析端，这很可能会导致冲突或信息混乱。

如果组织实行分散型管理，则需要采用一些方法，把分析师集中起来发展共同技能，参加工具使用培训，探讨数据源、度量标准和工作上的问题，等等。我们在 Warby Parker 应用的一种方式是成立一个分析师公会，即"一个有序的、成员因工作相同或志趣相投而聚集在一起的组织"。这类公会能让不同团队（对我们而言则是不同大楼）的分析师互相交流、讨论问题并进行演示和介绍，还能让数据团队提供商业智能工具和统计学的培训。

这样的公会能让组织变得更像矩阵，但这也的确需要征得分析师的领导、部门主管以及其他高管的同意。分析师需要得到管理者的鼓励，才能暂时放下手头工作，参与到公会中来。

在大型组织中，其他组织架构[11]更常见。

咨询型

有的组织在咨询结构中对集中型模型做了调整，使得分析师可以外聘到其他部门，并获得相应的报酬。但如果行政领导能力不足，就有可能带来一些缺点：分析师会根据收益来选择项目或跟随最有发言权的高管，因而不一定会在那些能给组织带来最大价值的项目上出力。

功能型

一种串行集中形式，一个中心团队在一个功能型业务部门之中工作，并主要为该部门服务，但也可能会为其他部门提供一些服务。如果有需求，他们可能会集体迁移到其他业务部门。

注 10：Jeb Stone. Centralized vs Decentralized Analytics: All You Need To Know, 2012.

注 11：Thomas H. Davenport, Jeanne G. Harris, Robert Morison. Analytics at Work, 2010.

精英中心型

这种结构与混合结构相似，但规模更大，而且在中枢中拥有一批分析专家，如统计学家。因此，分析工作既会在各个部门进行，也会在中枢工作人员那里进行。

表 4-3 总结了不同分析组织的架构，并给出了一些例子。但需要强调的是，这些标签描绘的是理想化的架构。在现实中，这些类型之间的界限很模糊，也存在很多过渡形式。比如，Warby Parker 起初是分散管理型，分析师只向业务线上的管理者汇报，不过也存在一些精英中心型元素，如一个包含数据科学家的中心数据团队提供一些高级分析方面（以及商业智能工具、分析师培训和推动标准）的支持。然而，这种结构预计会随着分析组织的成熟而发生变化。

表 4-3：不同分析组织结构的总结和举例

| 组织架构 | 分析师是否向以下人员汇报或分享目标 | | 举　　例 |
	中心分析组织	企业主	
集中型	✓		玛氏公司、Expedia、One Kings Lane
分散管理型		✓	美国公共广播公司、达拉斯独行侠队
混合型 / 内嵌型	✓	✓	Facebook、福特汽车公司、博思艾伦咨询公司
功能型	✓		富达
咨询型	✓		eBay、美国联合航空公司
精英中心型	✓	✓	第一资本、美国银行

对于"哪种架构最好"这样的问题，很难直接回答。这取决于组织的规模和所处行业。例如，精英中心型结构在仅有 5 名分析师时收效甚微，而在有超过 2.5 万名员工的组织中会更为盛行。一种形式可能在某种情况下最有意义，但随着公司规模扩大而慢慢不适用时，我们就需要将其重整成更合适的形式。

然而，根据埃森哲的一项调查和对超过 700 名分析师的分析[12]，Davenport 等人声称[13]：

> 我们认为，集中型和精英中心型模型（或将二者元素相结合的混合模型）会给那些准备好采取企业级分析方法的组织带来最大的潜在效益。集中型或精英中心型模型中分析师的参与度、工作满意度、组织支持度和资源可及性，以及留下来的意向都明显高于分散管理型模型中或咨询部门内的分析师。

第 11 章将探讨这些团队在大型组织结构中的位置，以及他们将来会成为的高管。在此之前，先来仔细地探讨分析师的本职：分析。

注 12：Jeanne G. Harris, Elizabeth Craig. How to Organize Your Analytical Talent, 2009.

注 13：Thomas H. Davenport, Jeanne G. Harris. Competing on Analytics, 2007.

第 5 章

数据分析

> 只要拷问的时间足够长，数据就会供出一切。

——Ronald Coase

接下来三章主要讨论数据分析师的核心工作：分析，并且重点关注组织内部的分析目标以及如何进行**有效的分析**。

我们将研究数据分析、指标设计以及向决策者展示所获得的见解、想法和建议。第 6 章讨论指标和 KPI 的设计，第 7 章则关注数据可视化和故事化叙述，本章作为三部曲中的第一章，关注分析本身。

重要的是，本章不讨论如何进行分析或统计推断，因为很多优质教材已经探讨了这些内容（详见延伸阅读），本章考虑的是分析师的目标：对分析师来说，分析有何意义？分析师试图实现什么？有什么工具可用？我将重申第 1 章中关于分析成熟度层级的概念，并介绍一些分析方式。

本章的首要目标是罗列统计和可视化工具，以便分析师借助它们洞察数据，另一个目标是鼓励分析师使用适合的工具，并在必要时多掌握一些更高级的工具，它们能帮助分析师更深入地理解所面对的问题。

当优秀的木匠要打造一张木桌时，他需要优质的原料（如桃花心木硬木）、一系列工具（如凿子和三角形板），以及知道何时和如何使用这些工具。如果缺少其中任意一项，成品质量就会大打折扣。同理，要想让分析产出的价值最大化，需要用到原料——高质量数据——和一系列工具，如各种分析技术，以及知道何时和如何使用这些分析工具来解决问题。

5.1 什么是分析

不妨花些时间研究"分析"（analysis）这个术语。它源自希腊语，意为"松开"或"解开"（取自 ἀνά[aná，指"上"]+ λύω [lúō，指"我松开"]）。这样说看似有理，但太模糊了，无法说明分析到底意味着什么。从更面向业务的角度看，可以回顾第 1 章给出的定义：

> 将数据集转换成有竞争力的见解，这些见解将驱动商业决策和行动，充分调用人才、流程和技术。
>
> ——Mario Faria

下面进行深挖和剖析。希望你能通过第 2 章和第 3 章获得一些有关"数据资产"的认知，可是"见解"（insight）又是什么呢？

根据维基百科，见解的意思是指对特定场景中特定因果关系的理解。它有多个含义：

- 一条信息；
- 理解事物内在本质或本能的行为或结果（希腊语称 noesis，意为认识）；
- 反省；
- 敏锐的观察和推理、洞察、识别、感知的能力，又称思考或认识；
- 在识别某种模型、场景或情境中的关系及行为的基础上，对其因果关系的理解。

好，理解因果关系，理解事物及模型等的内在本质。这很有帮助。

信息是"将数据处理应用于数据的产物，使数据产生了场景和意义"。尽管信息常被用作数据的同义词，但从技术上讲二者并不相同。（详见下方辨析以及"The Differences Between Data, Information and Knowledge"。）

数据、信息与知识

数据是原始的、未处理过的关于世界的事实，信息是被捕获并处理后的数据，而知识是通过长期汇集信息建立起来的关于世界的一套心智模型和信仰。

"当前温度是 44°F。"这是一个数字事实。无论是否有人记录或观察到，它都是真实存在的。然而，这个事实（对除我外的任何人而言）用处并不大，因为它太模糊了，缺乏场景。哪里的温度？何时的温度？

"2014 年 11 月 2 日上午 10 点纽约市的温度是 44°F。"这是一条更场景化的数据，但仍然是一句没有解释的事实陈述。

> "44℉ 比平时更冷。"这是信息。我们处理了数据点，并结合其他数据点，弄清楚了什么是"平时"，以及该值与该参考点的关系。
>
> "44℉ 冷透了，我需要穿大衣。"你将长期以来的信息结合起来，构建出了关于这一温度含义的心智模型，这就是知识。当然，这些模型都是相对的，身处阿拉斯加的人可能认为 11 月的 44℉ 暖和得不合时宜。

在图 5-1 中，我们可以从有关信息的那层，上卷到有关分析定义的最上层。其余术语（如"理解"和"上下文"等）仍然需要充分解析，但现在我们至少在概念上对分析的内涵有了更清晰的认识。

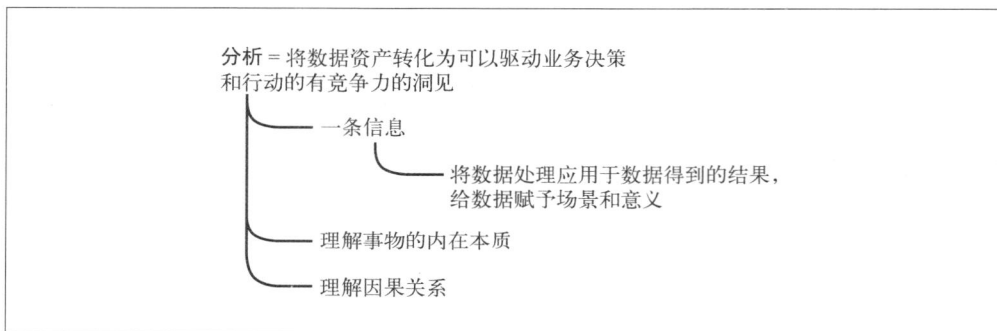

图 5-1：有关分析的定义展开两层后的结果

基于新的理解，下面看看分析师可以利用的工具集。这里不会涉及诸如 Excel 或 R 的软件工具，而会提到一些统计工具以及分析师可以应用的分析**方式**。

5.2　分析的类型

Jeffrey Leek 是约翰斯·霍普金斯大学生物统计学的助理教授，博客"simply statistics"的作者之一，他把分析分为 6 类[1]，并按照从最简单到复杂度和要求最高的顺序排列如下：

- 描述性分析；
- 探索性分析；
- 推断分析；
- 预测分析；
- 因果分析；
- 机制分析。

注 1：至少在他的数据分析课程中，他考虑了这 6 类分析。

本书只探讨前 5 类分析。而对于最后一类机制分析，我认为与其把它归为"分析"，倒不如将它归入基础科学、研发和"建模"。机制建模和分析意味着对系统的理解非常深入，而这种理解来自于长年针对一个稳定的系统以高度控制的方式所进行的许多实验研究，因此我将它和基础科学联系在一起。大部分企业不会出现这种情况，也有一些例外，如制药公司和工程公司的研发部门。简单来说，如果你已经到达了机制分析的层次，也就是分析的顶峰的话，八成不需要本书来告诉你如何做分析工作。

如果回想起了第 1 章，你的"探测直觉"可能开始活跃了。第 1 章谈到了**分析**的 8 个成熟度，这里提到**分析**的 5 个类型。二者只有一个共同出现的词：预测。预测到底是什么意思？

前面的列表包含了统计分析的一些类型。重要的是，它们能够在多个层级上驱动数据分析。例如，探索性分析（第 2 章浅尝辄止的内容）可用于准备特定的分析报表（分析层级 2），也可以在报警分析（分析层级 4）中用于推导业务逻辑，比如找到某个指标的 98% 分位数，并在指标超过该水平时报警。可以把不同层级的分析理解为在若干种统计分析之上结合了业务规则、约束条件和输出格式要求的活动。

图 5-2 所示的热力图展示了两个列表之间的映射关系。图中的行表示分析层级，列表示分析类型。每个格子的颜色层级显示了在相应的分析类型中所耗费的精力或时间的粗略估计。例如标准报表往往会使用描述性分析和探索性分析，而使用因果分析的可能性微乎其微。另外，优化固然会依赖描述性分析和探索性分析，但它会优先考虑预测分析，可能还会涉及因果分析。

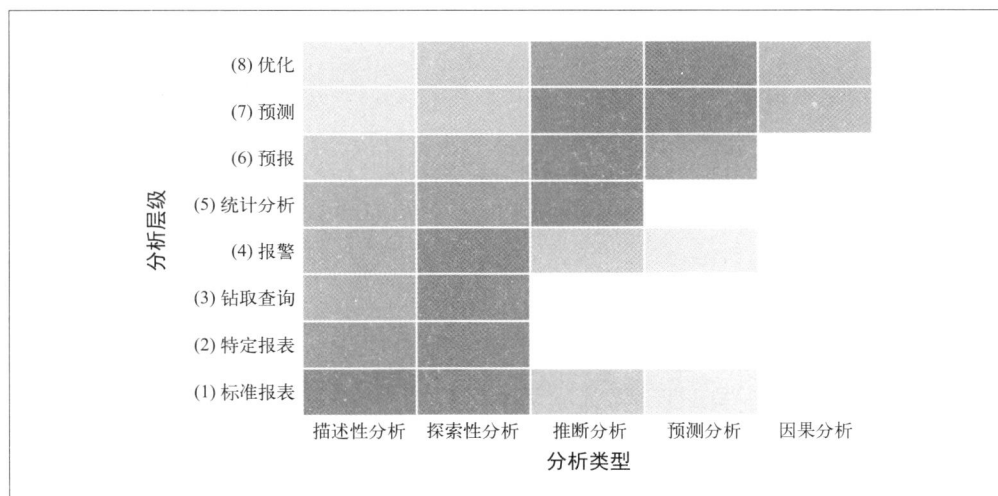

图 5-2：分析层级（左）和分析类型（下）的粗略映射。详细解释见正文

声明一点，定量分析还有很多其他类型，比如存活分析、社交网络分析和时间序列分析。但是以上每种都与特定的领域或数据类型密切相关，其中的分析工具和分析手段也由这 5 种基

本的分析工具和分析手段组成。比如，在时间序列分析中，你可以计算一个现象的周期（描述性分析），然后绘制变量随时间的变化（探索性分析），最后可能会建模和预测未来的值（预测分析）。这样就能理解了吧。换言之，这 5 类分析就是分析的基本原型。另外，也有更符合逻辑和更加定量的分析类型，比如丰田的"5 个为什么"和六西格玛等根源分析方法。

下面详细介绍这 5 种分析。

术语表

对度量、维度和指标感到困惑？不必沮丧。它们在使用上有很多重叠和不一致的地方，几乎没有共识，以下是我的看法。

变量
倾向于随空间、时间或样本而变化，如"令变量 v = 车速"或"性别是一个类别型变量"。

维度
一个变量。"变量"一词更多地被科学家和程序员使用，而"维度"一词更常见于商业智能中。维度是一个变量，用于将事实和度量分类，一般是类别型或时间型的，但也可以是排序、等级或整数型。比如，你可能需要画出销售总额（度量）与州（维度）或年份（维度）的关系，或计算网站跳出率（度量）与性别（维度）之间的关系。我一般认为，在条形图和折线图中，维度会置于 x 轴上，而度量会置于 y 轴上。

度量
度量是对一个物体的原始数值的测量（如长度），也可以是一种标准单位或尺度。然而在商业智能中，该术语通常指一个函数（如 BMI）或聚合指标，如通过测量所得数据的最小值、总和、计数或平均值。可以把它想成对某个事物的单纯度量或衍生度量。

指标
两个或多个度量的函数（这里的度量指的是测量），或就是一个度量（这里的度量指的是函数）。它是一个衍生度量。

统计量
一组样本值某属性的单一度量，比如算术平均值为 6.3。这是一个作用于一组数据后返回单一值的函数。函数和最终值都被视为统计量，这点会有些难懂。

KPI
在业务场景中，它是一个度量，并与绩效目标、指标或一些基准值相关联（第 6 章将讨论 KPI）。也就是说，它能表明与某些业务目标或起始点相关的表现。

5.2.1　描述性分析

描述性分析是最简单的一种分析。它对数据集进行定量的描述和汇总，重要的是，它描述数据样本的数字特征，而避免描述数据所属总体的任何信息。仪表板中展示的数据，如本周新增成员数量或年初至今的订购量，往往来自描述性分析。

自然要从单变量分析开始介绍。单变量分析指的是描述数据中的单个变量（列或域）。第 2 章介绍了五数概括法，但还有很多与位置（数据的"中间"）、离差（数据的范围）和分布形状有关的统计量。

最简单但也最重要的一个度量是样本容量。

样本容量

　　样本中数据点或记录的数量。

位置指标包括下面几种。

均数（平均值）

　　数据的算术平均值：值的总和除以值的数量。

几何平均值

　　简称"几何均值"（geomean），当乘数效应起作用，比如利率逐年波动时，就可以用它来计算平均值。它是 n 个值的乘积的 n 次方根。例如第一年的利率是 8%，而之后 3 年是 6%，那么利率的平均值就是 6.5%。

调和平均数

　　值的倒数的算术平均值再取倒数，一般用于平均速率。例如，如果你以 50 英里 / 时的速度开车去往店铺，返程途中因为遭遇堵车，车速只有 20 英里 / 时，那么你的平均速度并不是 35 英里 / 时，而是 29 英里 / 时。

中位数

　　50% 分位数。

众数

　　最常出现的值。

离散或集中趋势的度量包括下面几种。

最小值

　　样本中最小的值（0% 分位数）。

下四分位数

　　25% 分位数。有 1/4 的样本值小于它的值。也称四分位低值（lower hinge）。

上四分位数

75% 分位数，也称四分位高值（upper hinge）。

最大值

样本中最大的值（100% 分位数）。

四分位距

中心 50% 的数据，即上四分位数 – 下四分位数。

全距

最大值与最小值之差。

标准差

与样本算术平均值的离散度，它是方差的平方根，单位与样本数据相同。

方差

另一种离散度度量，是对算术平均值的差的平均平方，也是标准差的平方。其单位是数据单位的平方。

标准误差

标准差除以样本容量的平方根。如果要从同一个总体源中反复抽取同样大小的样本，该指标便能度量样本均值的期望标准差。

基尼系数

一种离散度，最初用于量化一个群体中收入的不平均程度，但用途其实可以更广。在概念上可以简单地将这个度量视为从一个群体中随机抽取的两个个体的绝对差平均值的一半，再除以群体的平均收入。

形状度量包括下面几种。

偏度

一个描述分布不对称性特征的度量。如果分布的右侧尾部比左侧尾部长，那么它就是正偏分布，反之则是负偏。Twitter 用户的粉丝数量就是高度正偏的（相关文章有 "An In-Depth Look at the 5% of Most Active Users" 和 "Tweets loud and quiet"）。

峰度

分布峰部尖度的度量。峰度高的分布峰部尖、尾部厚。在投资场景中这是一个重要的考虑因素，因为高峰度意味着相对于正态分布，极端值更为常见。

我认为分布类型也是一个有用的描述性统计量。例如正态分布（高斯分布）、对数正态分布、指数分布和均匀分布都很常见。知道了分布类型，你就知道了分布的形状，也就能知道分布可能拥有的特征（比如，可能产生极少极端的离群值），有时能获得产生过程的线索，通常还能得知需要收集什么其他指标。如果一个分布是幂律形式，就像 Twitter 粉丝数的分布，你就会知道应该把衰减常数作为重要的特征指标来计算。

当然，并非所有变量都是连续型的，比如性别和产品类别就都是类别型的。因此，描述性分析要包含不同类别的相对频率表或列联表，如表 5-1 所示。

表 5-1：销售额（按区域统计）

性　　别	西　　部	南　　部	中　　部	东　　部	汇　　总
男性	3485	1393	6371	11 435	22 684
女性	6745	1546	8625	15 721	32 637
合计	10 230	2939	14 996	27 156	**55 321**

在这个分析层级，关键的是分析师需要理解按照什么指标将数据进行切割和分组，而且能够识别有意思的信息。比如在表 5-1 中，为什么女性在西部区域的销售额中所占比例如此之大？

当需要分析的变量增加到两个时，描述性分析可以使用关联度量，比如计算相关系数或协方差。

描述性分析的目的是展现样本的关键数字特征，它应该阐明可以概括数据内分布的关键数字。可以使用关联性指标来描述或显示变量之间的关系，也可以用表格来进行交叉统计。

一些简单的度量或许能带来巨大的价值。有时为了解决客户的某个问题，你可能需要了解和追踪其订单量的中位数或最长期限。也就是说，它们可能非常有趣，足以驱动一份标准报表、特定报表、钻取查询或报警（分析层级 1~4），单单这些就能给企业创造价值。它们还能让分析师对数据质量心中有数而感到从容。如果某个第一人称射击游戏网站的玩家的年龄最大值是 115，那要么是玩家输入了错误数据，要么就是系统的生日字段默认把日期设置成了 1900 年，简单的最小值、最大值、全距和条形图对此有帮助。

最后，描述性分析往往是通往更深层的分析的第一阶，也可借此感知数据。

5.2.2　探索性分析

描述性分析是非常重要的第一步，但数字概括只能让你走到这里。一个重要的问题就是，你正在把大量数据浓缩成几个概括性指标。因此不难想象，不同分布、形状和性质的样本可能得到相同的概括性统计量。

在图 5-3 中，两个样本有相同的均值（100），但二者的分布截然不同。

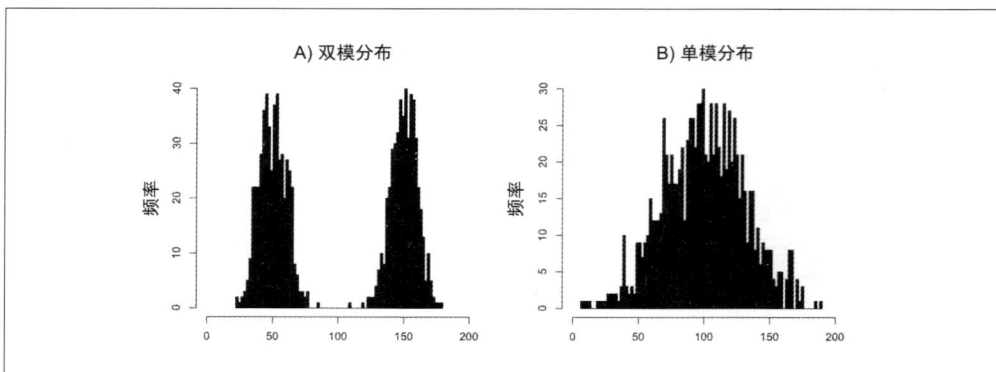

图 5-3：A 为双模分布，B 为单模分布。两者均值相同，都为 100

这种情况并不意外。对于单变量平均值这个简单的概括性统计量，存在很多可能的"解"，因为很多不同样本能得到相同的平均值。

还有令人意外的。如表 5-2 所示，假设你有 4 组双变量样本，每组的变量 x 和 y 拥有统计量。

表 5-2：双变量样本的统计量

性　　质	值
每组的样本容量	11
每组中 x 的平均值	9
每组中 x 的样本方差	11
每组中 y 的平均值	7.5
每组中 y 的样本方差	4.122 或 4.127
每组中 x 和 y 的相关系数	0.816
每组的线性回归方程	$y = 3.00 + 0.500x$

这是一个强约束系统，那么 4 组样本肯定差不多如出一辙吧？但是，图 5-4 所示结果并非如此。

这被称作 Anscombe 四重奏（Anscombe's quartet[2]），统计学家 Francis Anscombe 于 1973 年设计了这 4 幅图，故以他的名字命名。在统计计算发展的早期，他使用该四重奏来抗议当时统计方法和统计软件应用教科书中的既存教义：

1. 数值计算是精确的，而图像是粗略的；
2. 对于任一种统计数据，只有一种由相应计算方法组成的正确统计分析；
3. 进行复杂计算值得提倡，而查看数据是欺骗行为。

注 2：F. J. Anscombe. Graphs in statistical analysis, 1973.

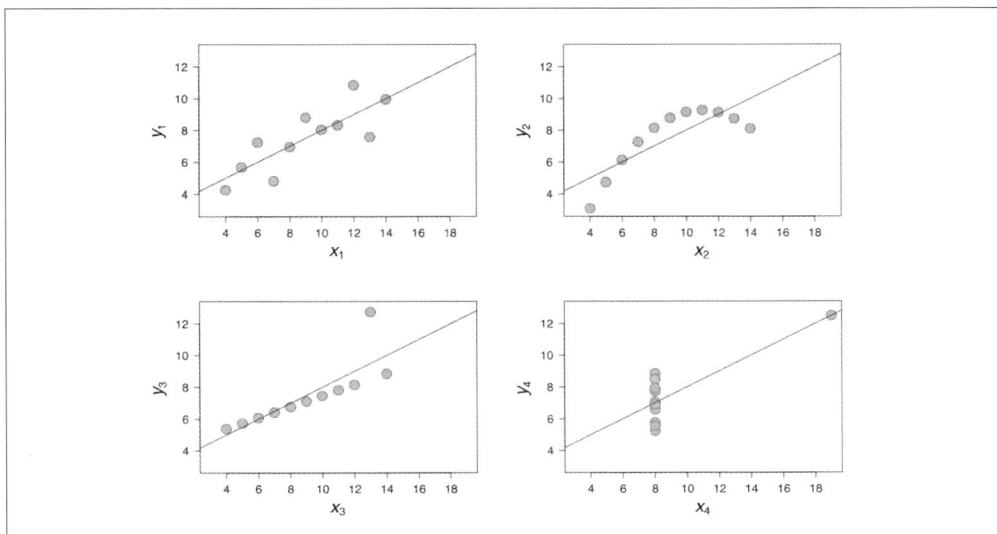

图 5-4：Anscombe 四重奏。以上 4 组样本的 x 均值、y 均值、x 方差、y 方差、相关系数和回归方程都相同（基于小数点后两位的精度而言）

Anscombe 进一步解释道：

> 大多数统计计算依赖对数据行为的假设。这些假设可能有误，从而使得计算结果也具有误导性。我们必须始终尝试和检查假设是否正确、合理；如果不正确，我们必须能够察觉哪些方面出错了。对此，图表可以发挥非常大的价值。

运用图表检验和可视化数据的分析叫作探索性数据分析，这种分析方式得到了 John Tukey 及他于 1977 年出版的影响深远的 *Exploratory Data Analysis* 一书的倡导和推广。如果处理得当，好的图像能让我们更全面地了解数据集，还能帮我们发现显著或异常的模式——人脑天生擅长这种事。洞察数据即从此开始。这里的曲线为何出现了一个转折点？营销支出的收益何时开始出现递减？

探索性数据分析让我们能够质疑或证实原本对数据的假设，这也正是第 2 章讨论数据质量时提到了 R 语言中的 pairs() 命令的原因。我们往往能很好地预期脏数据的形态，比如具有离群值、缺失值和其他异常值，这种预期可能比我们对干净数据情况的想象要准确。

在一个领域中研究并不断获得经验后，我们的直觉会得到发展，会感知哪些因素以及可能的关系在起作用。探索性数据分析以其多样化的数据点及其关系的查看方法，为我们提供了研究系统的多种工具，相应地也帮助分析师对系统机制提出新的假设。如果了解哪些变量可控，你还能获得能在系统中用于驱动指标（如收益或换算）逼近理想值的杠杆。探索性数据分析还能突出显示我们的知识体系中的缺口，并帮助确定为了填补这些缺口，我们需要做哪些实验。

对于单变量数据，包括连续型（实数）或离散型（整型）数据，常用的图表类型包括茎叶图（见图 5-5）、直方图（见图 5-6）和箱线图（见图 5-7）[3]。

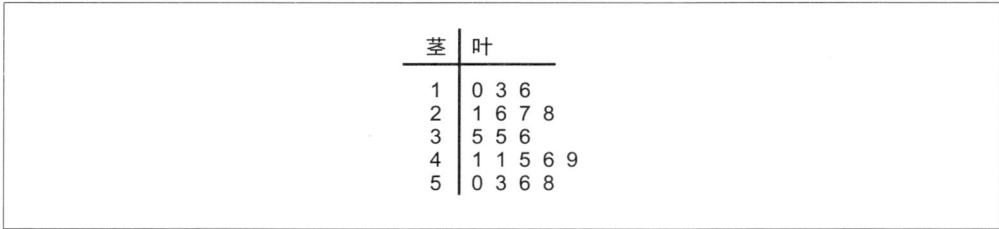

图 5-5：茎叶图

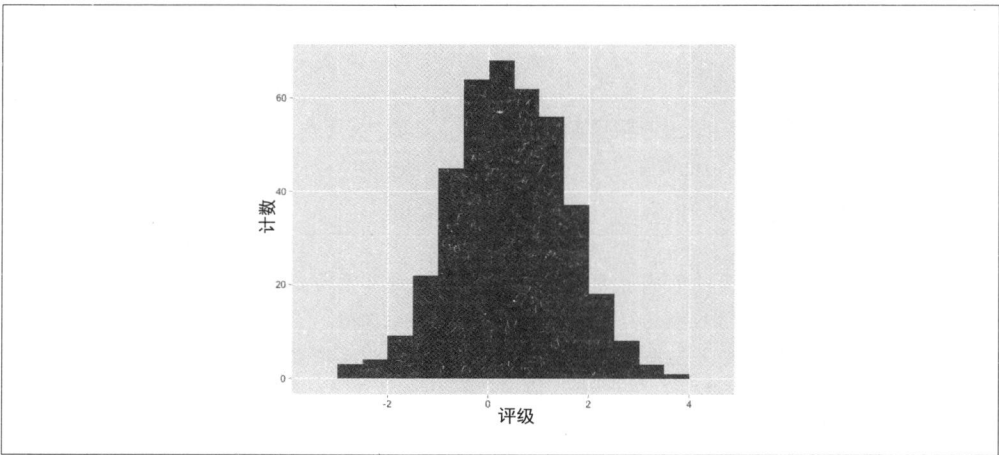

图 5-6：直方图

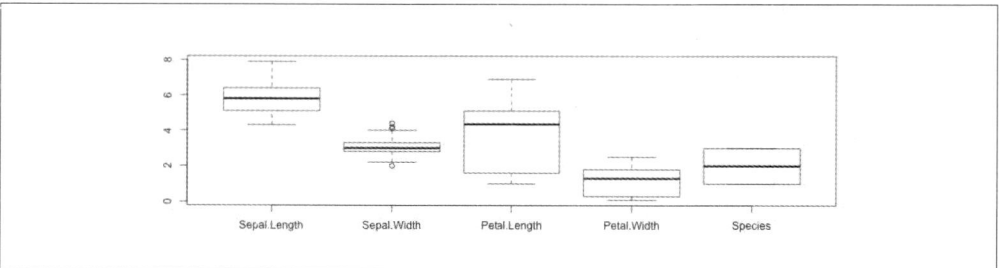

图 5-7：箱线图

注 3：这 3 种图表适合连续型数据。——译者注

如果对一个直方图进行标准化，让其面积等于1，那么它就是一个**概率密度函数**（probability density function，PDF）。查看同一份数据的另一种有效方法是绘制累积概率，称作**累积密度函数**（cumulative density function，CDF），这样能够突出分布中有趣的数据点，包括中央数据点。

图 5-8、图 5-9 和图 5-10 展示了针对单类别变量的常见图表类型。

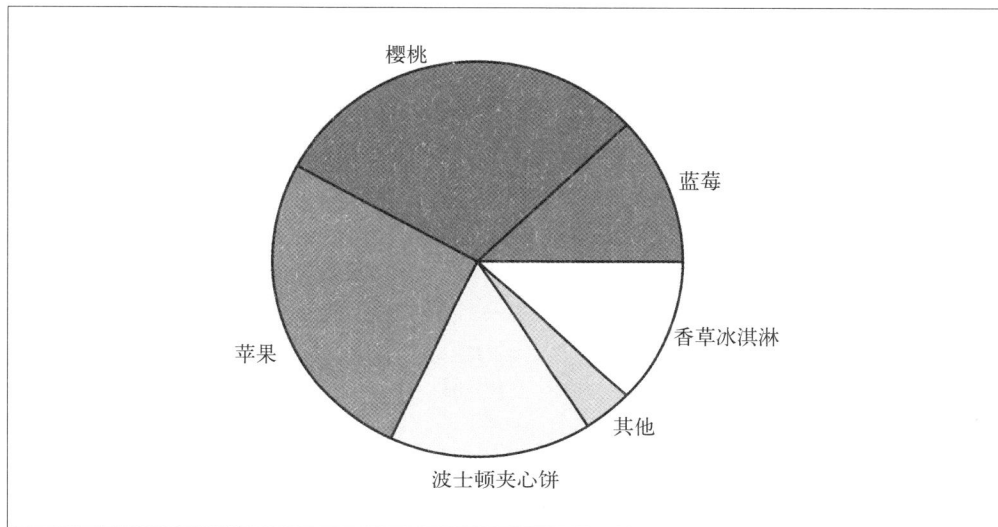

图 5-8：饼图

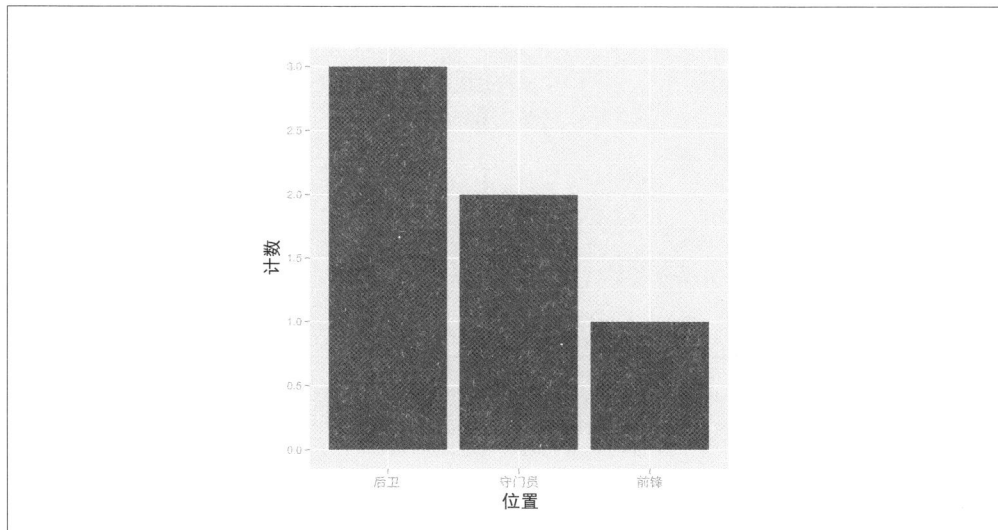

图 5-9：条形图

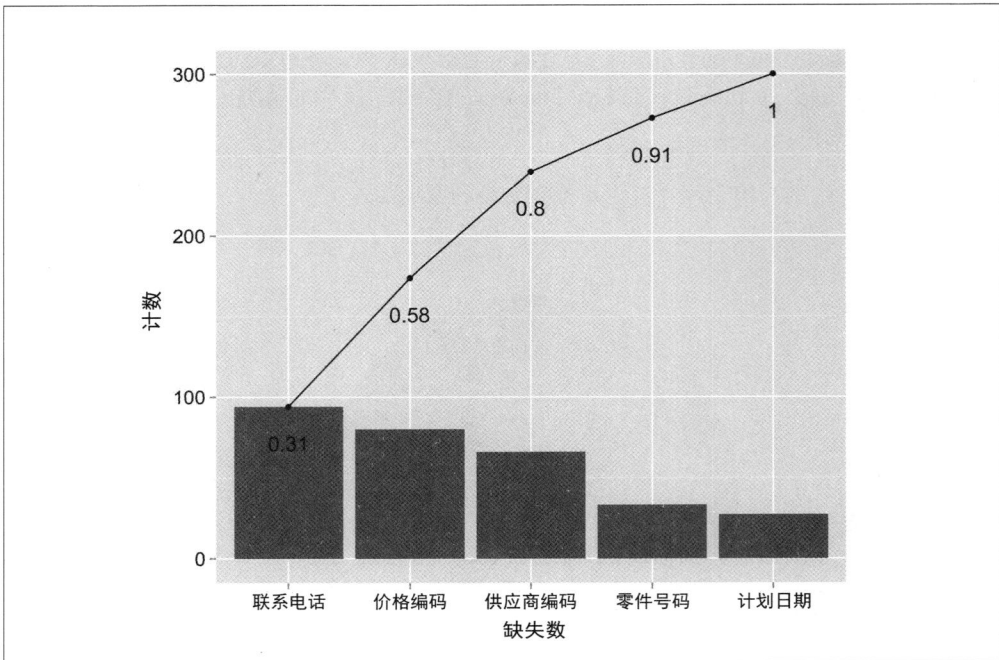

图 5-10：帕累托图

对于两个变量的数据，常用的图表类型有更多，如表 5-3 所示（或见图 7-5）。

表 5-3：双变量数据常用图表类型

	连续型或离散型	类 别 型
类别型	• 箱线图 • 面积图 • 极差图 • 表格图	• 蜘蛛图 / 雷达图 • 堆积条形图 • 漏斗图
连续型或离散型	• 散点图 • 折线图 • 极坐标图 • 地图 /Voronoi 图 • 密度图 • 等值线图	• 同左上

同时考查 3 个变量的图表也有很多，有的较为传统、通用且常见（如曲面图、气泡图、三维散点图），其他则有专门的用途（参见 D3 可视化图库）。

如果一个变量是时间（如年份）或类别型，则可以使用另一种方法："small multiples"，构建一个包含一维或二维图像的格子（如图 5-11 所示）。

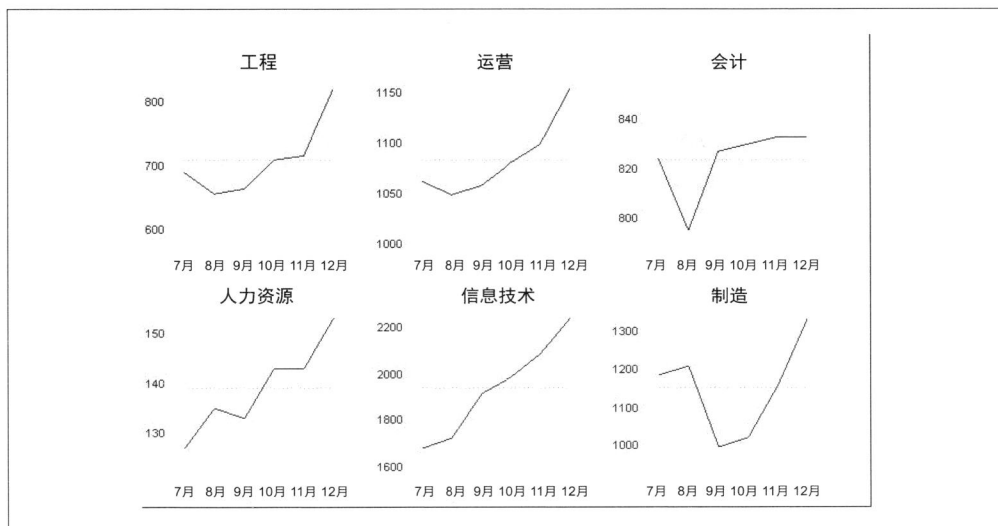

图 5-11：small multiples 案例

不要只使用一两种图表。这些图表之所以存在，自有其原因，不妨研究它们的优劣，然后使用能以最佳效果展现有趣信号、趋势或模式的图表（第 7 章会再讨论）。

在可能且恰当的时候，可以使用命令（如 pairs()）自动生成不同变量组合的图表，以便快速浏览并发现数据中是否有值得进一步研究的有趣特征或古怪之处。

5.2.3　推断分析

描述性分析和探索性分析属于描述性统计的大范畴，因为它们都在**描述**手头数据样本的性质。下面介绍分析的另一个主流分支：统计推断。顾名思义，统计推断的目的是推断样本所源自的更大总体的一些信息，可以是参数、分布或关系。同时，统计推断也为假设检验做好准备，以便设计和开展实验以检验和分析我们对数据内在机制的理解。

由于本书并非统计学教材，因此本节仅概述我们可以提出的问题类型、可能产生的见解种类和通过推断分析可以获得的附加价值。相关介绍，推荐阅读 *OpenIntro Statistics*。

为何需要推断？因为数据收集成本太高，收集所有数据是不现实甚至是不可能的，所以我们一般会根据样本来推断总体的指标。试想在美国总统大选的民意调查中，要收集 1.25 亿选民的投票情况是不现实的，所以我们转而获取一个有代表性的样本，并基于此精确地推断假设所有人都投票的结果。同样，如果要对某个生产过程进行质量检测，而且其中涉及**破坏性测试**的话，显然检验所有产品是不可能的，因为这样就没有产品可以销售了。

采用推断的另一个原因是，它能提供一个评估差异和结果的客观框架。假设你要策划一个惊喜活动，你根据一些通用标准（比如必须在去年购买了两次，而且是忠实会员）选择了1000位客户，给其中一半（测试组）寄出了一份惊喜礼物，附有一张字条，上面写着"亲爱的客户，为您献上一份小小的感谢礼"，而另一半（控制组）一无所获。你对接下来3个月的购买量做了评估，而描述性分析显示，测试组比控制组平均每月多花费3.36美元。这意味着什么呢？听起来不错，可这个值有多可靠呢？如果重新进行这个实验，能否得到相似的值，还是说这个差值只是偶然？或许只是受到了一笔大订单的影响？如果潜在购买行为并无差异，那么统计推断就能对这种差异单纯源于随机性的可能性进行估计。

试想当你把这份结果呈现给决策者时，如果只有描述性分析，你便只能陈述结果："我们发现两组人的差异是每月3.36美元，差异是正的，似乎符合我们的预期。"而采用推断分析，你能做出更有力的描述："我们发现两组人的差异是每月3.36美元，如果不存在真正的内在差异，则该结果出现的概率只有2.3%。显然，数据表明这是活动的真实效果。"或者反之："我们发现了这个差异，但它有27%的概率出自偶然，该活动很可能并无实际效果，至少就该指标而言如此。"从分析师和决策者的视角看，推断分析能给组织带来更大的价值和影响。

统计推断能回答的问题包括（但不限于）以下类型。

标准差、置信区间和误差幅度
这个特定样本均值或样本比例的置信度是多少？如果重复实验，它有多大可能会因随机性而改变？

单个样本的期望均值
这个样本均值是否与我的期望值有显著差异？

两个样本均值的差异
两个样本的均值是否存在显著差异？（从技术上讲，如果原假设为真，即两个样本的总体均值无差异，那么观察到均值差异或更大的均值差异出现的概率是多少？）

样本容量计算和功效分析
基于我对流程的了解，要想让数据达到某个置信度，所需的样本容量最小是多少？这些类型的统计工具对于规划A/B测试非常重要，第8章将介绍。

分布
样本值的分布是否与正态（钟形）分布一致？两个样本的总体分布是否可能相同？

回归
假设我精心设计并进行了一个实验，在其中系统性地改变了一个（独立）变量，同时尽可能控制了其他因素，然后拟合了一条回归（趋势）线。那么该趋势线的置信度有多大？如果重复多次实验，这条线变化（包括梯度和截距）的可能性有多大？

拟合优度和关联度

给定一个类别型变量（比如产品类别），其频率或计数（比如购买量）是否符合一系列期望的相对频率？两个变量（其中一个是类别型）是否存在关系？

虽然上面只做了概述，但希望你能看到统计推断所提供的工具集的潜在价值。它能让我们更加客观地设计实验和分析数据，甚至可能降低偶然性所带来的假阳性率。

5.2.4　预测分析

> 预测很难，尤其是预测未来。
>
> ——Niels Bohr

预测分析基于推断分析，其目的是从现有的训练数据集中学习变量间的关系并建立统计模型，用来预测新的、不完整的或未来的数据值。

这乍一看像是魔法。毕竟我们不知道地震何时发生，下一季的飓风具体会在何处形成，以及周一早上 Apple 公司的股价是多少（如果我能做到，就不会写本书了）。我们的确无法预测极端、复杂或混沌的现象——"黑天鹅事件"[4]，此言非虚。然而，商业和其他领域的很多方面有足够多的信号让预测分析能有效进行。例如，Nate Silver 就曾预测了 2008 年美国参议院的所有选举的结果，以及当年总统选举中 49 个州（共 50 个州）的结果。

零售业的销售模式更为明显。图 5-12（上方的曲线）展示了一个非常清晰且可预测的太阳镜年销售模式，销售高峰出现在六七月份，销售低谷则出现在十一月和一月（每年十二月的小高峰可能是因为节日促销）。手套的销售模式与之相似，其销售高峰出现在每年十二月。然后就可以用预测分析生成预报，即一段时间序列内的预测，这反过来可以生成计划，指导何时生产或购入原材料、生产或购买多少、何时将货物运至店面等。

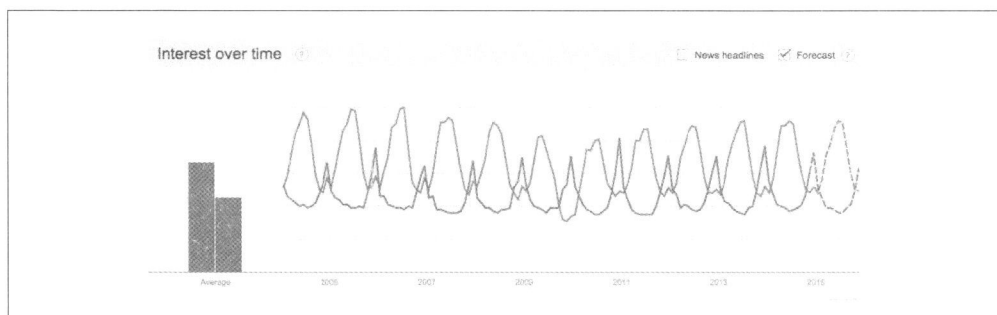

图 5-12：谷歌趋势展示的太阳镜（上方的曲线）和手套（下方的曲线）的可预测季节性模式，包括了 2004 年到 2014 年的数据和对 2015 年的预测

注 4：纳西姆·尼古拉·塔勒布 . 黑天鹅：如何应对不可预知的未来 , 2007.

除了时间序列，预测分析还能预测对象属于哪个**类别**。比如，我们可以根据某人的收入信息、信用卡的购买历史和支付（或不支付）账单历史，预测其信用风险。我们也可以使用一系列包含对某部电影的短评的推文，其中的电影短评会被人工标注为正面评价（"我喜欢这部电影"）或负面评价（"这部电影糟透了"），然后基于此构建一个模型，用于预测新推文（并未参与模型训练的推文）中的情绪（正面情绪或负面情绪，比如"这部电影的特效太棒了"）。

预测分析的应用场景广泛，影响巨大，示例如下。

本身就构成服务的基础的预测示例如下。

交友软件
　　好的推荐能提高用户满意度。

股票预测软件（一经售出概不退换！）
　　算法通过追踪股价的变动和识别模式，尝试低买高卖，使收益最大化。

向客户提供增强服务的预测示例如下。

垃圾邮件过滤器
　　识别非垃圾邮件（"你和首席执行官的会议"）并过滤垃圾邮件（"在线购买 × × 产品"），给用户一个清爽的收件箱和愉快的使用体验。

内容软件
　　关于观看内容（Netflix）的优质推荐能提高用户留存率，降低用户流失率。

社交网络
　　LinkedIn 的"你可能认识的人"增强了用户的网络效应，不仅给用户提供了更大的价值，还给服务提供了更有价值的数据。

提高转化率和增加购物篮内容的预测示例如下。

交叉销售和超额促销
　　即使是仅基于关联的简单推荐，如"买了《冰雪奇缘》DVD 的客户也买了《小美人鱼》"，也能提高销售额，而且对于一些用户而言，还能让他们的假日购物更加轻松愉快。

广告和优惠券
　　通过学习个人历史以及预测个人状态、兴趣或意图，广告展示内容的相关性或超市优惠券（比如 Tesco 的优惠券，后文会详细探讨）的有效性都可以提高。

驱动策略优化的预测示例如下。

银行审批

预测谁会出现抵押贷款违约，并在审批流程中加以考虑，能够降低风险。

预测警务

预测犯罪热点，以及何时、何地需要分派警察巡逻。

需求预报

预测网站或服务的流量（比如"超级碗"期间的推文数）可以让运维团队未雨绸缪地主动升级服务器，以满足需求并保持服务持续运行（减少"失败鲸"[5]的出现次数）。

政治选举

有效预测个人选民的意图（是否参与投票、投给谁）并在每晚根据新数据重新打分，从而更精细、更有针对性地开展竞选宣传工作。

这只是冰山一角。John Siegel 的著作 *Predictive Analytics* 对预测分析做了很好的概述，提供了更详细的列表，可供参考。那么，应该如何开展这些分析呢？有一套完整的方法和工具能帮你实现。最简单的模型是预测明天是否和今天一样，这对于一些缓慢改变的现象（如南加州的天气）而言非常有效，对于一些不稳定的系统（如股价）而言就用处不大了。回归是应用最广的一类工具，其中还有大量变体（lasso 回归、岭回归、稳定回归等）用于处理数据中的不同特征。一种特别有趣且十分强大的回归是逻辑回归，它能用来预测类别。比如，以前判断是否是垃圾邮件大部分是用朴素贝叶斯预测器来预测的，而如今逻辑回归更为常用。另外，其他技术以及属于"机器学习"类别的方法还有：神经网络、基于树的方法（如分类和回归树）、随机森林、支持向量机和 k 最近邻算法。

预测分析虽强大，却不难，其中最难的一步是获取一个高质量且干净的数据集。在构建分类器时，这通常指的是手动编辑一个数据集，比如，给推文标注正面或负面的标签劳神费力。但一旦把它准备好，再配合一个好的库（比如 scikit-learn），那么仅需几行代码就能实现一个基本模型。但好的模型需要付出更多心血、迭代更多次，而且需要经历一个称为"特征工程"的流程。特征就是模型的输入项，包括你收集的基础原始数据（如订单量）、简单的派生变量（如"订单日期是否在周末？是 / 否"）以及更复杂的抽象特征（如两部电影的"相似性分数"）。构造特征与其说是科学，不如说是一门艺术，而且依赖领域知识。

最后，描述分析并不一定需要大量数据。Nate Silver 在 2008 年的美国总统选举预测的输入数据只有 188 000 条（Oliver Griesel 的报告概述了数据收集和预测分析）。关键是它包含了大量不同来源的投票，虽然每一种都在某种意义上有误和有偏，但整合起来就达到了平衡，变得更贴合实际。实践证明，至少对于某几种问题而言，大量数据可以让你摆脱简单模型[6]（参见附录 A）。

注 5：Twitter 服务中断时的标志性画面。——译者注

注 6：Enric Junqué de Fortuny, David Martens, Foster Provost. Predictive Modeling with Big Data: Is Bigger Really Better? 2013.

总体来说，预测分析是数据驱动型组织的强大武器。

5.2.5　因果分析

你一定听过一句格言：相关关系并非因果关系[7]。如果你收集了一些数据，做了一些探索性数据分析去寻找变量之间有意义的关系，也许会发现什么。但即使两个变量之间有非常强的相关性，也不意味着二者存在因果关系。（例如高密度脂蛋白胆固醇与心脏病发病率呈负相关，这种"好的"胆固醇越多越好；然而，高密度脂蛋白含量更高的药物并不会降低心脏病的发病率。为什么呢？因为高密度脂蛋白是健康心脏的副产品，而非原因。）因此，这样的事后分析局限性较大。如果真的想理解一个系统，并且判断哪些因素会影响局部变量和指标的话，就需要构建一个因果模型。

与前文中的惊喜活动案例一样，构建因果模型的思想是进行一次或一系列实验，在其中控制尽可能多的变量，而每次最好只变动一个。因此，你可以做个实验，测试发送给客户的电子邮件的标题。如果其他因素都不变（电子邮件内容、发送时间等），而标题是控制组和实验组的唯一区别，而且阅读率显著提高，那么你就有了有力证据，并且能得出结论：更高的阅读率归功于标题的效果，标题便是原因。

但这个实验略显受限，因为它在证明标题产生影响的同时，未能明确是哪个词或短语让客户产生了共鸣。因此，需要进行更多实验。举个更加量化的例子：发送邮件的时间会对阅读率产生很大影响，为此，你可以做一个有很多实验组的控制实验（上午 8 点发送一批邮件，上午 9 点发送一批邮件，上午 10 点发送一批邮件等），并检验电子邮件发送时间是如何引起阅读率变化的。你还可以预测（插值）在上午 8 点半发送的邮件的阅读率。

你能做什么

作为**分析师**，你可以努力打磨工具，也可以把更多工具纳入自己的工具箱。这是对你本人和事业的一项投资，可以帮你成为更有影响力和价值的分析师。评估目前你所使用的统计和可视化技能，如何改进它们？例如，学习 R 语言能否让你更快、更可重复地进行探索性数据分析？额外的高级分析方法能否让你更了解项目，并使之更具影响力？学习该技能需要付出什么？

作为**管理者**，如果额外的分析方法能让你更了解项目，并且使之对组织更具影响力，那么要对这种情况加以关注。如果供应链中存在库存不足的问题，那么预测模型是否对此有帮助？能否多做一些实验，让团队更深入地了解起因？推动分析师去发展技能，并公开地在训练、指导和时间方面提供支持，以磨炼他们的技能并增强分析组织。让他们尝试其他可能提供新见解的软件工具，或者让他们更快、更轻松地完成工作。

注 7：如果你还有疑虑，不妨了解一下伪相关，比如美国的奶酪消费与床单缠身窒息而死的人数相关。

通过这种实验能获得关于因果关系的、对系统的更深认识，可用于预测、帮助策划活动和其他可以增强我们试图驱动的指标的变革。这种实验也能形成可用于优化系统的仿真模型的基础。比如，我们可以模拟供应链，研究不同补给触发机制和规则如何影响库存不足或总运费和仓储费用。这几类活动位于表 1-2 的 Davenport 矩阵中的右下角，是分析的最高层级。这种因果模型拥有科学的随时间收集知识的控制方式和强大功效，就是 Jeffrey Leek 所称的数据分析中的"金科玉律"。

在业务中，所有这些分析和建模都不是为了满足分析师或高管的一般利益，而是为了达到驱动核心指标（如电子邮件阅读率、兑换指标和最终收入）的目标。因此，这些指标的正确性和设计的完善性至关重要，否则就会在错误的方向上进行优化了。鉴于好的指标设计至关重要，第 6 章将讨论这一点。

第 6 章

指标设计

如果没有明确的目的地，最终你可能会到达其他地方。

——Yogi Berra

计算可计算的，测量可测量的，至于那些不可测量的，把它们变成可测量的。

——Galileo Galilei

数据驱动型组织需要制定明确的策略（业务方向），然后确定一套高级指标——KPI——来追踪业务是否在朝着正确的方向进展，并监控进程和成果。驱动这些高级 KPI 的责任则落在为该业务单元进一步定义 KPI 细节的部门或业务单元身上。最终，我们会得到一套操作性指标和诊断性指标，用于监控驱动 KPI 的任务、程序、测试和项目。

因此，精心设计指标是当务之急。这些指标应该起到实际且精确的指向作用。你肯定不希望一个策略性指标表明你朝向的是你所预期的东南方向，但真实情况是你正朝向东北；或者一个操作性指标表明移动用户转化率正以每年 5% 的速度增长，实际上却保持不变。你不会想使用一个无法尽早通知你的网站因故障濒临崩溃的诊断性指标。指标也是实验和 A/B 测试的输出结果。好的 A/B 测试可以为因果分析提供信息，还能如第 5 章所讨论的那样，提供数据驱动见解和策略所需的最佳原材料。David Skok 对此做了很好的总结。

考察公司运作状况的一个方法是把它想象成一台机器，它既有输出，又有能让管理团队拉动进而影响公司行为的控制杆。能力较弱的管理团队对这台机器如何运作、有何控制杆能用来影响绩效认识不足。管理团队能力越强，他们对机器运作原理和如何提高其绩效（能拉动什么控制杆）的理解也将越深和越全面。在设计指标时，我们要做的其实是加深对这台机器及其运作机制的理解。精心设计的指标能自动地驱动行为，进而优化机器的输出。

本章将探讨指标的设计。我们从一般考虑出发，具体关注 KPI，但不会在选择指标的方法上花费太多篇幅，因为对该话题的完整探讨超出了本书的范畴，而且针对这一重要阶段已有很多稳健的框架问世，比如平衡计分卡、TQM（total quality management，全面质量管理）、绩效棱柱模型以及 Tableau 仪表板。

6.1 指标设计

在选择或设计指标时，需要考虑许多因素。理想状态下，指标需要具有一系列特性。

6.1.1 简单

要把指标设计得"尽可能简单，但不能更简单"（爱因斯坦）。

如果要跟同事解释，以下哪种方式更简单些？

客户：我们通过销售本公司产品且与之发生了货币交换的人。

客户：购买了我们的产品的人。

- 排除礼品卡购买。
- 不含 45 天内退货并获得全额退款的人。
- 包括兑换礼品卡的人。

明白了吧？

根据定义，简单的指标是定义简单的，这反过来又意味着它们有如下特征：

- 更易于向他人传达，更不容易引起困惑；
- 实施起来更简单，计算正确的概率更高；
- 相较其他团队或组织，可能更有可比性。

当然，出于很多合理的理由，我们可能想为指标加上额外的业务逻辑和极端案例，从而使结果指标变得更加复杂。我们可能需要过滤偏差来源或极端案例，或者需要一个能明确追踪存在特定偏差子样本的指标，比如服务成本最高的客户案例子集。

我们需要根据案例的具体情况进行处理，但应尽量避免为了罕见的极端案例而增加指标的复杂度，因为这对整体的业务价值几乎没有多少提升，也很少有助于增强该指标的见解力。

要旨：如非必要，不复杂化指标。

6.1.2 标准化

尽可能让指标符合标准定义。如果已经有了一个标准、定义明确的指标来衡量网站跳出率，请使用它。除非有充分的理由，否则不要定义和实现自创的变体。如果零售业用离店指标来度量店铺的客流量，那么请使用它，而不是使用进店指标，哪怕两者的数值和概念都高度相近。再例如，在追踪月活跃用户时，Facebook 的指标只包含登录者，而 Yelp 的指标既包含登录者，也包含未登录访问者。

标准化会减少困惑，尤其对那些从其他组织加入你团队的同事而言。标准化还能简化将你的指标与其他组织中相同部门的指标进行比较的过程，即利用竞争对手的知识来衡量你的组织绩效的过程。

更重要的是，确保组织内的指标都是标准化的。我曾见过这种情况：不同团队以为他们用的是同一种定义，并且以相同的术语交流，而事实是不同团队制作的电子表格或系统互不相同，从而引起了困惑。他们的数字不一致，争论随之产生。

最佳实践是，以集中、自动化、有存档和版本记录的单一真实信息来源为准，让不同团队从中获取信息。你将能够吸收他人的分析和见解，并自如地进行同类比较。这使得构建分析库的过程更加简单，也使得构建组织可以信任、使用和以此为基础的、关于业务（或市场）因果因素的知识库的过程更加简单。

要旨：应使用标准化的指标，除非有充分的理由不这样做。如果一定要使用非常规指标，则需要用文档记录它们非常规的方式和原因。

6.1.3　准确

指标必须准确。也就是说，它们的算术平均值必须接近潜在的真正平均值（或总体平均值，见图 6-1）。如果类比射箭，那么准确性就好比正中靶心。

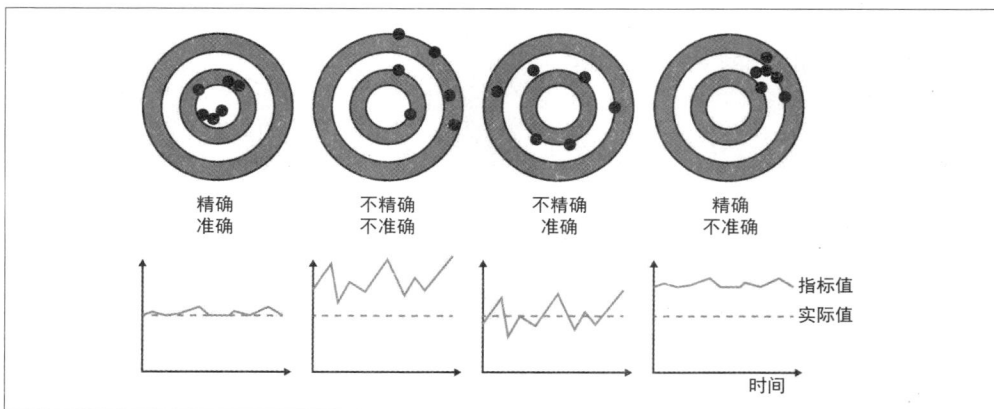

图 6-1：以二维数据为例阐述精确度（稳定或聚合）和准确度（正中靶心）。不准确的指标存在偏差，使得均值与实际均值存在系统性差异。精确度描述的是可变性：如果多次重复实验并收集样本容量相同的新样本，那么均值会发生多大的变化

以在线购物的结账金额为例。结账金额的均值（不含图书购买）是对所有类型购物的平均结账金额的不准确度量，它是有偏的。第 2 章提到了缺失数据偏差的一些例子，如果因物流速度慢导致不满意的客户提交调查问卷太晚以致错过截止日期，或根本不提交，那么平均客户满意度就不能反映真实的满意度。我们的样本中的满意度指标偏高，偏离了较小的真实数值。

在设计指标时，要尽量考虑到数据本身和指标本身可能的偏差来源。第 2 章探讨了收集原始数据阶段的偏差来源。我们要从指标的角度，谨慎考虑任何将数据子集滤进或滤出的条件，或任何隐藏的或过时的"容错因素"。

设想一个神枪手在射击场上用步枪向远处的目标开了一枪，并借助瞄准镜提高视野清晰度。持续的微风使得子弹偏离目标，考虑到风的作用，他转动瞄准镜一侧的旋钮，调整瞄准镜和枪管的（错误）校准——"容错因素"。然而，如果风速下降或提高，瞄准镜的校准就失效了，无法帮助子弹命中目标。当条件改变时，你就需要随之更新模型和容错因素。

业务同理。在 Warby Parker，我们用电子设备计算零售店的出入人流量。这些数据的一个用处是计算零售转化指标，即进入店铺并购买了商品的人的比例。在某一处，员工只能通过正门进出贮藏室和休息室，这些额外的人员出入造成了人流量计数的虚高，转化指标因而降低了，因此这是一个有偏的指标。我们把一个统计模型用作修正因子修正了这一点。该统计模型能在给定周几和忙碌水平之后，估计人流量中员工与客户的比例。这使得转化指标更符合实际。但此类模型存在一个问题——会随营业状况的变化而过时，比如客户可能会在假期更有购物的意向。因此，我们要么需要定期校准模型，要么就像现在尝试的一样，使用能够明确识别出员工并将其从人流量统计中剔除的先进技术。

6.1.4　精确

指标必须精确，也就是说，如果在相同条件下重复实验，指标应该得到相似的值。如果用射箭作比，那么精确度就好比是靶点相近。

样本容量是控制精确度的一个工具或控制杆。样本容量越大，标准误差就越小。但二者的关系是非线性的，因为均值的标准误差等于标准差除以样本容量的平方根。因此，要想使标准误差减半，样本容量就要扩大到之前的 4 倍。

图 6-1 直观展示了准确度和精确度的结合。除非你有一些经过验证的参考数据，否则无法永远知道指标是否准确。但如果指标不精确（不稳定），你很快就会发现。

要旨：尽量使用准确且精确的指标，并考虑增大样本容量所带来的成本和收益。

6.1.5　相对和绝对

究竟是使用绝对指标还是相对指标，需要重点考虑。两种选择所产生的指标在相同的情境下效果可能大相径庭。

假设在一个组织的会员中有 25% 的人为 VIP（他们所购商品的价值超过 1000 美元），但 6 个月后，仅剩 17% 的人是 VIP 了。天呐，这是为什么？VIP 流失了吗？如何扭转企业的局面？然而，如果在这段时期，公司专注于新客户增长，会员总数有所增加（图 6-2 中的浅色方块），而 VIP 的数量可能保持不变，那么 VIP 的比例就会降低。实际上，即使 VIP 的数量有所增长，其比例也可能下降。

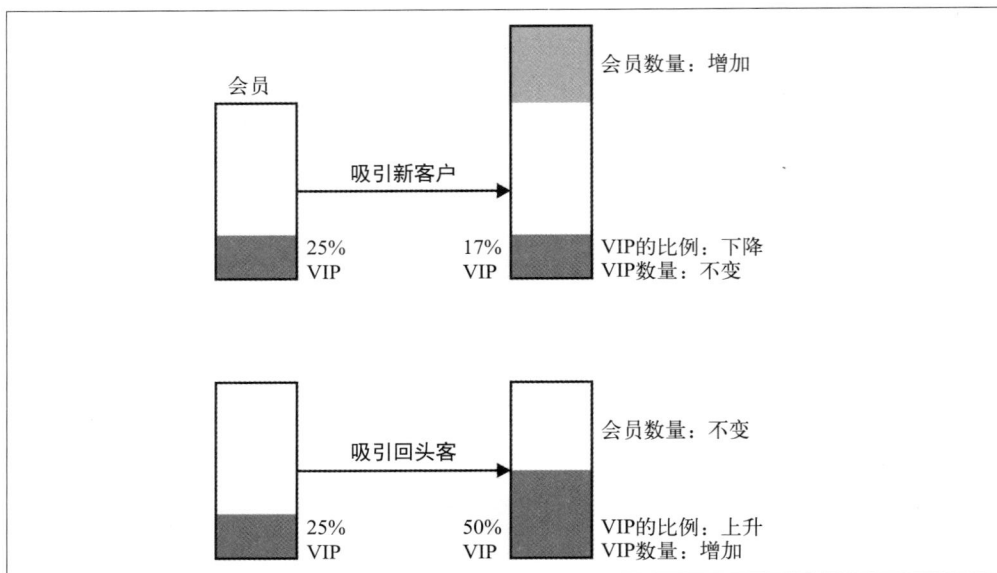

图 6-2：一家公司的 VIP 会员占比 25%。在上方的情景中，公司只关注新客户（浅色部分）增长，这会导致会员数量增多，而由于 VIP 数量没变，因此 VIP 比例降低。而在下方的情景中，公司关注的是拉拢回头客，这会使 VIP 的比例和数量都增加，但会员总量没有任何变化

相反，假设 6 个月后 VIP 的数量和比例都显著增长，这可能意味着客户群健康增长，可如果公司只关注拉拢回头客和提高复购率（见图 6-2 下部），那么实际上公司的发展是停滞不前的。（在很多公司中，第二种情形中提高复购率会比新客户增长更受欢迎，因为获取新客户的成本太高了。）

可以看出，绝对指标（VIP 数量）或相对指标（VIP 比例）的选择可能导致截然不同的解释。

要旨：仔细考虑想捕捉数据中的何种变化，然后决定选择绝对指标还是相对指标，以便能够追踪这种变化。

6.1.6　稳健

设定统计意义上"稳健"的指标，即对个别极端值相对不敏感的指标。

看一个来自《旧金山纪事报》的案例。

> 中半岛（圣马特奥县）去年的技术工作者的平均年薪是 291 497 美元……这个数字
> 偏高，一个可能的解释是：Facebook 首席执行官马克·扎克伯格只拿了 1 美元的工
> 资，但他在 2013 年通过行使 Facebook 股票期权获得了 33 亿美元……如果从技术
> 工作者年薪总数中减去 33 亿美元，最后得到的技术类平均年薪就约为 21 万美元。

平均值指标在这里并不适用，因为薪水数据是高度正偏的，其平均值会因单个离群值而被
显著拉高（超过 35%）。在这个案例中，中位数远比平均值更合适，因为该指标对极大的
离群值是稳健的，它能更好地描述数据的位置或中心。

值得一提的是，有时候你需要设计一个对边界值特别敏感的指标。比如，网站的最大负载
就是用于记录罕见的最大值的。

可以通过重采样估计或可视化稳健性。取出数据的一个子集并计算指标，重复该过程多次
（通过有放回抽样），获取一系列指标值，然后绘出其分布。该指标是否比你所预期或希望
的更富有可变性？

要旨：用探索性数据分析（比如直方图或二维散点图）来感知数据，并基于此选择恰当的
稳健性指标和度量方式。

6.1.7 直接

尽量选择能直接对你所试图驱动的过程进行度量的指标。也就是说，很多时候不能度量或
量化一切，需要选择一个代用指标或一个间接度量。

Cathy O'Neil 举了一个很好的例子，这个例子说明了为什么学生的考试分数可以作为教学
质量的代用指标。底层的过程和代用指标（或代用指标层）相隔越远，代用指标的有效性
就越低，也越有可能产生误导。你可能会持续优化代用指标，但它可能会变得与你真正想
驱动和优化的事物不再相关。

Susan Webber 给出了另一个例子，她探讨了可口可乐在 20 世纪 80 年代测试和推出"新可
口可乐"的案例。用户测试显示，即使和普通可乐相比，结果也相当乐观。然而，产品投
入市场之后却失败了。这是为什么呢？

因为用户觉得它太甜了。用户测试的问题在于使用了"小口喝"的方法，而我们小口喝时
会比大口吞咽时更能忍受甜度。如果他们测试"一般"的用户体验（在热天灌下一大口可
乐），就能对实际的口味、体验和偏好进行优化了。

要旨：可能的话，请在尽量不使用代用指标的情况下实现系统和流程。不要总是为了省事
而使用偶然获取的数据，而要关注应该收集的数据，如果它们能更好地满足你的需求，就
使用它们。

6.2 KPI

KPI 也称 KSI（key success indicator，关键成功指标），它是一套与公司的战略目标相关联的顶级度量。KPI 能帮助定义和追踪业务方向并实现业务目标。如前所述，KPI 是让业务之船保持正确航线的指标。

知名评论员兼 Web 分析学教师 Avinash Kaushik 把 KPI 定义为：

> 帮助你理解目标实现得如何的度量。

他强调定义中的两个并列的概念：目标和度量，因为 KPI 将这两个关键概念组合在了一起。KPI 可以是"将品牌知名度提升 10%""年底之前把活跃用户的数量翻番"或"第二季度把线上转化率提升 5%"。

KPI 必须具备以下特点。

定义清晰

整个组织想驱动的核心指标不应存在混淆或模糊之处。因此，需要有一个明确的指标定义、明确的目标值和明确或标准的时间框架（一般是"年末"）。

可度量

KPI 必须能够量化，必须让你能够用数字衡量其一段时间内的进展。换言之，KPI 应该是一个能够移动的指针，而不是一个二元变量指标。正如美国数据科学家 DJ Patil 在其著作 *Building Data Science Teams* 中所言："我发现最强大的数据驱动型组织都信奉同一句格言：如果不能度量它，就无法搞定它。"

有目标

"提高收入"是一个定义很糟糕的 KPI，因为它没有数值目标。如果组织的收入只提高了 5 美元，员工就可以说目标已达到并停止努力。相反，如果目标太远大或不可能实现，比如"增收 5000%"，这个目标就不会被重视，或者员工会迅速放弃、对任何可能的后果逆来顺受。KPI 必须可实现，但要通过努力工作方可实现。

可见

KPI 至少要让负责推动这些指标的人看到，但理想状态下不仅限于此。员工需要得到反馈，并且明确自己的努力能否获得回报，否则他们就得改变方针，尝试其他方法。比如，Warby Parker 的战略性指标和 KPI 对所有员工公开，并且会在全体会议上与全体员工一起定期回顾（至少每季度一次）。

反映组织试图实现的目标

我们很容易陷入这种陷阱：追踪那些容易度量的指标，比如当真正的目标是提升客户满意度时，我们却追踪了客服中心对电话的响应时间。有言道，"我们会重视那些能够度量的"[1]。因为收集数据、度量进程与成就可能需要新的流程，所以你要用额外的工作来影响你真正想影响的东西。

KPI 和目标一样，都要"SMART"（明智）：

- 具体（specific）；
- 可测量（measurable）；
- 可实现（achievable）；
- 以结果为导向（result-oriented）；
- 有时限（time-bound）。

或者，"SMARTER"（更明智）这个说法可能更贴切，即加上受评估（evaluated）和被审查（reviewed，或有回报，rewarded）两个指标。

6.2.1　KPI案例

Bernard Marr 总结出 75 种常见的 KPI[2]，涵盖了财务业绩和客户认知等领域（如表 6-1 所示）。

表 6-1：一些业务中常见的 KPI，由 Bernard Marr 整理

财务业绩	客户认知
• 净利润	• 净推荐值（NPS）
• 净利润率	• 客户留存率
• 毛利率	• 客户满意指数
• 营业利润率	• 客户盈利性分数
• EBITDA	• 客户终生价值（CLV）
• 营收增长率	• 客户流失率
• 股东总回报（TSR）	• 客户参与
• 经济增加值（EVA）	• 客户投诉
• 投资回报率（ROI）	
• 已动用资本回报率（ROCE）	
• 资产收益率（ROA）	
• 净资产收益率（ROE）	
• 产权比率	
• 资金周转周期（CCC）	
• 营运资金比率	
• 运营费用率（OER）	
• 资本支出与销售比率	
• 市盈率	

注 1：Richard A. Feinberg, Ik-Suk Kim, Leigh Hokama, et al. Operational determinants of caller satisfaction in the call center, 2000.

注 2：Bernard Marr. Key Performance Indicators (KPI): The 75 measures every manager needs to know, 2012.

然而，每个企业都需要针对自己的部门、经营模式、生命周期阶段和特定目标来选择和调整自己的 KPI。例如，Warby Parker 的战略性目标和 KPI 与 Bernard Marr 的列表几乎没有重合，但这并不代表该列表有问题，它囊括了最为典型的企业需求，只是没有涉及每个企业的独特之处而已。

Warby Parker 有强烈的社会使命感——每售出一副眼镜，就向有需求的人捐出一副眼镜。我们的战略性指标和 KPI 都与我们的 Do Good 计划相关，因为这是我们想进一步推动的关键点。因为我们自主设计和制造眼镜，所以我们的 KPI 也聚焦于改善这方面的业务。

我想表达的是，企业应该使用哪种 KPI，并没有千篇一律的标准。KPI 的选择需要高管层和其他利益相关方仔细考虑下一年的业务方向以及所有员工的专注力和努力的方向。

Kaplan 和 Norton 的平衡计分卡方法[3]试图确保一套 KPI 能够贯穿组织的 4 个领域——财务、客户、内部业务流程以及学习成长——并为组织提供连贯的认知。他们把 KPI 比作飞机驾驶[4]，要想驾驶飞机抵达终点，飞行员必须同时保证燃料、航速、飞行高度、指南针和外部条件等方面都符合要求。飞机驾驶可不能只关注油耗优化或飞行高度。因此，我们需要把完整的实现作为一个策略来整体对待。

如果能偷瞄一眼商用飞机的驾驶舱，你会看到几十甚至上百个刻度盘、仪表和控制杆，然而现实情况是，飞行员只会定期监控其中很小的核心部分而已。（如果你开过滑翔机，就会明白飞行员的核心需求：测高仪、指南针、航速表和气压表，这些就够了。）指南针：很重要。厨房里的灯亮着：不那么重要。驾驶舱有很多警示灯，飞行员会在它们亮起时迅速做出反应；而当它们处于"正常"模式时，飞行员自然会忽略它们。换言之，组织需要仪表板和警告信号去监控成百上千个操作性指标和诊断性指标，但对它们的追踪工作可以委托下属去做。这些仪表板和警告信号可以深植于某个部门或团队，但 KPI 不同，这套指标必须能让所有成员都看到。

那么，需要多少个 KPI 呢？

6.2.2　多少个KPI

KPI 往往需要涵盖业务的所有主要方面，以及特定时期（通常为一年）的特定战略重点的任何业务部分。一个业务可以有几个（比如四五个）"方面"或利益相关者群体，它们可以与管理层成员一致，但未必一定如此。因此，一个"方面"既可以指首席财务官监督的财务，也可以指首席技术官或首席信息官团队管理的技术战略目标，还可以指首席运营官的营销目标，诸如此类。Bob Champagne 建议，以上每个目标都要有 2~5 个战略目标，而每个目标都与 1~3 个 KPI 相关联。然而，KPI 的总数必须在 5 × (2~5) × (1~3) 的区间的低

注 3：Robert S. Kaplan, David P. Norton. The Balanced Scorecard: Translating Strategy into Action, 1996.

注 4：Robert S. Kaplan, David P. Norton. Linking the Balanced Scorecard to Strategy, 1996.

端，所以他建议最多 20~30 个，而一个评论家对此番言论的评论是"20 个足矣"，Kaplan 和 Norton 则认为应该有 16~25 个。

如果 KPI 数量过多，员工的关注点就会被分散，他们会尝试同时进行多个任务，而这样会降低效率。举个例子，一个小公司无法同时扩大其产品线、提高客户满意度、增收和进军国际市场，这些任务太繁重了，它们会让员工疲惫不堪，注定会失败。因此，我们应该关注更小、更一致的一些目标和 KPI，让每个人都能理解和跟进。

6.2.3　KPI的定义和目标

KPI 的 SMART 标准意味着它们要既具体又可测量，这表示我们需要避免使用宽泛、模棱两可、定义不清的动词（比如"改善""加强"）、名词或形容词（比如"最佳""领先""优质"）。绩效衡量专家 Stacey Barr 称这些词语为"含糊词语"（weasel word）。她建议针对模糊的目标（比如"改变客户的业绩"）进行讨论，深入挖掘这些含糊词语并用更关注感官细节的词汇替代（比如"客户在和我们合作时，能更快地实现他们的业务目标"）。如此，我们就能更简单地定义出更切实具体的指标来达成目标，比如"缩短达到目标的平均时间"或"提高在目标日期前达到目标的百分比"。

前文把"年底之前把活跃用户的数量翻番"作为 KPI 的一个例子，它体现了定义清晰的重要性。"活跃"一词可以有许多解释，对一个网游公司而言，这个词的含义可能是过去 30 天内登录过的用户，或是至少玩过多少种游戏或至少花了多少小时玩游戏的用户。这些词语必须在确定 KPI 及其目标时就明确定义。

什么是好的 KPI 目标和糟糕的 KPI 目标呢？ Maria Micallef[5] 给出了一些不错的例子。以下是好的目标：

- "明年之前将收集时遗漏的家用垃圾桶比例减少 5%"；
- "2011 年底之前意大利的用户数量增加 20%"。

以上每个目标都有着清晰、具体的指标（假定"遗漏"和"用户"两个词都含义清楚或阐述清晰），而且显然都可测量且有时限。那么糟糕的 KPI 目标呢？

- "我们的目标是提供该地区最好的交通服务"；
- "我们会改进处理投诉的方式"；
- "我们会在 5 天之内回应 75% 的投诉"。

下面分析以上目标。

第一个目标的问题很明显："最好"是什么意思？

注 5：参见"Key Performance Indicators for Business Excellence"。

第二个目标的问题也很明显：怎样才算改进？

第三个目标尤其有趣："回应 75% 的投诉"貌似很具体。"5 天之内"也很清晰且有时限。其实，假设这个 KPI 可实现，它似乎也符合 SMART 和 SMARTER 的所有标准。那么，它有什么问题？

问题在于，其余 25% 的投诉怎么办？正如 Micallef 所说，如果"剩下 25% 的投诉要花 3 个月去回应"，那么这就是一个"糟糕的目标"。你在指标中必须设计的一个关键点是，避免员工能有意或无意地钻系统的"漏洞"——员工貌似达到目标，而组织并没有真正达到期望的战略目标[6]。在这个例子中，那 25% 的投诉所带来的负面评价足以毁掉公司的声誉。

本章探讨了 KPI，它定义了组织的目标。我们探讨了在设计良好诊断性指标和操作性指标时需要考虑的内容（也是公司要追踪和努力优化的部分），也了解了不能用于这些数据的分析类型。在分析价值链中，下一环节是将这些见解、发现和推荐打包呈现给同事、管理层和决策者，也就是说，你需要用数据讲故事。这就是第 7 章的主题。

注 6：详见 Kerr（1975）的"搞砸了"激励计划的案例。这个计划"搞砸了"的一个原因是"迷恋'客观'标准：管理者寻求简单的量化标准去度量和奖励绩效。这种做法在高度可预测的组织中可能取得成功，但在应用于别处时可能引起目标错位。"

第 7 章

用数据讲故事

好的可视化能让人们立即意会，能推动对话进行，也能让你收获反馈、提高生产力。可视化比打电话或发邮件好得多，它能让你立即把同一概念传达给许多人。

——Ofer Mendelevitch[1]

前两章探讨了分析类型（从描述性分析到因果分析）以及指标设计（包括一类尤其重要的指标——KPI）。本章在分析价值链上更进一步：将发现、见解和建议打包呈现给决策者和其他利益相关者，以提升各个层面的探讨和决策的质量。

本章概述数据驱动型组织中沟通分析输出的过程和目标，即为何使用沟通数据、使用怎样的沟通数据，而非如何使用沟通数据。我将列出一些前提条件，即在开始准备展示或可视化之前需要考虑的东西。具体而言，我还将介绍一个图表选择工具和一份数据可视化清单，这两项及相关参考资料也能或多或少地说明问题。讨论也会涉及展示所需要注意的要点，比如整体结构、侧重信息等。

7.1　讲故事

"每个数据集、每个数据库和每张数据表都有它的故事。" Narrative Science 首席执行官 Stuart Frankel 如是说。分析师的工作就是找到那段故事，或至少找到对组织有意义的那段故事，然后解读并传播它。而且，这段故事需要准确、有经验性的支撑，否则人们就会用自己头脑中那些不怎么样的数据去自创一版故事。Davenport 等人在 *Analytics at Work* 中

注 1：引自 Mike Barlow 的 *Data Visualization: A New Language for Storytelling*。

提到了一位医院主管，此人声称医院供餐的味道是影响病患满意度和服务质量评价的主要因素。而分析师在验证该观点时却发现，在 30 多个因素中，食物竟是预测性最差的因素。这位主管的话和真实情况毫不沾边，那这个矛盾从何而来？原来，这位主管曾和两名抱怨食物不佳的病患交谈过。这名主管的故事就好比趣闻逸事，而分析师的工作必须基于有代表性的数据和客观的统计分析。

鉴于此，通俗地说，"故事"可以指一则趣闻逸事，但在当前背景下（"在数据驱动型组织中做展示"）这个词的含义是什么呢？

看看图 7-1，你是否注意到了什么不寻常或有趣之处？

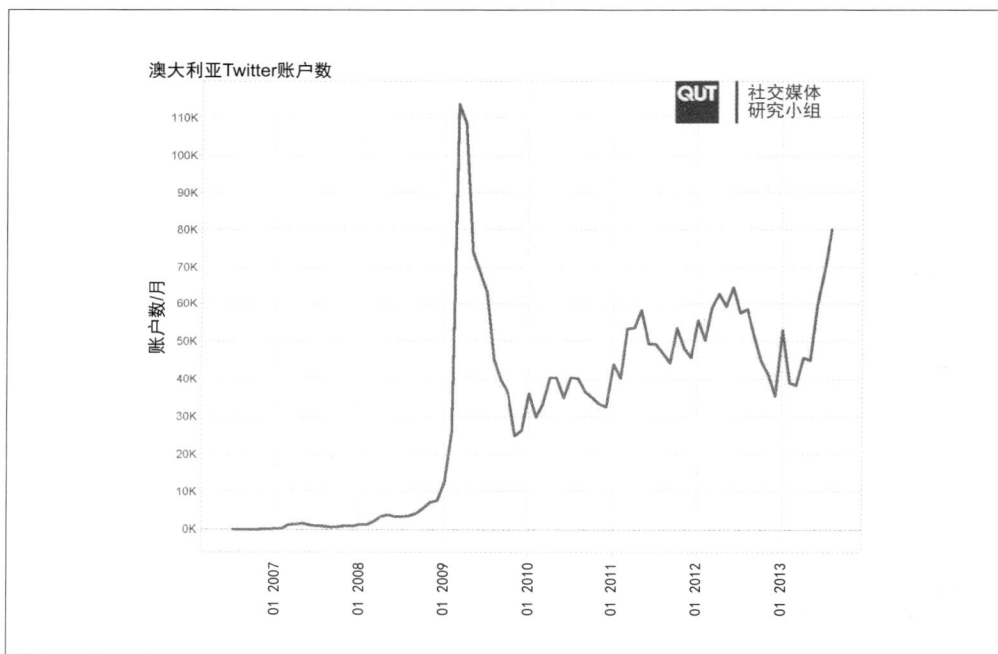

图 7-1：澳大利亚 Twitter 新账户数量随时间的变化情况

显然，对 Twitter 来说，2009 年是动荡的一年，因为在一年之内先后经历了账户注册率的大幅增长和大幅下滑。（总体而言仍是增长的，用户基数持续增加。）这条曲线背后其实满是故事，其中第一次增长（大约在 2007 年 3 月）是在 South by Southwest 交互大会上，该服务首次被人们注意到，使用率提高了 3 倍；第二次跳跃式增长（大约在 2008 年 5 月）之后的平稳阶段是在 Twitter 主动开始将垃圾邮件制作者列入黑名单时；2009 年是 Twitter 的服务步入主流的关键一年，比如从主高峰开始走下坡路的 4 月，Ashton Kutcher 向 CNN 发起挑战，看谁的粉丝会首先达到 100 万（仅过了半小时他便获胜了），Oprah Winfrey 也在直播中发了第一条推文。澳大利亚 Twitter 用户数的曲线与美国的用户数的曲线相似，但也有所不同。比如 2013 年的最后一次跳跃式增长发生在澳大利亚联邦大选前，所以此处也对应一段国家级的故事。

因此，"故事"需能捕捉数据中关键的发现、特征或模式，可能的话揭示背后的原因、展望未来、阐明对组织的影响和建议。Stephen Few 认为"数据可视化是通过视觉呈现来探索、分析和展示量化数据"。这里我把故事讲述视作数据可视化层面之上的另一个诠释层，同时也是一个叙事结构。图 7-1 在加上叙述之后，比原来更具有洞察和启示作用。可视化和叙述必须密切配合。你需要用最优的可视化方式在分析中揭示模式，然后向最终的观众展示证据或模式，同时要用正确、准确、有效的叙述来诠释这些发现和含义。

在理想情况下，要把最突出的数据点置入图中，这样做可以直接增强叙述的效果和自洽性（如图 7-2 所示）。

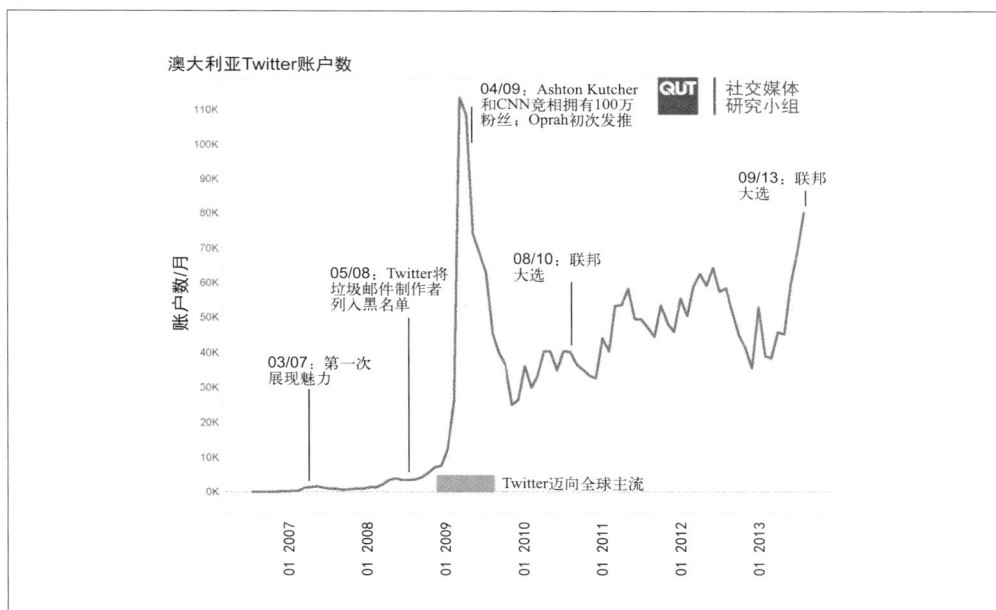

图 7-2：加了注释的图 7-1

发现和解读故事需要用到一系列分析技巧，其中一般包括探索性数据分析，即用图表进行数据可视化（见第 5 章）。虽然本章关注数据可视化，但并非对该内容的介绍。虽然我自己做不到完全公允，但有很多好书可以。建议先从一些黄金标准开始：Edward Tufte 的作品（*Envisioning Information, Visual Explanations* 和 *The Visual Display of Quantitative Information*）。尤其是后者，这本书能带你领略视觉设计师和评论家的思维模式，Tufte 在其中介绍了**图表垃圾**（chart junk）和**数据墨水比**（data-to-ink ratios）两个重要概念，后文也会加以解释。

关于更实用的介绍性内容，我个人很喜欢 Stephen Few 的 *Now You See It*（这本书更关注对量化数据的探索及分析的数据可视化），还有 *Show Me The Numbers*（这本书更注重展示）。要了解基于网络的可视化，不妨阅读 Scott Murray 的 *Interactive Data Visualization*。本章不是设计指南，关于这方面，强烈推荐 Dona Wong 的 *The Wall Street Journal Guide to Information Graphics*。

7.2　第一步

在开始思考展现一些数据、信息和分析的最佳方式时，需要考虑 3 个问题。

- 想达到什么目的？
- 受众是谁？
- 使用什么媒介？

上述问题是细化展示类型、风格和技术资料水平等因素的关键，它们能使你的信息得以传达并产生最大影响。只有解决了这 3 个问题，你才能合理地考量如何在视觉上组织内容并展现等更实际的问题。

7.2.1　想达到什么目的

你的目标是什么？为何整合这次展示或这份报告？你想达到什么目的？可能你在做分析之前就考虑过这些问题，但你必须明确展示这些数据或发现的原因、你的总结以及期望。

举个例子，如果这只是一项描述性分析，那么我们的目标可能是让受众更了解这个系统，捕捉关键部分的行为、强度和可变性，也就是知识共享。如果这是对 A/B 测试的分析，那么我们的目标可能就是总结实验组和控制组的差异、结果的置信度，以及假设提升度是真实的情况下的潜在增收。本例中的最终目标可能是做出决策，比如允许把某种处理方式推广到全体用户身上。以上两种分析截然不同，目标也不同，展示风格也应该不同。

下面仔细研究后面这个案例——A/B 测试的结果。本例中的分析师应该在分析后得出对结果的看法和置信度，然后给出推荐：我们应该推广这种处理方式。但分析师的展示不仅要包括推荐，还要提供证据：实验是这样设置的，这些是我们关注的指标，这是我们的发现，这里是我们遇到的一些不确定之处，这是我们得出最后结论的原因。

7.2.2　受众是谁

下一个要考虑的问题是受众。他们对数据了解多少，对技术了解多少？他们有何期望？他们有多大兴趣？动机有多强？他们有多忙？

从某种意义上说，无论受众是谁，分析师都需要达到自己的目标。对分析师来说，这可能是他一贯的优先考虑项；而对受众来说，这可能只是他们今天的众多决策之一，尤其当他们是高管时。分析师能够充分理解所使用的统计技术，而受众很可能不太理解。分析师会全身心投入数据、代码和统计指标中，而受众只关心业务决策和影响。分析师或展示者必须考虑以上所有情况并组织材料，将影响最大化。

举个例子，如果你只能占用高管两分钟时间，讲话就必须简明扼要："我建议采取这项行动，因为这么做能在下一年带来 100 万美元的增收。"而对于其他情况而言，花几小时向数据科学家和统计学家做展示的话，对方就可能想知道尽量多的技术细节，比如可能想仔细查看检验统计量、自由度、置信区间、密度图等。

首席财务官特别喜欢浏览密密麻麻的财务指标。（至于这是不是更好的数据使用模式，则是另一码事。）然而除此之外，更庞大的受众群体（比如全体大会的参会者）可能只需要最高层面和最少技术色彩的关键要点。你必须选择合适的展示方式，并据此准备所需的材料。

7.2.3　使用什么媒介

最后一个问题是决定要使用的媒介，也就是说，你是要借助书面报告、可视化展示（比如 PPT 幻灯片）、仪表板还是信息图。

这与上一个问题存在关联，也就是说，如果你要在一场全体大会上做展示，你的选择就会限于可视化展示或口头陈述。对首席财务官来说，你可能需要提供一份书面报告，包括一份涵盖了他需要或关心的各方面的表格，而对一些管理者来说，你可能需要展示一份 PPT。

将这项决策与你估计的受众的感兴趣程度、受众愿意在你的分析上花的时间相结合，就能确定展示的深度、详细程度和规模。如果你只有 3 分钟时间向高管做展示，就不能用一份 37 页的包含大量技术细节的 PPT。即使 PPT 合适，也只能包含两三页。

重要的是，不能原封不动地将展示内容从一种媒介复制到另一种媒介，并期望效果是最佳的。例如，从书面报告中复制一张密密麻麻的表格，然后粘贴到 PPT 幻灯片中，用于全体会议，效果不会好。你必须为手头的媒介量身定做每一张幻灯片和图表。

7.3　大力推销

精心设计的实验、精心选择的指标，以及最重要的，仔细和明确定义的问题，能最大限度地让人看到数据中的主要模式并回答这些问题。分析师的工作是找到并阐述最清晰、最干净和最具相关性的模式，并对其进行解释，再将其转化为对业务的影响。然而，这仍可能只是对数据的万千解读中的一种。其他人可能会带着不同的偏见、目标或领域知识看待相同的数据。因此，数据可视化专家 Sebastian Guttierez 认为，用可视化展示数据的分析师就像推销员。他说："你在努力推销一些东西——我们应该增加预算、应该修改数据库、应该获取更多日志……最后，你就会获得一条信息……我把非数据科学家或非数据分析师所做的分享数据或数据可视化的工作，更多地看作一种推销。"

他们推销的是什么？至少两样东西。首先，如果有多种解读方式，那么分析师必须选择和推崇最客观、逻辑性最强和最简化的一种，并说明选择的理由。其次，如果他们竭尽全力获取了数据，并进行了清洗、加载、理解和分析，可能还建了模型，然后发现了一些显著信息、一些能够影响业务的信息，他们就会想实现所发现的潜在影响、想推销行为（我们应该做什么）和结果（如果做了会怎样），第 9 章将继续讨论该话题。换言之，分析师不能被动地展示数据、信息和发现，而应该主动推销这些想法。此外，正如 Sebastian 所说，当作为分析师，从推销的角度出发，需要传达一些信息时，应该获取更多数据（如果需要的话），并呈现一段更丰富、更令人信服、基于事实的故事。

重要的是，文化应该结构化，以便分析师得到激励，增强影响力。Zynga 前分析主管、Facebook 现分析主管 Ken Rudin 举例说明道：

> 分析关乎影响力……在我们公司（Zynga），如果你有敏锐的洞察力，做了出色的研究却没有产生任何影响，你的绩效就是零。

7.4 数据可视化

前面介绍了故事的含义和分析师的角色与动机，接下来换个角度，谈谈数据可视化的若干机制。章首提到，本章不是综合指南或参考文档，而会提供一些指示，并将其与一些常见的要点、我见过的典型错误和我经常抱怨的一些问题结合起来。

假设分析师已经选好了适当的指标和维度（比如，如何切分数据，是按月切分还是按销售渠道切分），也在数据中发现了一些有趣而显著的模式，接下来便需要选择展示数据的方式。有时候我们会采取数据表的方式，但一般会借助图表来展示。

7.4.1 选择图表

有大量图表类型供分析师选择，最适合的图表或可视化类型取决于变量类型（连续型、离散型、类别型或有序型）和其中要包含多少变量或因素，甚至还取决于数据值本身。比如，堆积条形图非常适合二类型数据，但完全不适用于更多类型的数据（如图 7-3 所示）。

为便于比较，图 7-4 从另一个角度展示了同一份数据。这幅图更便于比较平台之间的差异，但代价是丢失了累计受访者百分比的信息。

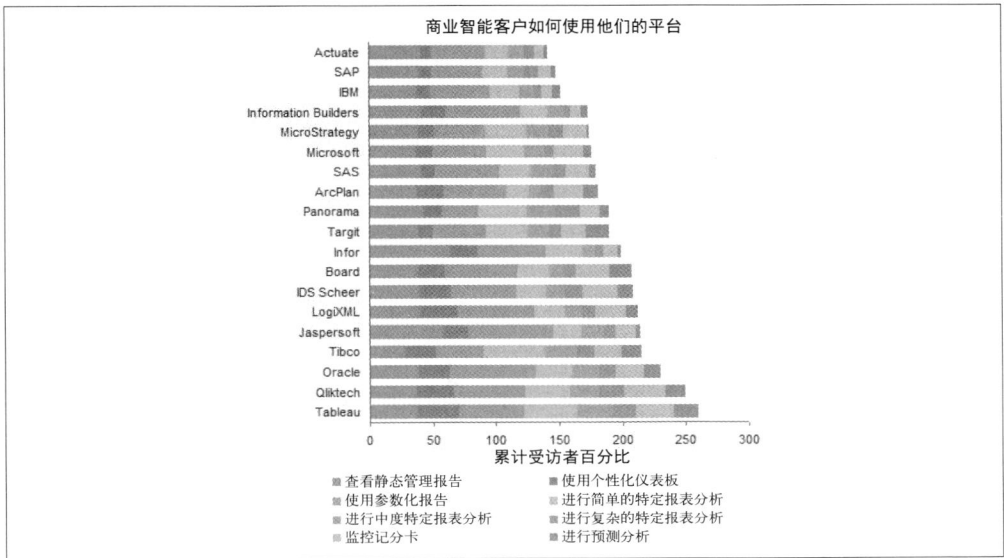

商业智能客户如何使用他们的平台

图 7-3：包含相当多类别（8 种）的堆积条形图的案例（展示了客户使用商业智能产品的方法）。最左侧的类别由于按 y 轴对齐，因此最容易进行平台之间的比较，但那些宽度和偏移量都不同的数据点就很难解释了。比如，最右侧的类别在不同平台之间的变化如何？图表来自 Jon Peltier

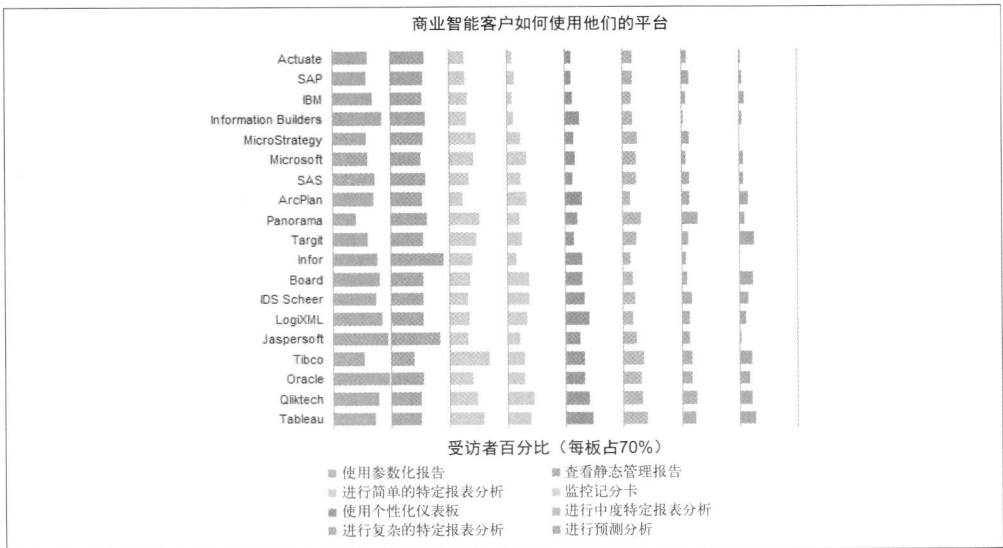

商业智能客户如何使用他们的平台

图 7-4：数据与图 7-3 的相同，但用平板柱状图来展示。这里的类别间比较更方便解释。图表来自 Jon Peltier

选择图表类型是让受众理解故事的核心能力。那么，如何从众多类型中做出选择呢？对各种图表进行分类的一个方法是主要考虑 4 类原因。

比较

比如同类间的比较、事情如何随时间变化等。

分布

显示一系列数据的变化。

关系

显示变量间的相关性或关联性。

类别

显示数据如何分成两个或两个以上的类别。

图 7-5 展示了不同的图表类型以及它们与 4 种目标和指引的关系。这幅图涵盖了最常用的图表类型，但除此之外还有很多其他类型。比如，图 7-5 中的图表无法表示社交网络或地理空间数据。Graphic Continuum 提供了更全面的图表类型图解，但这个图解太大、太详细，无法在本书的单页上复现和阅读。另外，推荐 D3 可视化图库，这是一个很常用的 JavaScript 库，可以做出有趣、更具实验性且专门的交互可视化。

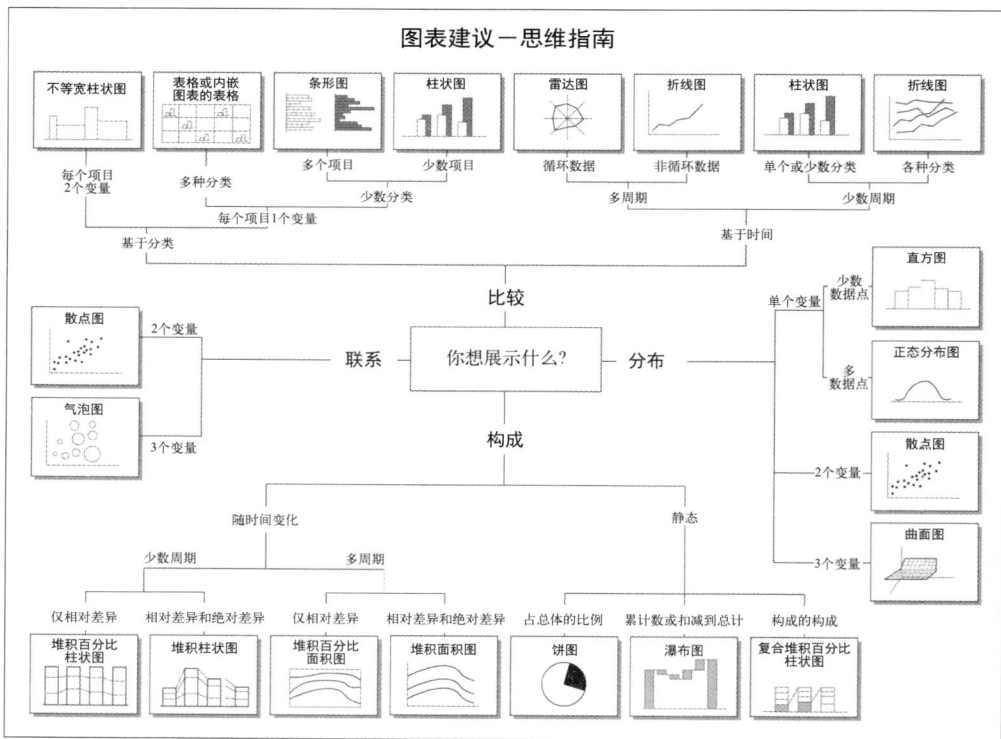

图 7-5：图表类型有很多，每种都能完成一种特定任务，你要选择能满足自己需求的合适方式。本图由 Andrew Abela 绘制，转载已获许可

如你所见，对于一个给定的数据类型，可能存在多种适用的图表，各种图表的展现方式不同，突出的数据特性也不同。关键是要尝试不同的图表。你可以在"design space"里搜寻一番，找到能最动人地讲故事、同时还能保证真实性和客观性的方式。（比如，不要截取 y 轴，以免扭曲了折线图的斜率[2]。）

7.4.2　设计图表元素

选择图表相对简单，毕竟可选范围有限（虽然人们仍会做出不恰当的决定），但这只是一个开始。下面列出的一份清单包含需要考虑和审慎检查的元素。因为关于这些元素的详细介绍超出了本书范畴，所以这部分内容仅作为指引助你起步。不过我会推荐一些专家和章首列出的书目作为参考。

虽然这份清单中的很多项看上去显而易见，但令人惊讶的是，仍有许多图表违背了其中至少一条标准，这使得可视化没有理想中的那么有效。

数据可视化清单

数据可视化包含许多元素，其中每一种元素都需要经过谨慎考虑。一个错误的选择，如颜色对比度低、字号小、图表类型不合适，就能破坏整体可视化的美观、舒适和可用性。下列清单里的项目也是 Stephanie Evergreen 给出的一份极有用的清单的标题，逐项细节可参见完整清单。

文字
- 6~12 个字的描述性标题，居左，位于左上角
- 副标题或注释提供额外信息
- 字号有层次且易读
- 文字水平排布
- 直接标注数据
- 不滥用标签

排版
- 比例恰当
- 有意识地给数据排序
- 轴间隔等距
- 图像是二维的
- 图像无修饰

注 2：Justin Fox. The Rise of the Y-Axis-Zero Fundamentalists, 2014.

颜色

- 有意识地选择配色方案
- 用颜色来突出显示关键模式
- 黑白打印时仍可辨认
- 色盲人士也可辨认
- 文字和背景有明显对比

线条

- 网格线（若要显示）要柔和
- 图片不要有图廓线
- 坐标轴不要有多余的刻度线
- 图像有一个横轴和一个纵轴

总体

- 要强调重要的发现或结论
- 图像类型要适合数据
- 图像的精确度要适当
- 各个图表元素共同作用，来强化首要信息

1. 关注信息

数据可视化是为了清楚地传达信息。你的"武器库"里有大量"武器"，比如字体、网格线、朝向以及高亮颜色。可以通过只展示我们感兴趣的数据来让受众关注某些信息，但这样会让数据脱离场景。假设一个图表显示，2009 年日本的发电量是 260 太瓦时。这个发电量多吗？我没什么概念。不过我们也可以采用另一种方法：保留焦点数据的场景，同时突出显示颜色（如图 7-6 所示）。因为使用了加粗的标签和更亮的颜色，所以我们一下子就看到日本那一行数据，而周围的条块长度也为日本的发电量数据提供了场景：发电量很大，但不及美国发电量的 1/3。

这就是一个给图表添加元素后信息有所增强的例子，下面看一个反例。图表必须避免 Stephanie Evergreen 所说的"Martha Steward"情况，即过度装饰。应保持简洁，去除杂乱和冗余的信息，让数据及其信息凸显出来。

Edward Tufte 创造了一个词——"图表垃圾"，用来概括图表中的干扰元素："图表垃圾指的是在图表和图片中，所有对于理解图中所呈现的信息没有必要，而且会分散受众注意力的视觉元素。"Edward Tufte 将其发挥到了极致，提出了一种极简主义的方法。但我更喜欢 Robert Kosara 提出的更现代、更实用的定义："对阐明意图无益的图表元素。"Robert Kosara 也承认，有时候我们的确需要在图表中加入一些元素，以突出特定部分，增强核心信息或故事。

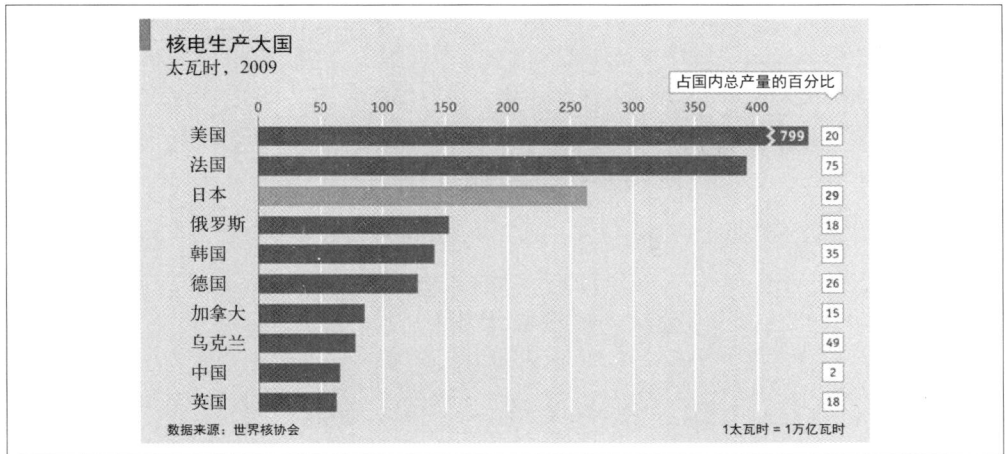

图 7-6：恰当突出显示颜色的例子。日本一行的标签被加粗，条块的颜色也更亮，所以能够在场景中脱颖而出

2. 组织你的数据

图表中的数据组织方式主要取决于所选择的图表，反之亦然。虽然图表类型的选择范围有限，但其中仍有高层次的结构性可以选择，比如让条形图水平分布还是垂直分布。有趣的是，即使过了该阶段，数据组织的一些微小变化仍会给图表传达的信息带来巨大影响。

图 7-7 展示了英国政府职位的平均年薪（按工资等级），并按性别分类。

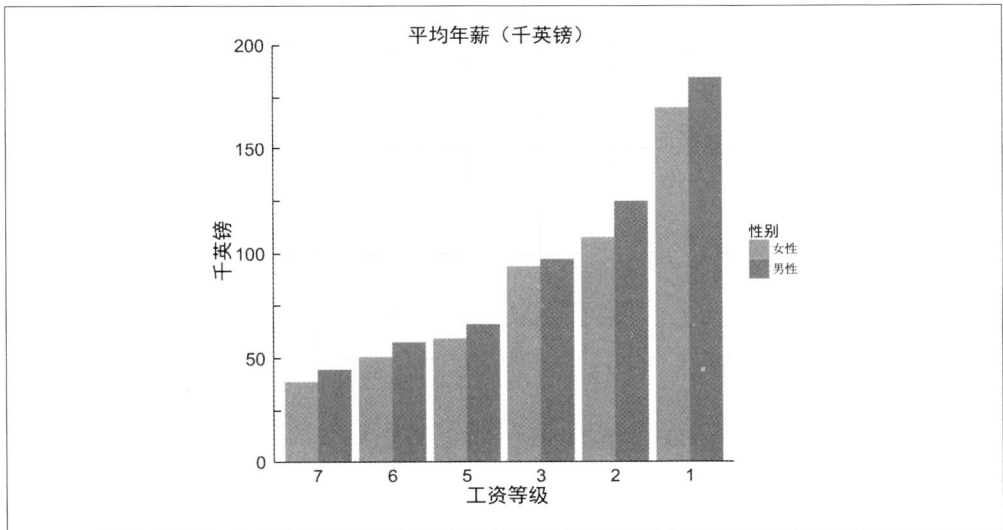

图 7-7：英国政府职位的平均年薪，按工资等级绘制（数字越小，等级越高），按性别分类（来源：BBC 新闻）

图表看起来还不错，标题和轴标签都很清晰，x 轴表示的是工资等级，随资历高低从左往右递增（但工资等级随资历增长而降低，这有点令人困惑），这符合我们的预期，也符合西方从左到右的文化习惯。y 轴看起来也不错，没有被截取。25 000 英镑的单位增量似乎也很合适。颜色的选择的确不少，这里用深色代表男性，用浅色代表女性。这张图表没有什么基础性错误。

调换每个工资等级下的男女条形图位置，看看这之后的图表（见图 7-8）。

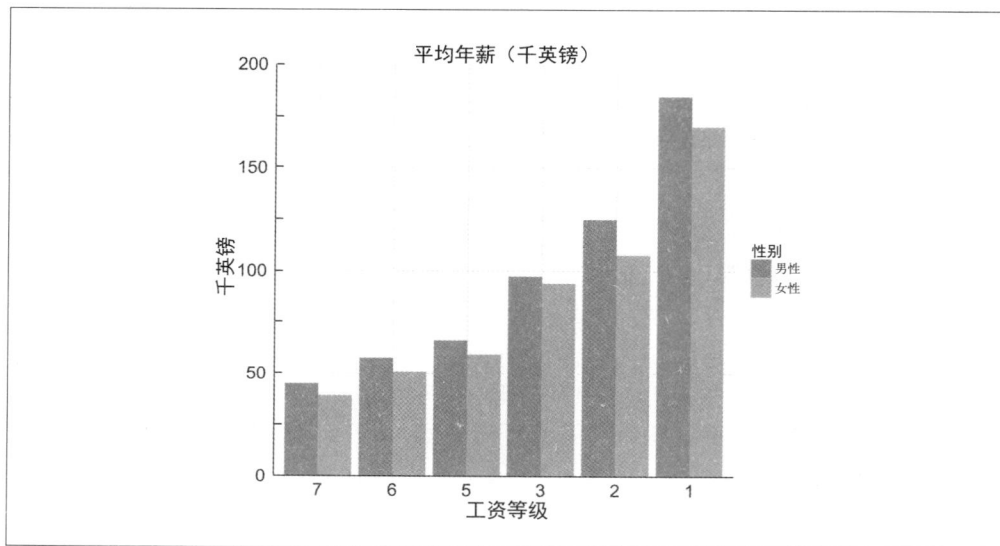

图 7-8：与图 7-7 基本一致，但调换了每个工资等级下的性别顺序。工资不平等现象是不是更明显了？

差异很显著。数据、轴、条形图的配色都没变，但简单调换性别顺序就完全改变了人们对性别不平等的认知，核心故事和不平等现象都更直观了[3]。第一版图表并无问题，但是第二版更加出色。

这个案例清楚地证明（在我看来），你必须尝试图表的每一种可能的方式，必须具备批判性眼光，而这种批判性眼光正是来自对以上这类案例的接触和分解练习。因此，建议所有分析师都阅读章首提到的书，学习 Kaiser Fung 的 trifecta checkup 框架，报一个数据可视化班，以及最重要的——练习。看看《华尔街日报》《纽约时报》和《经济学人》，它们的图表都有非常高的标准。是什么让这些图表发挥了作用，又是什么限制了它们的效果？（有时的确效果不佳。）对比一下 /r/dataisbeautiful/ 和 r/dataisugly 里的图表，它们分别是因为什么而被归为美观（beautiful）或难看（ugly）的呢？如果由你来做，你会采取什么不同方法呢？

注 3：Stephen Few 对此的解释是，人脑会本能地寻找模式，而我们更喜欢相对简单、相对平滑的曲线。从计算角度看，这种情况编码起来更容易。第二版更加参差不齐，因为我们需要更努力地对其中的形状进行分类，所以注意力会更集中。

7.5 传达

本节探讨提供见解的方法。首先简要介绍信息图，近几年来这种方式在市场部中尤其常用，然后讨论仪表板这一更为重要的内容。正如本书开篇所言，许多组织就是因为有大量仪表板而认定自己是数据驱动型的，仪表板自然是相当有用且常用的。我会介绍几种仪表板以及它们在决策中的功用（或无用）。

7.5.1 信息图

对数据驱动型业务而言，我不太推崇信息图，因为它意味着现代意义上的华而不实，具有色彩斑斓的视觉效果，却缺乏事实，通常出自设计师而非分析师之手。我发现信息图的数据墨水比（Tufte 创造的一个术语）很低，而视觉信息密度肉眼即可识别。其实，绝大多数信息图含有大量图表垃圾，而且数据非常零散。图 7-9 就是一个例子，它有趣而生动地展示了体型不同的动物的大脑大小。

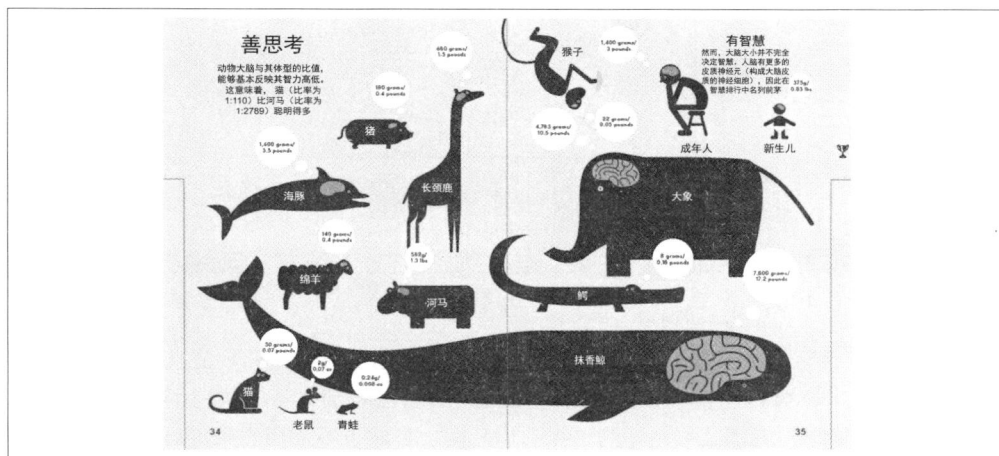

图 7-9："Big Thinkers" 信息图，来自 Rogers 和 Blechman 的 *Information Graphics: Animal Kingdom*

条形图或表格能以密度更高的方式来展现同样的数据，如表 7-1 所示。

表 7-1：脑重量对比

动　物	脑　重　量
抹香鲸	7800 克（17.2 磅[4]）
海豚	1600 克（3.5 磅）
成年人	1400 克（3 磅）
……	……
青蛙	0.24 克（0.008 盎司[5]）

注 4：1 磅约等于 0.45 千克。——编者注
注 5：1 盎司为 0.0625 磅。——编者注

更有意思的事实是脑重和体重的大小之比。原图表在纳入另一个维度后，便能显示比较生物学的惊人发现——一个显著的比例关系。图7-10显示，脑重相对于体重的大小会随体重的增大而减小[6]。

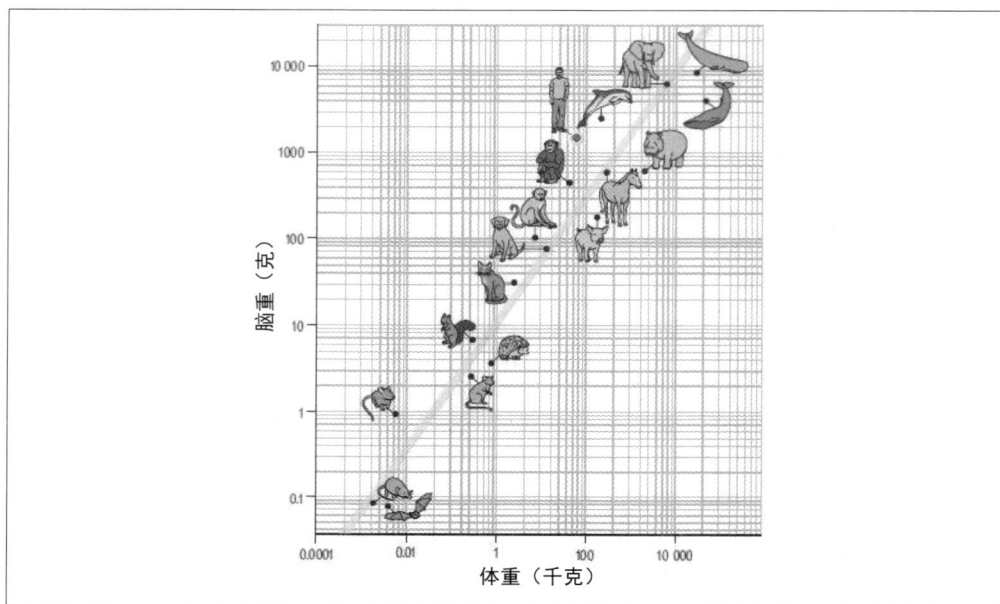

图 7-10：脑重与体重大小的比值（注意，两条坐标轴都经过了对数化处理，但横轴的间隔是 100 倍，而纵轴的间隔只有 10 倍）[7]

我特意选择了一个极端的例子，以便阐明观点。因为"Big Thinkers"信息图出自一本童书，所以要设计得有趣、富有知识且易于记忆，而它也的确完美地做到了。然而一般说来，数据驱动型组织内部几乎用不到这样的信息图，自然也不会用它来进行决策。虽然如此，但这种信息图确有其用。我的团队最近就用了一幅这样的信息图，在全体大会上对我们的工作做了"年度回顾"。我们的受众多种多样，且绝大多数没有技术背景，而我们的目的是快速浏览本年度的一些亮点，因此信息图在这种情况下效果良好。此外，信息图还可用于与公众交流。

有趣的是，近期有研究表明，图表垃圾、象形图、颜色和对比度都是信息图的显著特征，能让图表更令人难忘，让人更可能感觉图表似曾相识。但我还是要重申核心信息：我们的

注 6：横轴和纵轴都经过了对数化处理，虽然不是一目了然，但横轴的间隔是 100 倍，而纵轴的间隔只有 10 倍，所以这条曲线非常陡峭。以松鼠为例，其脑重和体重的比值约为 10 克 /1 千克，而鲸的比值约为 10 000 克 /10 000 千克，即脑重和体重的比值只有 1 克 /1 千克。注意，图 7-10 中海豚和人类都距离直线很远，所以二者的脑重相对各自体重而言较大，但仍比老鼠要小（老鼠约是它们的 5 倍）。

注 7：图片来自 P.A.M. Dongen 于 1998 年出版的 *Brain Size in Vertebrates* 的第 3 卷 *The Central Nervous System of Vertebrates*。

目标是用交流来驱动行动。决策者需要高质量的信息来看到和记住关键点，还要进行评估并确保决策恰当。

受众应该能够快速且轻易地理解数据所展示的关键点，而图表垃圾会妨碍这一点。

7.5.2　仪表板

许多组织错误地以产出的报表数和仪表板数来衡量其数据驱动性。仪表板非常有用，可以支持许多功能，比如可以提供数据发现和钻取查询的界面，可以报警，也可以提供一个预报和预测模型的访问视图或"界面"。可以把仪表板分为 3 类：

- 经管仪表板或策略仪表板；
- 分析仪表板；
- 操作仪表板。

经管仪表板（如图 7-11 所示）提供了对组织的高层次概览，通常侧重于记分卡（KPI 及其目标）。仪表板需要简明扼要地显示组织是否达到了目标，以及是否有值得关注的事情发生。简而言之，仪表板应该有助于从总体上把握组织的脉搏。仪表板的主要受众是高管，不过开明的数据驱动型组织会更广泛地使用仪表板。

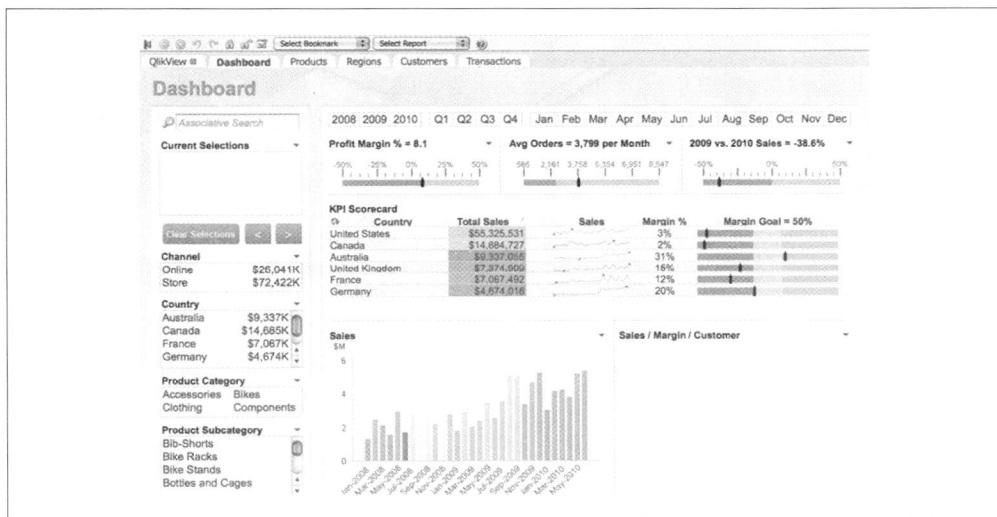

图 7-11：用 QlikView 实现的一个经管仪表板，展示了不同地区的销售 KPI

分析仪表板（如图 7-12 所示）则采取较低层次的视角，捕捉某个部门或业务某个方面的关键趋势和指标，比如销售渠道、营销或供应链。这种仪表板通常是可交互的，用户可以深入研究任何异常趋势和离群值，并进行数据发现。这种仪表板的用户通常是分析组织和业务部门主管。

图 7-12：针对网站访问者的分析仪表板示例，来自谷歌分析

最后介绍操作仪表板（如图 7-13 所示）。这类仪表板的延迟更低，更能反映特定业务部分的细节，比如实时销售额、Web 流量或客服案例和电话呼叫队列。这类仪表板往往对问题有更多的提醒作用，员工可以即时做出反应以便迅速采取行动，比如启用更多服务器、调度员工以减少积压或库存。

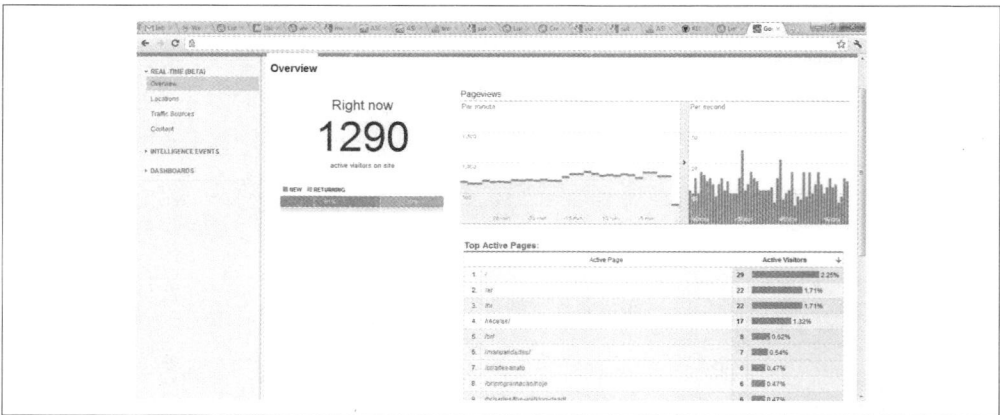

图 7-13：操作仪表板的例子。这个仪表板也来自谷歌分析，但与图 7-12 相比，它展示的内容更加详细，提供了一份近乎实时的网站活动视图：访问者的来源、访问者要访问的页面和访问速度

无论什么类型，仪表板都应该具有针对性，要明确仪表板的使用者是谁，以及他们想看到什么内容。KISS（保持简单）原则表明：仪表板要有明确的使用案例，其中展示的每一个图表和数值也都要有令人信服的原因。换言之，应避免加入越来越多的视图。随着仪表板变得越来越杂乱，其内容会越来越难阅读和理解，从而降低效率。少即是多。

然而，DJ Patil 和 Hilary Mason 认为，用多个仪表板，以不同的时间尺度或向不同的用户描述同样的数据是有意义的。比如在 One Kings Lane，接电话的客服人员就可以在壁挂式监视器中看到操作仪表板里的关键指标，比如实时呼叫量、应答时间和案例解析。主管可以查看这个以及更详细的分析仪表板，他可以按组、按个人和按案例类型划分数据。此外，顶级指标还纳入了高管全天查看的经管仪表板中，每个指标都根据目标受众和使用案例而调整。

在本书中，我们需要研究仪表板是否真的用于决策。如前所述，操作仪表板能展示（近乎）实时的变化，并且通常被配置为提醒终端用户注意问题，而终端用户随即就能采取合适的行动。如果客服中心的呼叫量增加，主管就可以从其他任务处借调资源，帮助应对高峰期。然而，分析仪表板和经管仪表板（或至少它们的顶级视图）都不可能单独用于辅助重要的决策。近期一项报告指出：

> 包含深刻见解的报表或仪表板很少会成为关键决策的最终唯一驱动力。终端用户往往会不可避免地问一个问题："为什么？"为什么东北地区的销售额下降了30%？为什么第四季度小部件的实际销售飞涨？有了整体商业智能用户（数据驱动型组织的工具）提供的交互式下钻功能，这些至关重要的后续问题就能被及时地提出和解决了。

第 9 章将详细探讨决策。

监控使用

仪表板可能没有价值，但无人查看的仪表板一定毫无价值（即使看了，如果没人因此而做出改变或采取行动，那么它也没有什么价值）。在 2011 年 Kevin Rose 的采访中，Twitter 的创始人之一、Square 的首席执行官 Jack Dorsey 提到了我前所未闻的一个有趣想法：

> Square 的一个仪表板里有一个指标："人们有多少次看仪表板了解公司的情况？"这代表人们有多么关心公司。

当然，数据驱动型组织可用的不仅限于仪表板。如果你需要将报告通过服务器发给利益相关者，就可以打开电子邮件阅读回执并追踪邮件打开率。Avinash Kaushik 进一步地提议："每季度在随机的日期 / 星期 / 月份关闭所有自动报表，就可以评估其使用情况或价值。"

7.6　小结

本书对讲故事和数据可视化的介绍有些粗略。再次建议你向专家寻求这方面的帮助。希望你能认识到在数据驱动型组织中正确使用以上手段的重要性。人们往往花大量工夫展现分析结果或所获见解，往往也因为粗陋的展示而埋没了有趣和重要的故事。每个人都可以学习和磨练自己的展示技巧和可视化技巧，而投资这两点对分析组织来说也的确物超所值。

1657 年，法国著名的数学家和物理学家 Blaise Pascal 在 *Lettres Provinciales*（英译版）中写道："这封信之所以比往常长了，是因为没时间将其简化。"当然，他想表达的是，修改这封信、提取内容精华、传递最起码的相关信息来表达一个想法，都需要花费时间和精力，而数据可视化和讲故事亦是如此。

Stephanie Evergreen 认为，展示数据的目标在于：

- 说服他人；
- 建构思维框架；
- 驱动行动。

为了达到以上任一目的，你需要剔除图表垃圾，让受众看到应关注的重点，还需要尽可能地让受众减少思考负担。重要的是，这并不代表让你降低内容的难度。

第一，对你要回答的问题有非常清晰的认识，对受众有明确的预期，包括他们的期望和需求。

第二，谨慎选择可视化图表，使其既适合数据，又能最大限度地透出信号。

第三，每张可视化图表、每份表格或每张幻灯片都要包含一项关键信息，向受众呈现可消化的信息量。我经常看到一些庞大的金融数据表，里面塞满了数据、包含去年每个月的一套实际金融指标和预算金融指标以及月份之间和年份之间的比较，等等。数据中包含不少故事，但都被埋没了。可能有一两个部分得到了强调，但你得在大量元素的浪潮中溯游，才能找到数据的行标题和列标题，从而掌握整个情境。因此建议分析师确定要讲的故事，然后在每张幻灯片中选出这些信息块，提取其中最关键的信息和解释，给受众一种吃到米其林餐厅美味前菜的体验。

第四，加一些有用的指示，比如标题、轴标签和突出显示颜色（见先前的清单），从而给出必要的情境。此外，还要利用排版使信息更易读。比如，尽量不要让受众歪着脑袋读垂直文本，或眯着眼睛读小字号的文本。

第五，去掉任何受众为了建立联系或掌握数据基本信息而需要执行的思维步骤或计算。比如，图例离条形图的条块太远，以至于受众需要做一套 Stephanie 所说的"头脑体操"才能把标签（及其含义）与条形图及其数值联系起来。再比如，这个例子来自 Stephen Few，他称其为"偏差分析"。假设有一幅描述一些部门的实际收支与预算的条形图，如果这幅图表的核心信息是每个部门二者之间的差异，那么受众就要自行在心中做计算。一个让受众能更快、更轻松地消化信息的方法是帮他们计算出结果并展示各项差异，而不是展示原来的一对对条块。应该关注你想展示的信息和你希望受众从图中汲取的信息，然后换位思考：受众要怎么做才能接收到这些信息？请去掉任何需要受众费心思考的任务。

如果你能做到带领受众阅读一条或一系列信息和见解，你的图表就会更直观、更令人信服，并能够有效且明确地传达核心信息。

分析、指标和展示三章的三重奏到此结束，这三部分也是分析师职责的重点。第 8 章将讨论数据驱动型组织文化的一个重要部分——测试，即构建一种带有更多"证明给我看！"色彩的文化，用真实场景和真实客户来测试想法，从而为提出的改变或新特征的影响尽可能地提供直接的证据。

第 8 章

A/B测试

那些一直使用 A/B 测试进行数据驱动决策的人，总是因想法极少成功而锐气
受挫。

——Ron Kohavi

我接受这样一个事实：实验、数据以及测试的意义并不在于我是否正确……最
终，我需要从这些测试中获取得出正确答案的信息。

——PJ McCormick[1]

1998 年，Amazon 早期的一位工程师 Greg Linden 产生了一个想法：为何不在结账时提供
推荐服务呢？超市会在付款通道处摆放糖果来刺激冲动消费，这很有效。为何不看看购物
车，然后根据消费者的兴趣、偏好提供个性化的相关推荐？他构建了一个原型，让其运转
起来，并到处展示其运作效果。剩下的故事最好还是用他自己的原话来讲吧：

> 当时的反应还是不错的，但是有一个问题。市场部的高级副总裁坚决反对这个主
> 意。他反对的主要原因是，这可能会转移消费者在付款时的注意力。的确，在线
> 上零售中，我们更容易也更常看到消费者在付款时放弃了购物车中的商品。很多
> 人也支持他的观点。

> 当时，我被告知不可以再深入进行这方面的工作，而且 Amazon 没有准备让这个
> 功能上线，应该立即停止它。

注 1：PJ McCormick. Challenging Data Driven Design, 2013.

然而，我在一个在线测试中准备了这个功能。我看好购物车推荐功能，并且测试了推荐功能对销量的影响。

我听说，那位副总裁在得知我已经推出这个测试的时候十分恼火。但是，即使高管也很难阻止一个测试。测试效果不错。反对测试的唯一看似合理的理由是，其负面影响可能严重到公司承担不起，这很难反驳，但测试照常进行。

结果显而易见。测试成功了，而且这个功能带来了极大的收益增长，这值得 Amazon 做出一系列变革。于是，在紧迫的氛围下，一个新的购物车推荐功能上线了。

Greg 是幸运的。他的幸运与其说是因为测试成功了（它的意义当然很重大），倒不如说是因为当时 Amazon 已有足够的测试基础设施和数据驱动型文化，让他得以推行测试。他成功证明了设想的价值，将其变为了现实，并影响了盈亏底线。

在很多情况下，特别是那些新奇的情况，直觉并不准确。结果常常会让我们大吃一惊。不信？看几个在线实验的例子。第一个是在线广告推广。根据 CTR（click-through rate，点击率）判断哪种方式会赢，赢了多少？

- 首次可赢得 10 美元的折扣，马上在线订购!
- 额外赢得 10 美元的折扣，马上在线订购。

答案是，第二种的 CTR 比第一种的高出一倍[2]。那么图 8-1 中的一对呢？（你能指出区别吗？）哪种方式会赢，赢了多少？

How to Write a Book, Fast
14 Days from Start to Finish
Unique, Step By Step Program

How to Write a Book Fast
14 Days from Start to Finish
Unique, Step By Step Program

图 8-1：就 CTR 而言，哪个版本更吸引人？左边语法正确的版本的 CTR 高出 8%（4.12% 比 4.4%）。来自 Gabbert 的文章

左侧的那张图，添加了一个逗号，使得语法正确了。仅仅因为这一点，它的 CTR 高出了 8%。

最后一个例子（见图 8-2）包含了两个几乎一样的页面，只有一点不同——左图中右侧的表单字段都是可选项。左边版本的转化率高出了 31%。另外，这些客户的数据质量也更高。

注 2：Elisa Gabbert. The Importance of A/B Testing: 24 Marketing Experts on Their Most Surprising A/B Test, 2012.

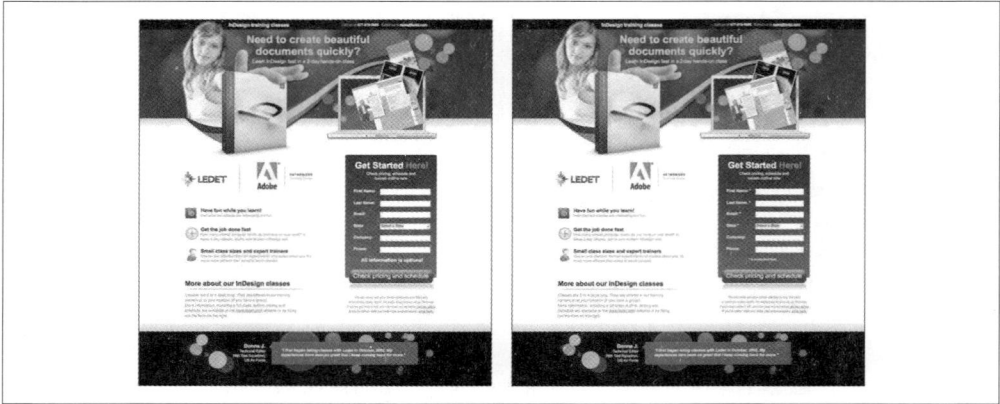

图 8-2：左边的版本，所有表单字段都是可选项，右边的版本则是必填项。前者的转化率比后者高出 31%，而且数据质量更高。图片摘自 WhichTestWon 网站，版权受保护

在所有的这些例子中，本来很难预测哪一个会赢，会赢多少，以及对其他指标的影响。这就是设计精良的实验的宝贵之处。它将“我认为……”转变成了“数据显示……”，因此，这是数据驱动型组织中非常宝贵的组成部分。

来正确看待这个问题。第 5 章谈到了分析的类型，其中包括因果分析，至少在普通的业务中它是非常奏效的。对照实验、科学方法的应用或者“数据科学方法”[3] 是获取因果关系的直接方式。

上述 3 个例子是一种叫作 A/B 测试的实验的实例。下面简要介绍这种测试。后文会补充许多注意事项和细节，这里先介绍基本概念。在一个 A/B 测试中，你设置一个对照系统，例如网站的当前状态（变量 A），导引网站一半的访问流量到该版本。访问该网站的用户称为“A 组”。另外一半的流量导引到另外一个做了某些变化的版本（网站），比如将付款按钮上的文字“立即购买”改成“购买”（变量 B），相关的访问者称为“B 组”。具体的测试内容由测试者决定。成功指标：比如，按钮上的文字是否会影响来自每个访问者的平均收益？你在预先设定的几天或者几周内运行这个测试，并且进行统计分析。分析 A 组和 B 组的焦点行为——在本例中即为来自每个访问者的收益——是否存在统计上的显著差异。如果有差异，原因是什么？如果所有事情都是可控的（例如，所有条件都一样，除了按钮文字的微小改动），这就有两种可能性。一个可能是样本空间太小引发的随机机会（被测试内容的“权重不足”）。另外一种可能是，变量 A 和变量 B 之间的变化是原因。数据显示，该功能引发了网站访问行为的变化。

因为积极客观的实验和文化内涵是数据驱动型组织非常重要的方面，所以本章将概述 A/B 测试是什么。本章会介绍更为普遍的经典频率论方法和更加现代的贝叶斯方法，后面会

注 3：DJ Patil, Hilary Mason. Data Driven: Creating a Data Culture, 2015.

详述这两种方法。我会详细介绍如何进行一个测试，其中涉及如何做与不做测试的最佳实践。除了之前描述的示例，我还会提供一些例子，重点阐述为何需要 A/B 测试以及它对业务的显著影响。下面开始吧。

8.1　为何要做A/B测试

如前所述，我们的直觉判断可能非常不准（第 9 章将详述），甚至领域专家也经常会犯很多错误。在线 A/B 测试平台 Optimizely 的首席执行官和联合创始人 Dan Siroker，在其著作 *A/B Testing: The Most Powerful Way to Turn Clicks into Customers* 中，讲述了他参与 2008 年奥巴马竞选活动的那段时期。他们着手优化支持者注册页面，这是一种设计用于收集用户邮件的"钩子"机制。原始页面包含一个"Get involved"（参与其中）的静态图片，以及一个"SIGN UP"（注册）红色按钮。团队认为，最具感染力的演讲视频的表现好过静态图片。在测试过不同的静态图片和视频后，他们发现"每一个视频的预想效果竟然都差于每一张图片"。最佳的图片和注册按钮文字（最佳文字内容是"LEARN MORE"，即"了解更多"）组合将注册量提高了 40.6%。这个数据最终转化成了 280 多万邮件订阅者、28 万多志愿者以及惊人的 5700 万美元捐款。通常情况下，你不可能提前知道什么将起作用以及作用有多大，因为人类难以琢磨、反复无常、不可预知。但是，有了这样的结果之后，显然，这可以传达出重要的竞争优势，并让你以一种直观的方式了解你的真实用户、客户和前景。

此外，在线测试成本相对较低且易于实现。它无须花费大量的开发或者创新时间去创建一个新的标注"了解更多"而不是"注册"的按钮。它也不是一成不变的。如果你测试了某个想法，但它不起作用，那么可以退回到原来的情形，你至少已经从客户那里得到了经验教训。这是个低风险的过程。

你可以测试所有的猜测。无论是什么行业，总有可优化之处，总有经验教训可学习。奥巴马竞选团队就做了大量测试。他们测试了邮件主题行、邮件内容、邮件发送的时间和频率、网站的各方面，甚至包括志愿者用于和潜在捐赠者交流的手稿。就像最后一个例子显示的，这种测试并不局限于线上。第二个线下例子是，一些公司突然给他们的部分客户赠送一份礼物的"感恩"市场营销活动。这些都属于精心设计的实验。对于那些收到礼物的客户和未收到礼物的客户，我们可以比较很多指标，例如回头率、客户终身价值，甚至是积极的社交媒体口碑（例如 Twitter）。在所有这些案例中，都应该像处理在线 A/B 测试一样，本着科学严谨的态度采用完全一致的构造方式。

关于 A/B 测试的好消息之一是，你不必就事情发生的原因给出未卜先知式的因果解释，而只需要测试、探索和发现那些贡献良性影响的改善。Kohavi 说道，在 Amazon 有一半的实验未能显示出改善的效果，而在微软，这种不成功的实验则达到 2/3 [4]。不要指望每一个实验都能满足长期的目标，单单一个改善就能对底线产生重大影响。

注 4：Ronny Kohavi. Planning, Running, and Analyzing Controlled Experiments on the Web, 2012.

8.2　怎么做：A/B测试中的最佳实践

理解了 A/B 测试的诉求和益处后，下面转变视角，看看 A/B 测试的细节和最佳实践。

8.2.1　实验之前

本节将介绍实验设计的几个方面，即在实验运行之前应该做些什么。首先，也是最重要的一方面，就是设计成功指标。然后，讨论 A/A 测试，它不但对组织的测试很重要，还可用于生成一些假阳性统计效果，以此让你的上司和同事了解统计显著性和样本足够大的重要性。接着，我会介绍一个详细的 A/B 测试计划（测试内容、参与者、分析内容，等等）。最后会谈到一个关键点，而且也是初学者问得最多的问题：合适的样本容量该是多大？

1. 成功指标
最佳实践：在测试开始前清晰地定义成功指标。

清楚地理解目标和实验非常重要。为何要这样做？在测试开始前，定义关键指标（也称"总体评估标准"）非常重要。成功意味着什么？如果没有成功指标，你可能会极力策划尽可能多的测试，并且收集大量数据，但是一旦进入分析阶段，就很有可能遭遇"钓鱼"的窘况，即统计测试了所有假设情形并得到大量结果。更糟的是，有可能发生随意选取，即只上报那些看上去不错的指标或者结果。这种方法只会带来麻烦，而不会给组织带来长期价值。

2. A/A 测试
最佳实践：运行 A/A 测试。

如果 A 代表统计对照组，那么可以想见，A/A 测试就是一个对照组加上另一个对照组，两者会面对完全相同的网站体验。你可能会问，它的价值体现在哪里？益处有以下几点。

第一，可以用它检测和监控测试基础架构以及分配流程。如果你设置系统按照 50/50 的比例切分网站流量，但是两个分组的样本容量完全不同，这意味着在分配流程中出现了错误。

第二，如果观察到可比较的样本容量，但性能指标差异很大，这可能表示在事件跟踪、数据分析或报告中存在问题。但是，假设你使用了 5% 的显著性水平，我们就期望在 5% 的测试时间里，能够从 A/A 测试中看到显著性差异。因此，A/A 测试的差异是有预期的。在许多 A/A 测试中，你需要跟踪观测到的显著性差异比率是否超过了先前设定的显著性水平。如果是，就意味着有问题。但是，Georgi Georgiev 有个很好的观点："即便你只需要 500 次或 100 次的 A/A 测试来从期望的统计结果中观察统计显著偏差，仍然是浪费了大量钱财。这是因为观感、点击和访问都不是免费的，更不用说你能利用那些流量创造什么成果。"你应该运行更多 A/B 测试，不断创新。但是，如果流量不稳定，并且测试会中断，你依然可以运行 A/A 测试。

第三，使用测试结果来评估可控指标的可变性。在一些样本容量的计算中，例如平均值测试（比如购物车平均大小或者平均网站停留时间），就需要利用均值来计算样本容量。

最后，Nelio A/B 测试博客中提到，运行 A/A 测试具有文化和教育意义。对于不熟悉 A/B 测试的公司、最终用户和决策者，特别是那些对基础概率和统计原理缺乏了解的公司或个人，A/A 测试具有教育意义。对于 A/B 测试不要操之过急，即使结果是有效的，也不能就此认定实验组比对照组更有效。因为偶发事件的存在可能导致显著的统计结果，A/A 测试就是最好的例证。

3. A/B 测试计划
最佳实践：在运行测试之前，仔细思考整个测试。

在构建一个测试时需要考虑很多方面。建议开始建设 A/B 测试文化的组织在运行测试之前要求利益相关者好好思考以下问题。你不会希望在测试运行之后再讨论成功关键指标，也不会希望任何人在分析期间把测试系统当儿戏。在测试运行前，完成所有的讨论和协商。

目标
- 测试目标是什么？

责任人
- 谁是企业的主要负责人？
- 谁负责实施过程？
- 谁是业务分析员？

实验设计
- （统计）实验物和对照物（体验）是什么？
- 对照组和实验组（人员）是什么？
- 原假设和备择假设[5]？
- 将跟踪什么指标？
- 何时讨论和反馈？
- 测试何时开始？
- 存在失效期吗？如果有，出于分析的目的，应该何时开始实验？
- 测试要运行多久？
- 如何确定样本容量？

分析
- 谁将执行分析？（理想情况下，创建实验的人和评估实验的人应不同。）

注 5：原假设是你的基本假设，没有差异（例如，对照组的 CTR = 实验组的 CTR）。备择假设是你在拒绝原假设的情况下依赖的对象。它可以是以下三种情形之一：对照组的 CTR != 实验组的 CTR；对照组的 CTR > 实验组的 CTR；或者对照组的 CTR < 实验组的 CTR）。

- 要执行什么样的分析？
- 何时开始分析？
- 分析过程何时结束？
- 用什么软件分析？

输出
- 如何传达分析结果？
- 如何制定最终决策？

列表看上去非常长，但是随着运行的测试越来越多，其中某些答案会标准化。例如，答案可能是，"我们一直使用 R 语言进行分析"或者"进行统计分析是 Sarah 的工作"。这些问题会内化为组织文化，分析流程会变得更加自动化和流水线化，直到它们变成组织的第二本能。

如前所述，实验的过程和分析非常干净，近乎冷淡和机械——测试 A 和测试 B，哪个胜出，就全面铺开哪个。如果一切照此运行，那将是完全的数据驱动。但是，现实世界远比这复杂。其他因素也在悄然发挥作用。首先，结果并不总是清晰明了的，可能会有模糊的地方；也许整个测试过程的实验指标一直偏高，但又不是特别高；也许各种因素（例如销售额和转化率）之间需要权衡；或者在分析过程中，你发现可能有偏的因素。所有这些都会破坏分析和解释。这种歧义是真实存在的。其次，一个独立实验并不一定要产生一个长期执行的战略。PJ McCormick 讨论了 Amazon 的一个例子。他描述了一个 A/B 测试，测试的对照物（当前体验）是一张微小的产品图片。图片真的非常小，以至于用户都看不清产品。测试的实验物是一张更大的产品图片。结果是显而易见的。微小的图片，那张小到让你看不清到底在点击什么的图片，胜出了！但最终还是决定使用更大的产品图片。为什么？

> 我们上线了大图片版本，因为客户可以看清楚产品，这会提升体验。此外，这种选择与我们追求的体验相吻合，它也符合我们的愿景。数据不会从长期的角度思考，它不可能代你制定决策。你需要的信息启发着你的思维。但是，如果没有进一步思考这些数字的确切意义，并且没有将其与长期产品或客户的愿景相平衡，就做出膝跳反射式的冲动反应，那你将做出错误的决策[6]。

（决策制定是第 9 章的主题。）

4. 样本容量
最佳实践：使用样本容量计数器。

到目前为止，关于 A/B 测试我被问到最多的问题是："这个实验需要运行多久？"我的回答是："我不知道，得用样本容量计数器计算一下。"

注 6：这的确回避了问题的实质：为什么测试？如果测试结果不能驱动进一步的行动，测试花费的时间和精力是否值得？

本节的技术性会比其他章节强一些，那些厌倦统计学的人可以跳过本节。前提是，你需要使用简单在线统计工具计算最小样本容量，并且需要保证那些样本容量。绝不可以过早中断实验，却期望得到有意义的结果。

这个问题不好回答的原因是，我们试图优化多个效果。

假设我们运行一个普通的 A/B 测试。存在 4 种可能的情形。

在对照组和实验组之间不存在真实的潜在差异，并且：

1. 我们**正确地**得出了没有差异的结论；
2. 我们**不正确地**得出了存在差异的结论，这是假阳性。

或者，在对照组和实验组之间，存在真实的差异。

1. 我们**不正确地**得出了没有差异的结论，这是假阴性。
2. 我们**正确地**得出了存在差异的结论。

总结为表 8-1。

表 8-1：普通 A/B 测试的结果

		事　实	
		无差异	有差异
发　　现	无差异	(1) 正确	(3) 假阴性
	有差异	(2) 假阳性	(4) 正确

我们想最大化得出正确结论（1 或 4）的可能，并且最小化得出假阳性结论（2）或者假阴性结论（3）的可能。

有两种手段可以使用。

第一种手段是增大样本容量。如果你做了一个针对总统选举投票后的民意调查，那么与调查 5000 位选民相比，调查 50 万位选民，结果会更可靠。A/B 测试同理。如果存在差异，更大的样本容量增加了检测差异的"权重"（统计学术语）。回顾上述 4 种可能性，如果存在潜在的差异，更大的样本容量就减少了出现假阴性的机会（相比结论 3 而言，更可能得出结论 4）。通常，我们使用 0.8 的权重值。这就意味着，如果存在差异，我们将有 80% 的可能性检测到差异。稍后会再次谈到这一点。

第二种手段是统计显著性，一般设为 5%[7]。（对于大规模数据集，一个好的方法是选择 $p \leq 10^{-4}$。）它是指如果对照组和实验组之间不存在真实的差异，得出假阳性结论的可接

注 7：为什么选择 5%？这和 R. A. Fisher 于 1925 年发表的一篇论文中的一句话有密切关系，但事实上，这个与 F. W. Bessel 有关的故事从 1818 年就开始了。我的博客介绍了这个故事。

受概率。假设我们有一个无偏的硬币，但是我们不知道它是不是无偏的。我们掷币 10 次，结果 10 次都是人像那面朝上。这似乎高度偏向人像面朝上的情况。但是一个无偏的硬币仍然可能在 1024 次的投币过程中只有 10 次人像面朝上，或者说概率是 0.1%。如果我们认为这是有偏的结论，就有 0.1% 的可能性犯错。这看上去是可接受的风险。接下来，假设我们决定，如果看到 8 次、9 次或 10 次人像面朝上，或者相反，即看到 0 次、1 次或 2 次人像面朝上，我们就得出"它是有偏的"结论。这就存在 11% 做出错误选择的可能。这显得过于冒险了。关键在于，我们需要在"实验组确有效果"与"可能观察的仅仅是随机结果"之间取得平衡（假设不存在潜在的差异）。

好吧，了解了权重标准 = 0.8 和显著性水平 = 0.05 之后，我们来看一个样本容量计算器（如图 8-3 所示）。现在你输入那两个值（看图 8-3 的底部），同时也需要提供一些额外的信息。在这个样本容量计算器（为了转化事件而优化的，例如网站访问的退出情况）里，它要求一个基准转化率。这意味着对照物的当前转化率。它也要求一个最小可探测效果。这是指，如果实验产生一个非常大的潜在效果，比如 7%，那你可能立刻就会注意到它，因而一个较小的样本容量就可以。如果你想检测一个较小的差异，比如 1%，就需要一个较大的样本容量，以确保它会产生真实的效果而不是偶然的效果。对于 10% 的转化率和 1% 的差异，你将需要 28 616 个测试对象：14 313 个用于对照，14 313 个用于实验。

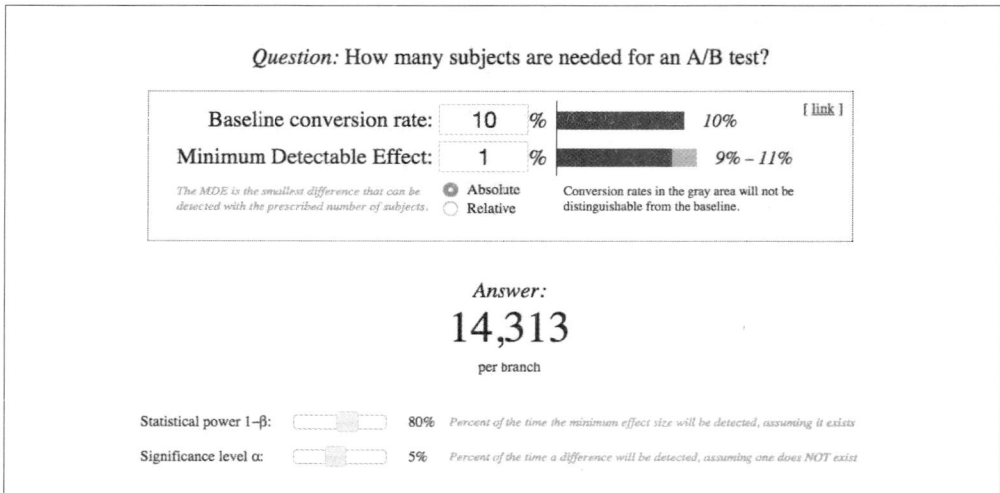

Question: How many subjects are needed for an A/B test?

| Baseline conversion rate: | 10 % | 10% | [link] |
| Minimum Detectable Effect: | 1 % | 9% – 11% |

The MDE is the smallest difference that can be detected with the prescribed number of subjects.

● Absolute ○ Relative

Conversion rates in the gray area will not be distinguishable from the baseline.

Answer:
14,313
per branch

Statistical power 1–β: 80% *Percent of the time the minimum effect size will be detected, assuming it exists*

Significance level α: 5% *Percent of the time a difference will be detected, assuming one does NOT exist*

图 8-3：关于转化事件的样本容量计算器

对于不同的情况，存在不同的样本容量计算器。例如，如果比较均值，比如对照组和实验组的购物车的平均容量，这就有一个类似的计算器，但是输入需求略有不同，例如基准变化线。

你可以用日均流量除以总的样本容量，以估计实验需要运行的天数。

需要强调的是，这些样本容量是最小样本容量。假设你的样本容量计算和流量速率表明需要花 4 天时间运行实验，如果碰巧那 4 天的流量低于平均值，就必须继续实验，直到满足最小样本容量的条件为止。如果不延长实验或者过早中断了实验，它的效果必定大打折扣。这将导致假阴性率升高：你检测不到其中存在的差异。另外，如果你的确看到了一个阳性结果，它就增加了这个结果不真实的可能性（参见文章 "Most Winning A/B Test Results Are Illusory"）。这是非常重要的效果。你将看到一个阳性效果，为之庆祝，并将试验的功能加入产品，但最后没有看到预期的提升。而你为此浪费了时间、精力和信任。

现在我们有自己的样本容量，或者还不确定？如果你从周一到周四，运行了 4 天实验，那么在周五到下周一的运行中，你还会期望相同的效果、相同的访问者的人口统计分布和在线行为吗？在许多情况下，答案是否定的，因为它们会变化。每周的每一天效果都不同，周末的访问者和访问行为往往不同于工作日。所以，如果样本容量计算器需要 4 天，我们通常建议运行 7 天，捕获一周的样本。如果样本容量计算器需要 25 天，那就需要运行 4 周。

显然，确定样本容量这一点很重要。如果你因心存侥幸而试图用小于必要容量的样本来获取结果，很可能会得到错误结果。这些结果指出了一个效果，但是不会产生实质性的额外收益。或者，你将不能识别真实的试验效果，因而失去了潜在收益。显然，这两种情况都不是你希望看到的。最后，那些样本容量计算器的内在数学原理很复杂。没有它们是很难做出评估的，因此要尽量使用现成的工具。

8.2.2 运行实验

假设实验已实施并且收集必要数据的网站指令也已执行，分配测试个体以及启动和结束测试的问题依然存在。

1. 分配
最佳实践：对 50% 的合格用户进行实验并保持不变。

在将实验个体分配到不同组时，第一个要解决的问题是，确定哪些访问者具有实验资格。有一些访问者可能会被彻底排除出实验。对于许多 A/B 测试，源样本总量是全部的网站流量或者所有访问者。但是，你可能只对特定的访问者感兴趣。这个子集可能仅是回头客，或是来自特定的地理位置或年龄段的客户，或是达到特定会员等级的客户。它依赖实验和目标受众。我们需要精心设计实验个体的纳入标准。

这个样本子集代表了进入对照组或者实验组的总体。第二个问题是要确定它们中有多少样本应进入实验组。理想情况是，将流量一分为二，但不总是如此。Kohavi 等人指出："实验新手的一种常见实践是，仅对一小部分用户运行新的变量。"他们认为这些实践者是以规避风险的心态运行实验，这样在实验组出现问题时就可以限制其扩散。但是，他们认为这不是好的实践，因为实验将不得不运行更长时间。在实验中对照组和实验组都需要满足最小样本容量的要求，因此，如果导入实验组的流量被限制在比如只有10%，显然我们将等待相当长的时间才能达到必要的样本容量。为了限制风险，他们建议逐步扩大实验规模，随着时间逐步增加导入实验组的流量比例（稍后会讨论），最终让这一比例达到50%。

必须有一个可靠的机制将访问者分配到对照组或实验组。也就是说，用户必须随机且均匀地分配到对照组（或实验组）。随机意味着无偏。假设期望50/50的分配，那么流量应该平均到达每个变量。一个方法是使用好的随机数生成器，预分配用户到一个变量，并将信息存储到数据库表或者一个cookie中。然后基于对登录数据库的查询提供正确的用户体验界面。在所有用户都经过验证的网站上，这种方式非常奏效。另一个方法是随机分配用户。然而，我们需要用户在网站的多次访问中，一直被分配给同一变量。因此，我们需要一个确定的分配流程。例如，可用取模或者合适的散列函数为每个客户创建一个标识号。（Kohavi等人详细讨论了一致性分配的不同协议。）为用户提供一致的体验非常重要。让用户在不同的变量间转换会造成困惑，而且会弄脏数据，搞乱分析。

即使保证了一致性体验，还是会产生困惑。假设有一位被分配到实验组的老客户是第一次访问修改过的网站。他仍抱着和上次访问时同样的期望，那么他要花费较长时间去适应新的体验。但是，新的访问者没有这样的预期，所以困惑会更少。这种所谓的"先入为主效应"（primacy effect）可能意义重大，是分析过程需要深挖的地方。

2. 启动测试
最佳实践：逐步增加用户到50%。

开始测试时，你可以反转，转移50%的流量到实验组。问题是，如果存在任何致命的软件漏洞，就会给客户带来残缺的体验，很有可能将这些客户气跑。更糟糕的是，这种不良体验曝光给了网站50%的流量。相反，你可以采用更加保险的方法，逐渐增加流量的导入，仔细监控指标。Ronny Kohavi建议采用以下进度：

- 导入1%给实验组，保持4小时；
- 导入5%给实验组，保持4小时（从对照组转移4%到实验组）；
- 导入20%给实验组，保持4小时；
- 在剩下的实验阶段导入50%给实验组。

当然，如果你确实发现了问题，就非常有必要提前设置一个可点击的退出按钮，这样能立即中断实验，并且将所有流量转移回对照组。

3. 何时停止实验
最佳实践：运行实验直到满足最小样本容量的要求，或者更久。

本节详细叙述了如何确定样本容量，因为它意义重大。如果你降低了实验的权重，错误率将会增加。你会忽视真实、积极的、可能增加收益的实验效果，并且会错误地将偶然事件的效果当作实验效果（推出一个没有实际作用的功能）。简而言之，你会得到更多的假阴性或假阳性结论。永远不要因为实验效果看上去不错而缩短实验时长。

然而，许多 A/B 测试供应商鼓励用户运行实验，直到获得显著性结果。永远不要这样运行测试！通过以 4 个厂家为例，Martin Goodson 说道："一个用于 A/B 测试的软件的设计方式，让人很自然地一路监控测试结果，只要一获得显著结果就停止实验。令人担忧的是，用这种方式执行测试的话，80% 的测试结果会是假阳性。"（参见 "How Not To Run An A/B Test"。）

一旦你已经增大了实验的样本容量，而且有把握不出现恶劣问题，最好的建议是，以 Ronco（街舞）方式去运行测试："设定，然后忘却。"随着时间的推移监控样本容量，而不是评估指标。

8.3 其他方法

下面简要介绍其他两种可代替 A/B 测试或 A/A 测试的简单方法。

8.3.1 多变量测试

前面只讨论了组对（双样本）测试，一个对照组和一个实验组（A/B）或另外一个对照组（A/A）。这种实验设计非常简单有效。但是，它们也存在一些缺点。回忆一下，在之前讨论的奥巴马助选活动中，他们采用不同文字和图片测试了提交按钮。因为他们准备了 5 种按钮文字和至少 6 种图片，所以存在至少 30 种组合。按顺序测试所有组合意味着要花费 30 倍于单次 A/B 测试的时间。正是因为这个原因，有时会使用多变量测试。

这些测试也称为多变量测试或者因子测试，同时运行不同的变量组合（或"菜单"）。也就是说，组 1 用户看到图片 1 和文字 1，组 2 用户看到图片 2 和文字 2，……，组 30 用户看到图片 6 和文字 5。

这样设计存在什么长处和短处？如果流量足够大，并且可以分解到不同的组合，就可以在较短的时间内进行并行测试。（YouTube 网站显然有巨大的流量，它在 2009 年设计了一个惊人的 1024 种组合的测试。最好的组合使用户注册数增加了 15%。）你也可以测试这种所谓的交互效果。也许更大的提交按钮比正常尺寸按钮的效果更好，而且红色的提交按钮比蓝色的提交按钮更好。当你组合两者时，更大的红色提交按钮的效果的确会出奇得好，好过单独的较大按钮或者单独的红色按钮。

不是所有组合都有意义，并且能够或者应该测试。假设第一个测试因素是红色的结算按钮（当前状态）与黑色按钮（实验）。现在假设第二个测试因素是包含黑色文字的按钮（当前状态）与包含白色文字的按钮（实验）。这就产生了 4 种组合，但是不会采用黑 / 黑组合。或者像 Kohavi 等人建议的，在一个产品页上，一个添加了额外商品信息的较大图片可能是较差的组合，因为它将购买按钮推向页面过低的位置，低过了信息的可折叠部分。应该在设计阶段就发现这些效果，无须再花时间测试。

即使你拥有了一套完整的有意义组合，也可以只运行其中一部分。这就是所谓的部分因子实验。它包含一个精心挑选的组合子集，可以借此获得对主要效果以及交互效果的合理估计。然而，它们的设计非常复杂，而且达不到一个充分多变量设计或者顺序 A/B 测试所能提供的信息水平。如果你确实要做一个多变量测试，那就利用更多的要素（例如测试不同类型的事物，如图片和按钮文字）而不是级别（不同数值的同一要素变量，例如 5 种按钮文字）。你也需要运行所有的组合，并将测试覆盖到 100% 的流量，从而最大化样本容量和统计权重。

毋庸置疑，多变量测试结果的分析更加复杂。测试者需要比 A/B 测试更加高级的统计工具（例如方差分析或者 ANOVA），并且多变量测试的结果更难可视化。

总之，多变量测试让你能够更快速地探索"设计空间"或者业务的其他方面，并且可以测试交互效果（尽管 Kohavi 等人认为它们并不那么流行）。但是，这种效力的增强是以测试的设计、运行和分析的复杂性增加为代价的，并且只有利用足够大的流量方可保持统计权重。

8.3.2　贝叶斯定理中的"强盗"

本章目前所描述的 A/B 测试方法属于经典的或者"频率学派"统计学，在"自然环境中"更为常用和流行。但是，还有一种随着计算能力的提高而在最近几年日益流行的方法，叫作贝叶斯统计。

在频率学派的方法中，实验始于一个假设，假设对照的体验 CTR 与实验的体验 CTR 相同。你获取数据，并问道："如果假设成立，并且我们运行这个实验很多次，那么看到这些结果（或者更极端些）的可能性有多大？"假设世界的状态是恒定不变的，我们在某种分布及其参数都不会随着时间变化时，获取该概率分布。

贝叶斯统计方法与之不同。它始于一个先验分布。我对这个系统知晓多少？也许你之前从未测试过这类实验，因此就从一个简单的天真猜测开始。也许你使用类似的处理做过实验。你可以使用那些信息作为起点。因为随着收集到的证据更多，你会更新先验分布，所以先验分布实际上没那么重要。即便是错的，它也会朝着正确的状态衍变。这是与频率论的关键区别。收集的每一条数据——视图、销售或者点击，都是应该纳入个人知识库的额外证据。这是个迭代过程。另外，关注的问题不再是"这里存在差异吗"，而变成了"对照组或者实验组哪一个更好"，而这最终是企业想要知道的。

可能你会对"强盗"（bandit）一词感到困惑，此处的意思是，我们有多个"强盗"（对照组和实验组），每一个都有不同的支付频率（类比于 CTR）。我们试图确定最好的"强盗"（最高的 CTR），但是只能通过一系列的拖动（曝光）得以实现。因为每一次支付都是随机的，所以我们必须在拖动潜在低效的"强盗"以获取更多信息和只拖动我们眼中最好的

"强盗"来最大化回报之间达到平衡。

随着时间的推移，系统会改变体验改善的用户比例。简单地说，我们可以从分配50%给对照组和50%给实验组开始实验。假设实验组的测试效果非常好（我们看到每个实验视图的CTR都比每个对照视图的高很多），所以系统降低对照组的流量导入比例，增加实验组的导入流量。现在，对照组的流量占40%，实验组的流量占60%。实验组的表现仍然不错，因此我们提升它的比例——现在对照组的流量占30%，实验组的流量占70%，以此类推。这样做有两个影响。第一，我们不必进行任何分析来判断哪个更好。我们可以观察相对比例。第二，因为更好的实验进行了更长时间，所以从提升中立即获益。

与频率统计方法不同，我们可以随着时间的变化来观察变化中的系统，而且没有固定的时长，也可以无限制地不断重复实验。事实上，我们可以增加、移除或者变更实验组，而所有这些在频率统计方法中都是不允许的。我们继续运行或者设定一些停止标准：如果实验组效果比对照组好5%，就将它定义为获胜者，将100%的流量分配给实验组。

显然，我略去了数学上的很多细节，例如更新规则或者概率是如何改变的。实际上，系统被设计用于经历一段时间的**探索**和**开发**。在前一个过程中，你以相对频率尝试所有不同的对照组和实验组；在后一个过程中，"痛击"当前的获胜者（"后悔"最小化）。这个贝叶斯统计方法也会遭遇和频率统计方法一样的问题：实验组最终获胜可能归功于较高的CTR或者只是碰巧。如果的确是侥幸获胜的，那么后来加入的实验组可能会产生一个较低的CTR，实验组的比例会因为更新规则而降低。这就意味着，这样的系统依然不能为每个用户（至少是回头客）保证体验的一致性。

贝叶斯统计方法越来越流行，但比较缓慢。很难用非技术术语解释系统运转的底层机制，但是解释结果比较容易。和频率统计方法不同，你不一定要讲清楚一个测试过程，只需定义一个中断标准即可，这从企业角度来说比较容易确定。我也想知道，贝叶斯统计方法应用速度较慢的一个原因是否是人们想依赖算法改变和决定网站体验。从本质上讲，那是贝叶斯更新规则在发挥作用，动态调整用户能看到的实验组比例，并随时间不断演进。贝叶斯统计方法使得数据驱动型组织信任这个处理流程，从商业角度而言，它代表着一个充满魔力的黑盒。

8.4 文化内涵

前面讲了很多关于最佳技术实践方面的内容，以及如何很好地完成测试并最大化其影响，现在回过头思考数据驱动型组织中优秀测试文化的内涵。

Intuit 公司的创始人 Scott Cook 认为，A/B 测试改变了文化，"决策从基于劝说转变成了基于实验"。这属于非常反自我的哲学。不再由 HiPPO（highest paid person's opinion，薪资最高者的意见，更多细节见第9章）主宰决策，而是更加民主地从高层决策转向底层假设。

他说："你应该允许普通员工测试他们最好的想法。"任何地方都能产生好的想法和新鲜的观点。你将获得更多想法、更好的想法以及参与感和认同感。正如我在一篇博文（实际上也是本书的由来）中所倡导的："让实习生发声。"

Siroker 和 Koomen 认为，这种自我解放使得组织可以突破边界，变得更富有创新意识。"它消除了人人都需无所不知的要求。"他们说道，"当人们可以轻松地说'我不知道，不妨做个实验'时，他们更倾向于冒险尝试与众不同的事情。"Scott Cook 明确赞成这种说法。他说："你经常会感到惊讶，而惊讶是创新的主要源泉。只有你尝试了一些事情，并且结果出乎预料，你才会感到惊讶。因此，越早运行实验，你就会越早发现惊讶之处。惊讶体现着市场与你之间的对话，告诉你一些你不知道的信息。"

Siroker 和 Koomen 还建议会议应更加简短些。他们引述了 Rocket Lawyer 前高级产品营销经理 Jarred Colli 的话："往常，人们会争论应使用哪个大标题、哪种图片，会花几个小时探讨一个愚蠢的细节。现在我们不再讨论这些了，因为我们会测试所有材料，弄明白什么是最好的。"再一次，你消除了自我的斗争，消除了创建理论的需要，转而聚焦于那些能带来不同建设性效果的想法。可能大部分想法不能带来什么影响，或者它们将思路引向了错误的方向，但是有一两个能形成巨大影响的成功想法就足够了。回忆一下优化奥巴马竞选活动注册页所带来的 5700 万美元高额回报。虽然印象深刻，但它与 Greg Linden 的 Amazon 结账推荐的终身价值相比，可能略显逊色。必应网站最近测试了增加链接数量是否改善特色广告的效果。测试的结果是两个或更多链接的效果比一个链接好，据说这个测试结果的价值是每年 1 亿美元。这并非运气使然，它们每天需要同时运行 300 个实验。谷歌则时刻都在运行成千上万个实验。你必须参与其中才能获得结果。就像一个笑话说的：A/B 测试实际上就是永远在测试。

第 9 章

决策

在一些组织中，高管会出于一些不透明的原因闭门进行决策，即使这些决定后来被证明是错误的，他们也不会被追究责任。这种状况令人不安。

——经济学人智库[1]

决策并不神秘，是可传授、可学习的技能，几乎人人都能掌握。

——Sydney Finkelstein（出处同上）

预警：冷笑话出没！

最数据驱动型的动物是什么？蝰蛇[2]（此处应有笑声）。最不数据驱动型的动物是什么？河马[3]。这个段子更认真一些，因为 HiPPO 是 "highest paid person's opinion"（薪资最高者的意见）的首字母缩写（见图 9-1）。这个词由 Avinash Kaushik 所创，用于形容数据驱动的对立面，因为薪资最高者自视经验丰富，并不考虑数据（尤其当数据有问题时），而是一意孤行地坚持自己的计划，因为他们"懂得最多"。此外，他们还是领导。正如《金融时报》所说[4]：

注 1：Economist Intelligence Unit. Decisive Action: how businesses make decisions and how they could do it better, 2014.

注 2：蝰蛇的英文是 "adder"，与"加法器"同词。——译者注

注 3：河马的英文是 "hippo"。——译者注

注 4：Mike Lynch. Is your HiPPO holding you back? 2009.

HiPPO 对于业务来说是致命的，因为他们会根据不太了解的指标（这还算是好的）或是纯粹的猜测来做决定。HiPPO 的决策方法不是使用智能工具从与客户互动的全貌中获取信息，并评估行动背后的方式、时间、地点和原因，因此可能会使业务陷入瘫痪。

图 9-1：让数据来做决定，而不是 HiPPO。图片由 Tom Fishburne 绘制，转载已获许可

本章涵盖了分析价值链中可能最少被讨论的一个环节：决策环节。一个组织可以拥有优质、及时、相关的数据和娴熟的分析师，他们可以做得很好，能生成出色的报告和模型，精心设计并提出见解和建议。然而，如果这份报告只是躺在办公桌上，或者在收件箱中未被打开，又或者决策者早已下定决心要采取某种行动，而忽略数据表达的信息，那么这一切就都是徒劳的。

本章涵盖了与决策环节有关的一系列问题。首先探讨决策的制定：决策是数据驱动的，还是 HiPPO 驱动的？然后详细说明数据驱动的含义："数据驱动"和两个相关术语——"数据启发"（data-informed）和"数据影响"（data-influenced）的区别。接着详述使得决策困难的因素，其中包括数据、文化、认知偏差（非理性的思考或不合逻辑的思考）等方面。在提出一系列挑战，可能已经让读者郁郁寡欢之后，我会换个话题，集中讨论一些如何基于事实改进决策的解决方案和建议，而这些都属于 Fogg 行为模型的范畴。

9.1　决策制定得如何

非常糟糕。虽然不少组织自视数据驱动的，但直觉还是它们最主要的决策方式。以下是一些数据：在 Accenture 2012 年的报告中，直觉和个人经验这两个因素排在前两位（样本量 $n = 600$，见图 9-2）。

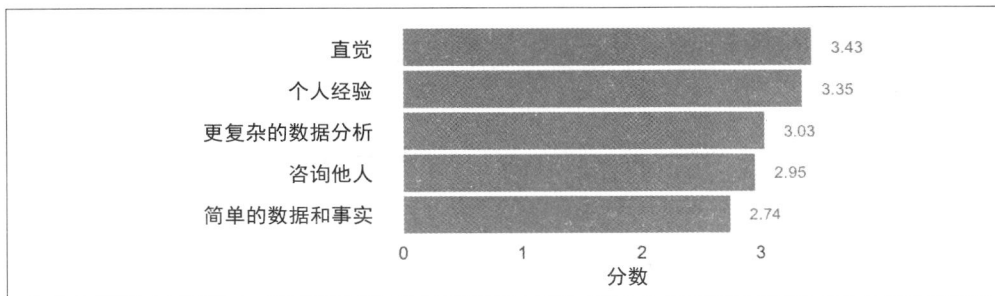

图 9-2：高管做决策时依赖的因素。该图紧跟着 Accenture "Analytics in Action: Breakthroughs and Barriers on the Journey to ROI" 的图 5

经济学人智库 2014 年对 1135 名高管的一项调查出现了相似的结果（如图 9-3 所示）：直觉占 30%，他人经验占 28%，二者加起来远远超过了分析方法的占比（29%）。

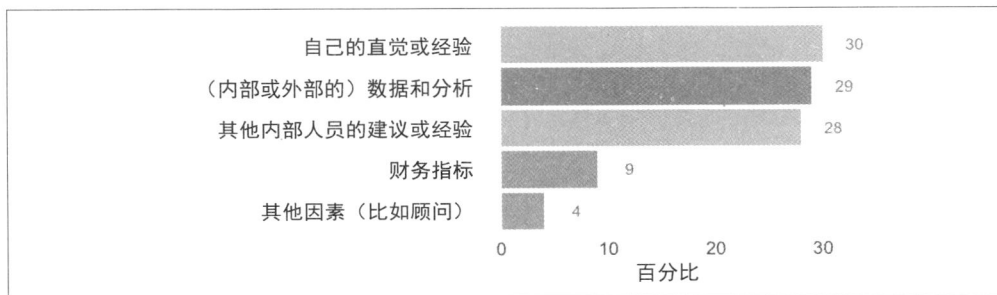

图 9-3：你在做最后一个大决定的时候，最依赖以上哪个因素？

在另一项对 700 余名高管的调查中，61% 的受访者认为在做决策时，人的见解高于分析，而 62% 的人认为依赖直觉或软因素往往是必要的，甚至更可取。

最后，IBM 对全球 225 名商业领袖的调查显示，直觉和经验再一次在榜单上名列前茅，详见表 9-1。

表 9-1：你在做业务决策时，对以下因素的依赖性有多大

因　　素	经常依赖	总是依赖	合　　计
个人经验和直觉	54%	25%	79%
分析得出	43%	19%	62%
集体经验	43%	9%	52%

以上 4 份报告显示，情况相当一致。

但我找到了一份数据驱动占优的报告（见图 9-4），是经济学人智库于 2014 年发布的另一份报告（其中样本量 $n = 174$）。

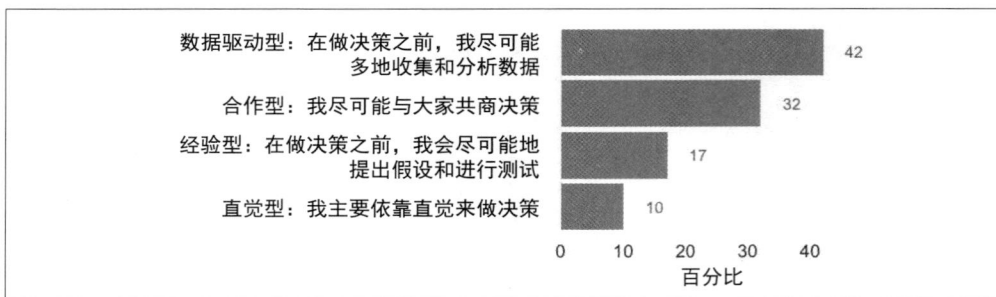

图 9-4：以上哪句话最能描述你做重要的管理决策时所采取的方法？

（也可参见 IBM "Analytics: a blueprint for value" 的图 7。）

为何会出现这种情况？为什么主观经验和直觉能胜过更客观的分析方法？粗略地说，这种情况至少有 3 个原因：数据本身、文化以及大脑。为了探讨决策的根源，后文将简述以上 3 个领域。在更好地了解了我们要处理的问题之后，下一节将介绍一些可能的补救措施和方法。

首先谈谈我们在做决定时能否做到客观。直觉不会一直发挥作用吗？在分析价值链的这个阶段，数据驱动到底是什么意思？

数据驱动、数据启发还是数据影响

本书中一直用的是"数据驱动"一词，并在第 1 章对该词的概念做了高层次概述，而本书大部分内容以某种方式对"数据"这一部分进行了思考。然而，还是要在此简要探讨该词的后半部分——"驱动"。企业真的由数据驱动吗？是否像其他人所说，别的词更为贴切，比如"数据启发"或"数据影响"？

Scott Berkun 在其优秀作品 "The Dangers of Faith in Data"[5] 中提出了一些非常有趣的观点。他说："没有什么团队或组织是数据驱动的。数据不是意识，只是一列愚蠢、死板的数字，它们没有大脑，因此不能驱动或引导什么。"

如果把"驱动"想象成驾驶汽车——数据要你的组织向左，你的组织就向左——那么这基本上不会对任何组织起什么作用，除非……数据达到了更高的分析层级（见第 2 章和第 5 章）。如果情况有规律、可预测，并且有非常好的预测模型，那么你肯定能做出数据驱动的决策，而且从某种意义上来说，这些决策是自动做出的。比如制造业的实时补仓过程，你可以创建一个自动化流程，让预测算法监控销售和库存水平，并发送采购订单，以最大限度地减少缺货，同时也最大限度地减少库存水平。又比如在自动化交易系统中，

注 5：这篇文章很可能会在分析组织的午餐研讨会上引起同事之间的激烈讨论。它明显具有挑衅性，部分内容有待商榷，但其中一些观点非常敏锐和确凿，应该会激发讨论。

算法自动地进行真实的股票交易。以上这些方案都把决策者排除在外，而让算法和数据做出实际选择，进而影响组织。这里我认同 Scott 的看法，很多时候这并不是数据驱动的举措或意义。

然而，这并不是"驱动"的唯一含义。字典对"驱动"的定义还包括："导致（抽象的某事）发生或发展"，并举例"多年来，消费者一直在驱动经济增长"。显然，消费者并不是坐在客厅里，主动用操纵杆控制如通货膨胀之类的指标，但他们的行为的确是一种驱动力。他们的购买、信贷和存款都是驱动力，再加上其他因素，包括美联储主席对信息的解读，都会影响经济。比如，前美联储主席 Ben Bernanke 可以通过监控失业率、消费性开支与自有住房数等关键指标，做出保持低利率以刺激经济的决定。他的决定并不是被迫的，数据没有用枪指着他的脑袋，但这些关键指标的趋势以及他在货币政策方面的技能和经验，的确驱动了这些决定。（同样，我认为上一节中的调查并非在将直觉与数据对立起来，而是单指直觉，即完全没有任何近期数据的情况。这与收集、分析数据并结合决策者的经验和知识来驱动决策的方法形成了鲜明对比。）我倾向于在这个意义上思考数据驱动。Scott 继续道："最好的情况是，你希望受到数据的影响，即决策者用好数据来回答好问题，比如他们在做什么、做得如何以及未来可能要做什么。"我对此完全同意，不过我觉得，数据驱动也有相同的意义，但数据影响可能更直白。

Knapp 等人更偏爱"数据启发"一词，至少在教育领导力方面如此："我们发现，'数据启发型领导'这个概念更有用……该词通过两种富有成效的方式拓宽了思考和行动的范围。首先，转变为数据启发型领导的概念避免了偶发的数据'驱使'行动决定论的暗示。（这又回到了前面开车的例子。）其次，数据启发型领导的概念假设，数据对领导力比对决策本身的作用更大。数据对提问和思考的促进，比对特定决策选择的促进更显著。"换言之，他们主张数据能够启发决策，就像 Scott 所主张的"数据影响"一样，数据可以帮助提出问题，并为组织中正在发生的事情提供信息，比如 KPI、报告和警报。他们还引用了 Bernhardt 的话："在真正的数据驱动型决策中，数据只占一部分，而清晰、共享的远见和领导才是其中的主要因素。"

这 3 个词都合情合理，不过"影响"一词（至少在我看来）最弱、最被动，而"驱动"一词最强、最主动。 但是不管"数据驱动"一词是否最佳，它都是最有市场的。在编写本书时，在谷歌搜索"数据影响"能得到 1.6 万条结果；"数据启发"更多一些，有 17 万条结果；但二者在"数据驱动"的 1150 万条结果面前都黯然失色。无论是对是错，"数据驱动"都最常用、应用最广泛，因此本书使用了这个词。

9.2 是什么让决策变得困难

本节将探讨那些阻碍数据驱动决策、促使主要依赖经验和直觉做出决策的因素。

9.2.1 数据

如第 2 章所述,数据必须具有时效性、相关性和可信度,否则决策者的选项就相当有限:要么不得不推迟决策以等待获取更多数据,要么被迫忽略已拥有的数据和工具的效果而草率决定,而这种做法归根结底还是依赖于经验。

数据都有什么潜在问题呢?

1. 数据质量和信任缺失

回顾前文中的一项调查,可以看出,数据本身对决策者来说就是一个真切而首要的问题:"从样本来看,妨碍人们更好地利用这项资产来进行决策的最主要原因是数据的质量、准确性或完整度。"

《哈佛商业评论》称:"6 个月来,有 51% 的高管拥有必要的信息来让他们自信地做出业务决策,而他们的确得到了回报——做高风险决策时会更胸有成竹,而且能未雨绸缪,及时做出关键的业务决策。"不错,可剩下 49% 没有必要的数据来支撑自信心的人呢?在另一项调查中,1/3 的人用不完整的信息或自己不信任的信息来做主要决策,这种缺陷只能通过对数据管理和数据质量项目投资来修正。

2. 数据量

对其他人来说,不是缺少数据,而是恰恰相反——数据量太大了,他们难以应对。《哈佛商业评论》在同一期杂志上写道:"超过一半的受访者说,决策需要的内部数据和外部数据都增长得太快,他们的公司疲于处理。"既然如此,我们就要侧重于一小部分数据,精简到只剩下最重要、最集中和最自动化的部分——如有必要,可以多雇一些数据工程师。

3. 从噪声中筛选信号

数据量也会带来其他问题,收集的数据越多,得到的信号就越多,与此同时噪声也更多,这会让你越来越难找出真正相关的东西。这个问题在大数据中尤其常见,因为在大数据中,所有信息(包括厨房下水道的内容物)都被鼓励记录和存储下来,这会稀释相关数据,也会让分析师难以从噪声中分辨出信号。

为了能够找到重要且有价值的信息,需要提出非常具体和明确的问题,而非笼统的数据挖掘,这能帮助分析师从噪声中找到信号。但即便如此,我们也很难找到划分有用与无用的分界线。"过犹不及,因为你可能会被淹没在细节的海洋里。"沃威克大学商学院的战略管理教授 Gerard Hodgkinson 如是说(来自 Decisive Action 报告)。

Paul Andreassen[6] 对麻省理工学院的一些学生做了一项实验,他选择了一个股票投资组合,并将学生分为两组:低信息组(low-information group)得到的信息有限,只知道股票的涨跌;而高信息组(high-information group)不仅知道股价的变动,还知道来自新闻、广播、

注 6:Thomas Mussweiler, Karl Schneller. "1" —how charts influence decisions to buy and sell stocks, 2003.

电视等途径的金融新闻。然后研究者让这两组学生分别进行交易。哪一组的收益更高呢？结果令人惊讶——低信息组的收益竟然是高信息组的两倍。高信息组接触到了更多的潜在信号、谣言和小道消息，并过度关注无关紧要的事情。他们追逐噪声的信号，并更频繁地进行交易。（这叫作"信息偏差"。）比如，交易者关注近期股价的高点或低点，并将其作为锚点（稍后会详细探讨），而根据定义，这种锚点是极端的。其结果是，关注高点或低点的交易者分别会更容易卖出和买进。

至于非金融的例子，可以参照 Barry Schwartz 的《选择的悖论》，里面讲述了很多分析师被过多选择和数据淹没从而导致"分析瘫痪"的案例。

这只是数据问题的一部分。从管理层面这个更大的样本来看，"只有不到 44% 的员工称自己知道如何找到日常工作所需的信息"。即使他们能够找到，这些信息也可能并不涵盖他们的所有需要，或者可能质量不够高。毫不意外的是，"如果有两个选择，一是现在给你足够好的数据，二是稍后给你完美的数据，绝大多数管理者会选择前者，因为他们自信地认为自己能用判断来弥补差距"[7]。而问题就出在这里。

9.2.2 文化

另一个阻碍数据驱动型决策的主要因素是组织中当前的文化。（文化可能是数据驱动型组织中最有影响力的方面，第 10 章将重点探讨该话题。）

1. 看重直觉

高管，即决策者，一般是因为能在战略高度进行思考而身居此位，这往往意味着他们能够忽略数据而编织愿景、一往直前地实施它并消除一切障碍。人们尊重直觉，并常常因为直觉而雇用员工。通用电气前首席执行官 Jack Welch 德高望重且颇具影响力。公允地说，他是一个数据驱动型的人，并且推崇六西格玛原则，但他的自传叫作"Straight from the Gut"[8]。

2. 缺乏数据通识

还有一个重要的问题——许多高管缺乏数据方面的通识。也就是说，距离上次他们参加统计课程已经过去了数年甚至数十年（假如真的参加过）。而且统计并未纳入 MBA 课程，高管教练也不会教这门课。作为公司的最后防线，高管缺失数据通识会让公司经历失败。他们应该在拿到这些聚合的数据之后，解读分析师的见解和发现，并评估证据的可信度、风险和影响，以此推动组织前进。

这两个因素说明，HiPPO 并不少见，而且他们往往掌握着一定的权力。

3. 缺少问责制度

当看重直觉、缺乏数据通识和第 3 个因素——缺少问责制度——结合时，结果是致命的。

注 7：Shvetank Shah, Andrew Horne, Jaime Capellá. Good data won't guarantee good decisions, 2012.
注 8："gut" 有"直觉"之意。——译者注

一项调查显示（见图 9-5），41% 的受访者称，糟糕的决策者不会在组织内取得进步，这意味着占 59% 的大部分决策者会进步；而 19% 的受访者称，自己组织内的决策者完全不会因他们的决策而担责。另外，64% 的受访者称，关于谁做了某些决定的信息只有高管知晓。

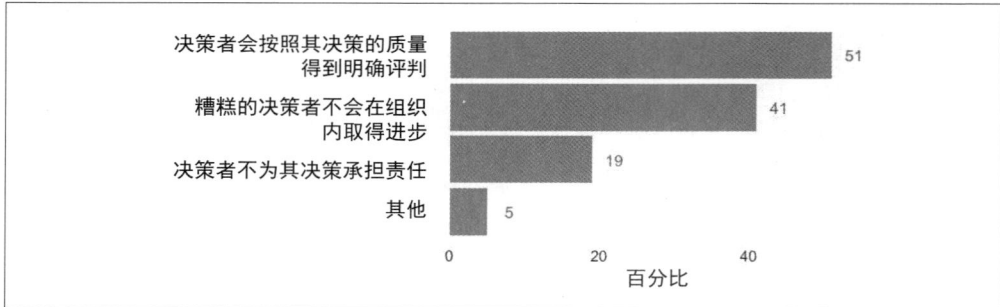

图 9-5：你的组织中的决策者在多大程度上为自己的决策负责？来自经济学人智库 "Decisive Action: how businesses make decisions and how they could do it better"

这意味着约一半的管理者没有因其决策的质量而得到评判，也不为此承担责任。如果你的量化意识不强，那为什么不做 HiPPO？

分析层也需要被追责。回想一下 Ken Rudin 的话："分析关乎影响力……在我们公司（Zynga），如果你有敏锐的洞察力，做了出色的研究却没有产生任何影响的话，你的绩效就是零。"分析师必须把他们的想法推销给决策者，而证据的强度应该作为推销的一部分，他们必须如实阐明样本容量、误差幅度和置信区间，并且用决策者能理解的语言加以解释。

9.2.3　认知障碍

上一节探讨了问责制缺失、技能不足和一些直觉方面的文化。然而，对于基于数据的决策还有一个巨大障碍，也是一个喜欢（错误）直觉的障碍：人脑。

一个让人不太舒服的事实是：人类并非完美的决策者，不能一直从最客观的角度处理问题，而且常常守着过时的经验，紧抓着无关的细节。这导致了错误、不合逻辑的思维和决策。这种影响和机制叫作"认知偏差"。若想快速了解认知偏差，可以参照 Rolf Dobelli 的 *The Art of Thinking Clearly* 或浏览以下清单。

在人类认知中，决策的产生主要有两种方式：一种快速、非自愿而无意识的方式，和一种较慢、更深思熟虑的方式。诺贝尔奖得主 Daniel Kahneman 称前者为"系统 1"，称后者为"系统 2"。系统 1 就是我们的直觉，系统 2 则是有意识而深思熟虑的思维方式，即我们进行深层分析和数学分析所使用的方式。

下面探讨为何不能一直依赖直觉[9]。

不一致性

多次面对同样的证据时，我们可能会得出不同的结论；而不同的人看到同样的证据时，也会得出不同的结论[10]。

我们能记住没发生过的事

人类的直觉基于潜意识中的一些数据点，而其中有的并不正确。《纽约时报》报道过一则关于目击证人回忆起并未发生过的事情的有趣故事，并称"我们的记忆由少量真正的事实组成，周围则都是我们拿猜测和信仰的抹墙粉糊住的漏洞"。

我们不像自己想的那样优秀

用 Daniel Kahneman 的话来说，我们都有一种"有效性错觉"（illusion of validity）。举个简单的例子，请你即刻回答以下问题：

一个球拍和一个球一共 1.10 美元。球拍比球贵 1 美元，那么球的价格是多少？

如果你像很多人（包括我）一样，回答 0.10 美元的话……你就错了。答案是 0.05 美元。依赖直觉的系统 1 会给我们一个错误答案，而系统 2 太懒惰，不愿去检查。不过，如果我们改用系统 2 思维，就能轻松得到正确答案——球拍价格 1.05 美元，球价格 0.05 美元，并验证答案的正确性——1.05+0.05=1.10，1.05–0.05=1.0。（如果没算对，也别灰心，麻省理工学院、普林斯顿大学和哈佛大学等美国顶级院校的大学生的错误率是 50%，和排名较低的学校中 90% 的人一样都很高。）

我们不会舍弃不好的数据

我们会将事实内化并构建心理模型，在新证据与这些事实相矛盾时，我们便会非常抗拒修改已有模型或接受新数据。达特茅斯学院的 Brendan Nyhan 和 Jason Reifler 做了一些实验，他们让实验对象阅读假新闻文章，这些文章有的只包含政治家的误导言论，有的则既包含误导言论又包含对该言论的纠正。有趣的是，研究人员发现"得到令人难以接受的信息的实验对象（对言论的纠正与他们的信念相悖），并不会简单地只是抗拒对自己观念的挑战，而是会更强烈地坚定自己最初的看法，我们称这种现象为'反噬效应'（backfire effect）。他们引用了马克·吐温的一句妙语："让我们陷入困境的不是无知，而是看似正确的谬误。"换言之，谬误比无知要可怕得多，因为谬误会缠着你不放。*The Hidden Brain* 的作者 Shankar Vendatam 在 2014 年于纽约举办的 Strata+Hadoop World 大会上这样讲道："知识其实并不会修正我们的谬误，有时反倒会让谬误加深。"

注 9：这部分内容主要来自 Daniel Kahneman 于 2011 年出版的《思考，快与慢》。强烈推荐这本书，如果你无暇阅读，至少要看看一些绝妙评论：Daniel Kahneman 和 Gary Klein 的 "Conditions for intuitive expertise: A failure to disagree" 以及 Andrew McAfee 的 "The Future of Decision Making: Less Intuition, More Evidence"。

注 10：Walter Frick. What to Do When People Draw Different Conclusions From the Same Data, 2015.

我们会执着于无关数据

如果你买过车，肯定见过车窗上贴的"官方"标价，如果你看到了这个标价，可能就会和销售人员讨价还价，销售人员嘟嘟囔囔地去向他的老板请示，然后给你降低了价格。砍价成功的你可能觉得自己赚到了，可问题是，标价其实是胡扯，这个心理技巧能让你相对地考虑并比较当前最好的价格和更高的价值，而不是关注绝对量或其他直接证据。你"锚定"了这个价格，把它作为了参考点，或者说，你抓住了这个价格不放。

在这个例子中，既然官方标价并没有不合理，你就不会感觉被蒙骗了。然而，完全不相关的数字也可以起到锚点作用，并让我们做出错误判断。Amos Tversky 和 Daniel Kahneman 进行了一个实验。他们旋转一个包含数字 0~100 的幸运轮盘，但实验对象并不知道实验者会操纵这个轮盘，使之只会落到 10 或 65 上。每个实验对象都会转动这个轮盘，等其停下，然后会有研究者问他们，联合国的非洲国家数量比他们转到的值更大还是更小（这就是锚定步骤）。然后研究者会让实验对象估计实际的百分比，转盘落在数字 10 上的实验对象认为非洲国家的比例为 25%，而落在数字 65 上的实验对象估计的是 45%，一次看似"随机"的无关旋转，让人们的估计值产生了 20% 的变化。

我们会疲劳和饥饿

我们的决策会受到其他无关的内部因素的影响，比如饥饿、情绪和精力。2011 年一项举世瞩目的分析[11] 追踪了任职于两个假释委员会中的 8 位法官的裁决。Danziger 等人监测了这些法官在 10 个月内 50 天中的 1112 次裁决，重要的是，他们还追踪了法官在上午中场休息和吃零食的时间（平均 40 分钟）以及午餐时间（1 小时）。调查表明，拒绝假释是最容易做出的决定，而批准假释更困难，需要更长的审议时间（分别为 5 分钟和 7 分钟），写出裁决的时间也更长（分别是 47 字和 90 字）。

给出正面裁决（批准假释）的比例在一天伊始是 65%，之后一直下降，在中场休息之前几乎降到了 0。之后，该比例回升到 65%，并在午餐前再次稳步下降到 0。猜猜这是为什么？午餐之后，这个比例又回升到 65%，并在开庭结束前再次稳步下降。（这个结果无法用种族、犯罪严重性、服刑时间或其他因素来解释。）研究者无法确定这种差异是因为休息，还是因为进食之后血糖飙升，不过，显然有些无关因素在影响法官的决策。研究者总结："那句'法律公正正如法官吃过的早餐'的说法貌似夸张，但对人类一般的决策而言，可能还挺适用。"

前面列出了我们经常遭遇的几种认知偏差，但除此之外还有很多（见前文中的参考），甚至是一些能扭曲我们判断的重要偏差。

注 11： Shai Danziger, Jonathan Levav, Liora Avnaim-Pesso. Extraneous factors in judicial decisions, 2011.

幸存者偏差

我们认为，数据之所以能够被采样来代表总体，是因为它"幸存"了下来。如果你读读一些技术博客，如 TechCrunch、Re/Code 或 O'Reilly Radar，就会被那些成功的创业公司、大张旗鼓的多轮融资和投资退出[12] 的故事轮番轰炸。似乎建立创业公司是件万无一失的事，但你没看到的是，绝大多数创业公司倒在了起步阶段，而那些成功起步的创业公司中有 97% 左右没有成功退出。我们只关注了幸存者。

确认偏差

这种偏差与前面所说的"我们不会舍弃不好的数据"有关，它指的是寻求或偏向证实我们自认了解的数据。虽然爱因斯坦开玩笑称"如果事实与理论不符，那就改变事实"，但研究发现，人类左脑可能会这么做。（再次重申，请参照 Shankar Vendatam 的主旨。）

近期偏差

比起较早的数据，我们会更容易想起和关注近期的数据[13]。这种做法大部分时候是合适的，但并非始终如此。设想在恶化的股票市场中有一个明显的持续下跌走势，昨日的轻微上涨并不代表它已经触底。如果环境随机多变，你就需要扩展时间范围，了解整体趋势，因为很短的时间尺度（高频）中的数据所提供的信息会相对较少，而且不可靠。

敌友偏差

当有人告诉你某些信息的时候，你会首先判断此人是否和你立场相同：此人是敌是友，是竞争对手还是合作伙伴？然后决定是否相信这些信息。也就是说，"听者会把对方是否值得信任视为对方是否说真话的动机"[14]。

9.2.4 直觉会在何处奏效

肯定有一些场合，直觉确实能够发挥作用。常被提及的案例包括：训练有素的消防员似乎有一种本能，能在建筑陷入危险时将楼内人员疏散出来；或者，新生儿加护病房的护士能在医生诊断和临床试验结果出来之前，就知道婴儿是不是发烧了或出现了并发症；又或者，国际象棋大师能感知对手的策略，并评估看似过多的棋步和对策。这种直觉只能在线索和信号可靠、一致的"有效"环境中才能得到培养。直觉在新生儿加护病房中能够起效，是因为病患会和同一个医护人员接触数天甚至数周，但在多变的环境中无法起效，比如股票交易。

注 12：退出是指投资人或者股东的股权获得增值或通过转让、上市等方式变现。——译者注

注 13：我发现，虽然电台会汇总听众历来投票打榜的畅销歌曲，但榜单的前 20 名基本上还是去年的那些。这就是近期偏差在起作用。客户也会受到该偏差的影响，他们更受到近期互动的影响，如果这种互动不佳，就会覆盖之前的多次好的互动。你的表现只由你上次的表现代表。

注 14：Susan T. Fiske, Cydney Dupree. Gaining trust as well as respect in communicating to motivated audiences about science topics, 2014.

培养这种直觉也需要很长时间。虽然"一万小时定律"已不足信 [15]，但在某种程度上，熟能生巧仍是真理。很少有业务决策者肯在专一的小领域花足够的时间成为真正的专家。人们一生平均要换 5~7 次职业（没人知道确切数字），也常常在组织中改变自己的角色和领域。加入一家公司并在那里度过大部分职业生涯的时代已经一去不复返。换言之，我认为现在人们会更频繁地重置自己的专业技能，至少从业务方面来看如此。

如果把直觉用作"勇气测试"，那么它将带来巨大的价值。如果数据不符合预期，那么显然需要复核数据。第 2 章曾提过这一点，并建议如果对数据或数据值有预期，就应该用这种预期来控制数据质量。"Decisive Action"报告称："直觉可以对数据收集或分析中出现的问题起到警示作用，从而让领导者能够检验他们用来辅助决策的数据是否有效。"

当受访者被问到"在做决策时，如果现有的数据与你的直觉相矛盾，你会怎么做"时，他们的回答给了我鼓舞：57% 的受访者会重新分析数据，30% 的受访者会收集更多数据，而只有 10% 的受访者会继续用现有的数据（如图 9-6 所示）。

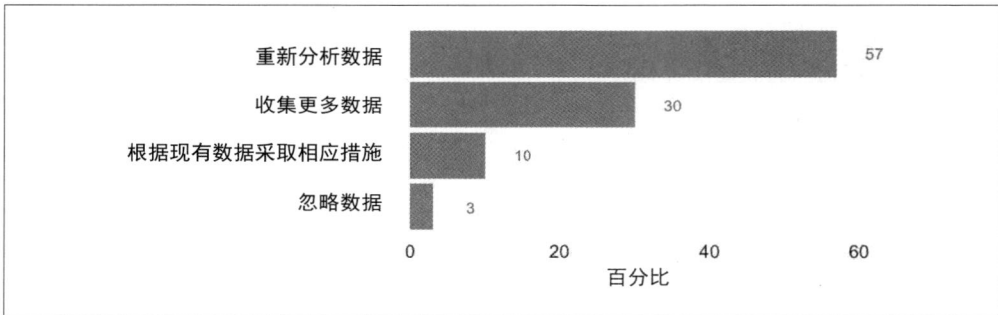

图 9-6：在做决策时，如果现有的数据与你的直觉相矛盾，你会怎么做？图片来自"Decisive Action"报告

9.3　解决方案

是否感到沮丧？前文似乎描述了一种相当不乐观的情况。下面换个风格，从解决问题的角度出发。如何才能做出更为数据驱动的决策呢？

Fogg 行为模型贯穿本节。如果大脑是许多基于直觉的决策问题的源头，那么我们就深入大脑，探究它如何驱动和塑造我们的决策和行为。

刑事侦查常常会关注嫌疑人是否有手段、动机和条件来实施犯罪，三者哪怕只缺其一，美国犯罪法也不可能给其定罪。Fogg 行为模型与这种三元模式非常相似，它通过做出以下假

注 15：Brooke N. Macnamara, David Z. Hambrick, Frederick L. Oswald. Deliberate practice and performance in music, games, sports, education, and professions: a meta analysis, 2014.

设来模拟某人执行任务的一系列条件：

- 他必须有充分的动机；
- 他有能力执行任务；
- 他在某种"触发"下开始执行任务。

目前的问题是，如何构造恰当的条件，让其更偏向数据驱动的决策，而非直觉型决策？我们从 Fogg 行为模型的角度分析。

9.3.1 动机

第一个条件是动机。怎样才能产生更强的使用数据的动力，或至少改善决策过程的动力（假设会涉及更高水平的数据驱动）？

Fogg 列出了 3 种激励因素。

愉悦 / 痛苦
　　一种原始而直接的激励因素。

希望 / 恐惧
　　一种包含更多预期的激励因素。

社会认可 / 排斥
　　根据 Fogg："Facebook 主要因为这种激励因素，才能够给人以动力，并最终对用户产生了影响。"

Fogg 的 3 种激励因素在业务中以多种方式发挥作用：自豪感（鼓励员工为了自己的利益而好好表现）、被认可的愉悦感、赞美和因为优异表现而得到晋升等，与此相反的还有对因为表现不好而被降职或解雇的恐惧。

我曾天真地以为钱也应该是激励因素之一，尤其是在年终奖与工作和公司绩效挂钩的业务前提下。但事实令人惊讶：对那些需要复杂的或创造性思维的工作来说，钱不仅没有激励作用，反而会导致绩效下降。

1. 激励和追责
前文提到了问责制的缺失，这是必须要处理和解决的。一种处理方法是将绩效与产出和定量标准挂钩，比如销售额、注册数或利润。虽然问责制缺失的情况经常发生，但无论如何，还是应该关注 ROI 或总体的下游效应和影响。如果有人做了糟糕的决策，对应的指标应该有所反映。我们需要设计好激励机制，从而促进正确的行为及相关的文化。

2. 证明给我看
不要依赖直觉，而要塑造一种多说"证明给我看！"的文化，也就是通过各种方法质疑想法，比如通过 A/B 测试、概念验证阶段或模拟之类的方法，来获得有说服力的证据。

3. 透明度
建设更开放透明的文化，让决策者及其决策和决策的结果更公开、更便于解释。你可以用幻灯片、文档或仪表板更直观地展现决策及其结果，从而让社会认可的激励因素发挥作用。

9.3.2　能力

Fogg 列出了影响任务执行能力的 6 个因素。

时间

　　人们执行短期任务的能力比执行长期任务的能力更强。

金钱

　　人们执行廉价任务的能力比执行昂贵任务的能力更强。

体力活动

　　人们执行体力活动较少的任务的能力比执行体力活动较多的任务的能力更强。

心智周期

　　人们执行不费脑子的任务的能力比执行极具心智挑战性的任务的能力更强。

社会偏离

　　人们执行被社会接纳的任务的能力比执行不被社会欢迎的任务的能力更强。

非常规

　　人们执行常规任务的能力比执行非常规任务的能力更强。

在此框架下，我们就可以更轻松地为做好决策清扫障碍了。后文会着重介绍上述 6 项能力。

1. 将行动与结果挂钩
分析师可以帮决策者简化决策（缩短心智周期），通过精心组织自己的发现和推荐，帮决策者更快地做出决策（缩短时间），说明它为何重要，并聚焦于作用。没错，你要展示证据，但要用最简洁、用易理解的方式来给出建议。我很喜欢 Tracy Allison Altman 的建议，如图 9-7 所示（这篇文章的剩余部分也值得一读），即要强调行动和结果之间的关系——如果你做了 X，那么 Y 会发生，但也要提供支持性材料。这是一种推销策略：由于这些客观原因，因此应采纳这个建议。

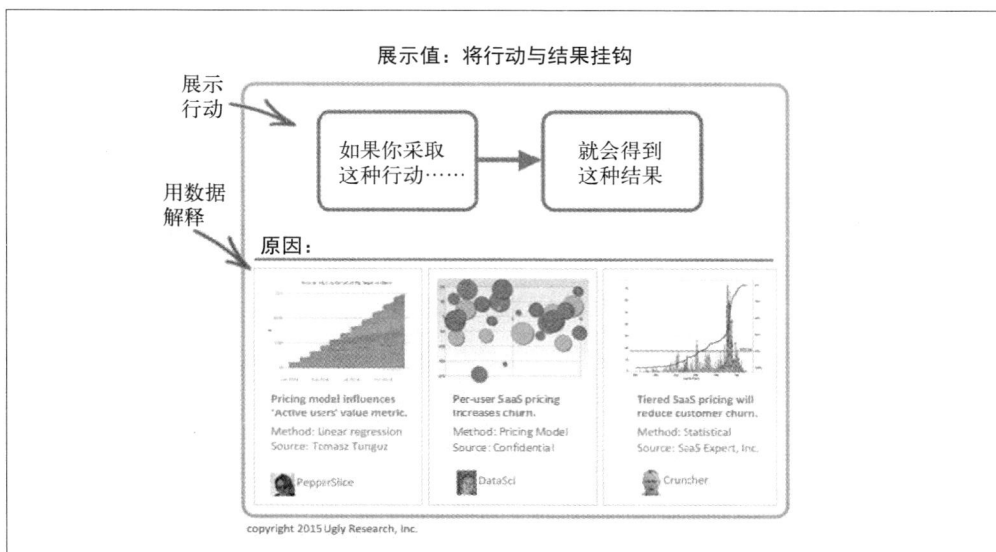

图 9-7：将行动和结果挂钩。上方列出了与所产生的结果相关的行动，下方是因果证据。转载已获许可

Accenture 发现，58% 的主管认为"数据产生的结果"是一个关键的分析挑战。"他们一方面要连通数据的收集和分析，另一方面要用分析学预测行为和结果，这对很多人来说比收集或整合数据更难。"此外，他们还发现，只有 39% 的主管认为自己收集的数据"与业务策略有关"，而这正是分析组织的每一位成员发挥作用的环节。主管要将分析融入业务流程中，并且用相关数据和指标把业务流程简化、明确化和可重复化，可以适时回撤，但必须要有清晰客观的理论依据。

2. 合作与共识

第 5 章讲到，Nate Silver 不仅预测了美国参议院竞选，还预测了 2008 年总统选举中 50 个州中 49 个州的获胜者。他当着那些抨击和取笑他的专家进行了这次预测。那些专家声称，他们有多年密切关注政治的经验，所以更了解。但 Nate Silver 构造出结合了一系列投票和观点（并用他获取的最新数据）的统计模型，基于此平衡了各种误差和偏差，从而得到了高度准确的预测结果。正如 Doblin Group 的 Larry Keely 所说："没有人能像所有人一样聪明。"（Kevin Kelly 的 *New Rules for the New Economy* 引用了这句话。）这里，所有人指的就是聚合数据中所反映的全体选民。

如果一个决策很复杂或者可能不受欢迎，那么我们可以采取的一种方法是取得共识（社会偏离因素），这种做法能为利益相关者赋权，使得决策后的流程更容易奏效。安永的首席运营官 Robin Tye 说过："重要的是让所有人都觉得自己是流程的一份子。如果无人支持，那么再好的决策也没有用。"

在数据驱动的世界里，这意味着确保每个人都理解目标、收集到的数据、指标和主要决策者对证据的解释。给他人提供提出解读和观点的机会，如果这些解读和观点不统一，就让大家都参与进来；但是，在决策者可能忽略的那些方面也要听取建议。一个简单的缩写"DECIDE"有助于记忆：

- 定义（define）问题；
- 建立（establish）标准；
- 考虑（consider）所有备选项；
- 确定（identify）最佳备选项；
- 提出（develop）并实施行动计划；
- 评估（evaluate）和监控解决方案，并在必要时提供反馈。

换言之，要确保利益相关者参与每一个环节。

这里当然也存在风险，参与者太多可能会导致群体思维和责任的分散，从而大大拖慢流程，也可能出现更多反对意见，引起争执或挫败。再次强调，你需要找到平衡，而这种平衡是数据反映出来的（见图 9-8）。

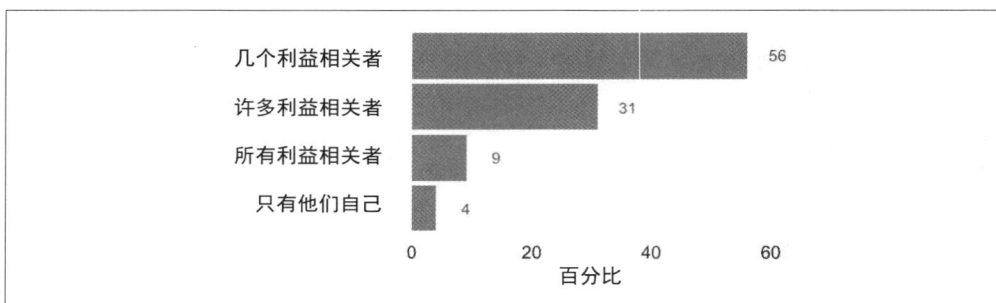

图 9-8：对问题"你所在的组织中典型决策过程的合作程度如何？"的调查。（来自"Decisive Action: how businesses make decisions and how they could do it better"。）"决策者会向谁寻求答案？"

有趣的是，"Decisive Action"报告称：

> 论资排辈，虽然首席高管和部门主管最可能成为数据驱动的决策者，但在他们自己看来，副总裁和高级副总裁更可能和他人合作。这可能是这一级别的高管需要为他们的举措建立共识的表现。当他们升到首席高管级别时，这种情况可能会缓解。

3. 培训

决策者数据通识的增加显然能够提高其能力（心智周期因素）。因为分析师应该已经做好了统计分析，所以管理者不需要懂得构建复杂的回归模型，或拥有足够的数学基础来理解期望最大化算法或支持向量机分类器。但我认为，决策者应该花更多精力去学习抽样和实验设计的原则，从而能够更好地评估收集到的数据或实验是否有效、可能存在的偏差类型，等等。我还建议他们复习一些指标，比如方差、误差幅度和标准差，这些指标应该能够反映最终聚合指标的可重复性和可信度。

警告：因为这种培训可能会受到一些抵制，所以你可能需要让很有资历的主办者（比如首席执行官，Warby Parker 就是这么做的）把决策者聚集一室，给他们上一堂进修课，哪怕只有一小时也好。

4. 一致性

数据展示方式的一致可以加快（时间）和简化（心智周期）任务。当然，这并不是说所有报表都得一模一样，但周报表或仪表板的形式不应随时间而变化，可能的话，同样的指标在不同团队中也应保持一致。

例如，由于宝洁公司有 5 万名员工使用仪表板，因此统一数据使用方式极为关键。在市场份额热力图中，绿色永远表示高于市场份额，而红色表示低于市场份额，这样就不会出现不必要的混淆。此外，他们还建立了"业务充分模型"，规定了特定领域所需的数据，也就是说，如 Thomas Davenport 所言："如果你关注供应链问题，那么业务充分模型就会规定关键变量、如何在视觉上展现该关键变量，以及（在某些情况下）变量之间的关系和基于该关系的预测。"

9.3.3　触发器

在 Fogg 行为模型的 3 个条件中，触发器可能是关注度最低的一个，至少在业务决策的场景中如此。之所以这么说，是因为业务决策往往处在一个更大的背景中，包括目标、KPI、策略和团队合作，并往往伴随着一些真实的或任意的时限。也就是说，如果有人没有要求或等待该决策的制定，那么流程显然存在一些根本性的错误，或者决策可能没那么重要。当然，人们可能会用"需要更多数据"这种或真或假的理由来推迟困难的决策，我们可以用制定清晰可见的项目时间表和明确的责任制，来避免这种情况的发生。

关于触发器，一个必谈的例子是基于机器学习统计学模型"运作"的自动化处理过程。这类模型具有一定的时效，因为建立模型所依赖的底层假设可能会变得不适用。例如，驱动者（如客户或员工）的行为会改变。因此，需要定期维护模型以检查性能、验证假设，以及在必要时重新训练。但在算法起主导作用的时候，人类会变得更被动和迟钝，这种现象叫作"自动化偏差"。因此，需要一个清晰的流程来设置模型维护的定期计划和任务，以此对抗上述偏差。

9.4　小结

决策很难。我们会受到大量关于认知、数据和文化的问题及偏差的影响。人们先入为主的看法和自我意识也会妨碍决策的制定。

因此，直觉必须是数据驱动决策流程中的一部分，这是不可避免的。在 *Dataclysm* 的结语中，Christian Rudder 承认："每一个数字后面，都有一个人在决定：分析什么、排除什么、在数字描绘的图景周围设置什么框架。叙述其实就是在做决策，哪怕只是绘制一张简单的图表也一样，而在做这些决策时，人类的不完美不可避免地会体现。"与此相关，Scott Berken 说过："如果有人声称'数据表明'，那么他们就是在假装数据能给出单一的解释，而事实并非如此，而且这种错误的信念会阻止人们提出真正的好问题。例如，基于这些数据，是否有一个同样有效的假设，会得到与你不同的结论？"

这里的关键是从待回答的问题开始——关注问题和决策，而非数据本身。通过清晰、明确地设置目标，你可以更好地确定应该回答哪些问题、随后应该收集哪些数据、应该进行哪些实验和应该驱动哪些指标。这样你就更有把握让结果与这些指标和目标保持一致，也就简化了决策。

但你必须使用现有的相关数据。不要只依赖直觉，因为这样太容易犯错了。最重要的是，不要一味忍让 HiPPO。如果你要做的决策和数据所展示的情况相悖，请诚实地给出解释，并且确保原因正当，比如强制实施一个长期策略。

本章提到了决策环节的许多问题，包括数据、文化和认知。哪些是管理者认为最重要或最容易实现的？排在前两位的答案是"更强的数据分析能力"和"更多的决策问责"（如图 9-9 所示），而这两点都很好实现。但实际上图 9-9 中的所有因素都是可实现的。的确，它们的实现需要整个组织——从数据输入员到董事会——的认同和支持，但这种认同和支持只有伴随着开放、求知的文化和得到了正确激励和动力的员工，才能实现。正如一位评论家所说："作为分析师，我敢说，在不少公司中，如果你展示的数据对 HiPPO 的观点或议程非常不利，都会导致你被解雇或者封杀。"这种情况在数据驱动型组织中是不允许发生的。因此，第 10 章会探讨文化这一主题。

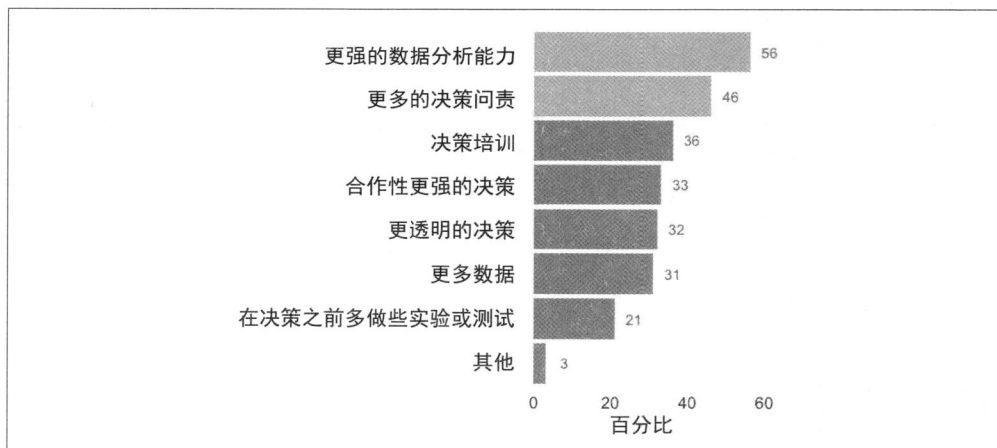

图 9-9：你认为哪个因素最有助于你的组织改进决策？（经济学人智库"Decisive Action: how businesses make decisions and how they could do it better"的图 7 之后）

第10章

数据驱动型文化

那些试图利用数据进行创新和转型的公司所面临的最大问题是"我们一直这么做"的文化。

——Gabie Boko[1]

数据文化不仅与部署技术有关，还与文化的变革有关，从而让每一个组织、每一个团队和每一个成员都能用他们触手可及的数据取得成就。

——Satya Nadella[2]

如果要给本书确定一个贯穿始终的主题，那就是"文化的重要性"。数据在分析价值链中流动时，会与人类或技术产生交互，我们把这些称为"接触点"，它们深受主流文化的影响。文化影响了访问权限、内容分享与对人和工具的投资方式。此外，正如第9章所述，文化还能决定分析价值链的最后一环是由 HiPPO 驱动的还是由事实驱动的。

本章更明确、更详细地阐述这些不同方面，并且将它们结合起来，更清晰地描绘理想中的数据驱动型组织。首先探讨以数据为中心的基础：数据访问、数据共享和关于数据使用的广泛培训；然后探讨目标优先的文化，在这样的文化中，组织会提前设计实验、制定指标和成功的标准，以及定义对结果、诠释和分析进行探讨的能力；随后讨论迭代、反馈和学习，并以对反 HiPPO 文化和自上而下的数据领导的探讨结尾。

注1：Economist Intelligence Unit. The Virtuous Circle of Data: Engaging employees in data and transforming your business, 2015.

注2：Satya Nadella. A data culture for everyone, 2014.

在某种意义上，可以把这些内容或要点理解为一系列重要的原料。设想各种各样的蛋糕和饼干，虽然都由面粉、鸡蛋、黄油和糖制作而成，但最后的形态取决于原料的质量、混合比例以及组合方式。同理，数据驱动型组织的最终形式也多种多样。你需要根据出发点、领域和组织的规模及成熟度，把组织塑造成最适合的形态。此外，不要期望能够稳定于一个平衡态，因为一切都会不断发展。因此，你应该持续投入、不断试验，并且保持耐心。

10.1　开放、信任的文化

领导层需要设法奖励数据共享，激励那些为准确、开放和可共享的数据及分所做出开拓和发展工作的个人和部门。

——Jennifer Cobb[3]

数据驱动型组织会在大范围内开放数据，包括允许核心分析组织之外的员工访问数据，以及在业务部门、团队和个人之间共享数据。首先讨论后者。

第 3 章讲述了 Belinda Smith 购买阳台桌子的案例，并探讨了如何利用其他数据源围绕客户的意图、动机和兴趣构建更丰富的场景。在更透彻地理解场景之后，组织就能给客户提供更贴合需求的优质服务和产品。

现在，我们先忽略那些外部数据源，如人口统计局和 MLS，而只考虑在线零售商可能具有的一些关于客户的内部接触点：

- 公司网站的点击流；
- 购买、退换货的历史记录；
- 通过电子邮件、线上聊天和电话与客服人员的沟通记录；
- 针对品牌宣传的社交媒体互动；
- 社交网络数据，比如"推荐给朋友"这样的营销数据；
- 通过重定向进行品牌曝光。

不难想象，这些数据源往往由不同的团队或业务部门管理，如果组织想最大化数据的潜在价值，就必须把数据汇集起来才能提供更完整、更丰富的场景。而这就是文化发挥作用之时。

必须有一个来自业务的明确信号：数据并不为各个团队"独有"，而是属于整个组织。数据领导（稍后会讨论）需要向整个组织宣传数据共享的益处。如果做不到这一点，就必须有正确的激励措施来打破壁垒，实现数据共享。

当然，应在不影响合规性或不增加风险的情况下做到这一切，这都是很实际的问题。在经济学人智库对 530 名主管进行的一项调查中，1/3 的受访者称"他们的公司在构建数据驱

注 3：Jennifer Cobb. Data Tip #2 - Build a Data-Driven Culture, 2013.

动型文化方面很吃力，部分原因在于对数据共享时产生的隐私和安全问题的担忧"。

企业主很可能会默认采用数据囤积模式，部分原因是出于这些实际的考虑，但是也有惰性的因素。数据领导必须主动防止这种事情发生，而且防止是不可能被动的。这项调查还把"提倡数据共享"列为这些主管公认的能够成功促进数据驱动型文化的首要战略之一（仅次于"自上而下的指导或授权"，如图 10-1 所示）。

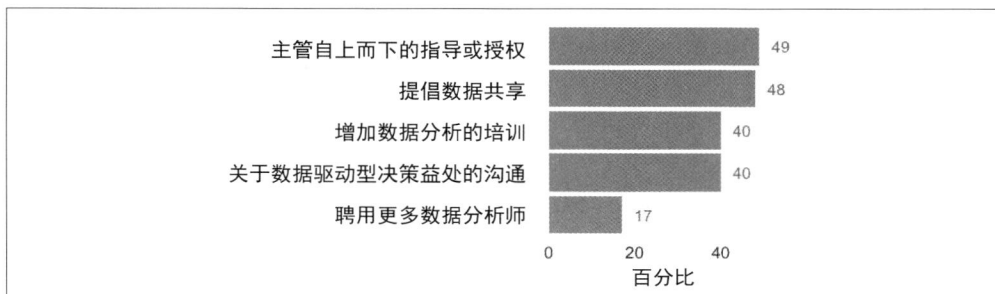

图 10-1：经济学人智库对 530 位主管进行的一项抽样调查中，对"在你的组织推广数据驱动型文化的过程中，哪个策略取得了成功？"问题的回答

数据共享也需要信任。首先，人们必须相信数据的可靠性和准确性。其次，他们要相信数据会被很好地利用，而不是用来针对他们。比如在一家医院里，"医生害怕让急诊室人员看到自己的医疗数据和笔记，以免被发现自己出现了失误"。人们必须克服这一点，关注数据整体质量的提升。再者，为全体工作人员提供广泛的机会。这也是本节的第二个主题。

数据驱动型组织更开放、更透明，数据也更大众化，允许组织内的许多个体访问。DJ Patil 和 Hilary Mason 说（也可见第 12 章）："组织里的每一个人都应能合法地访问到尽可能多的数据。"人们可以通过静态报表和仪表板访问数据，也可以"主动访问"商业智能工具甚至原始数据。这也要求深度的信任，组织需要相信数据不会被滥用、泄露给竞争对手或煽动公司内部争斗，而是会以适当的方式用于推动整体业务发展。

进一步说，数据驱动型组织有更大的潜力将决策推向组织结构的底层和一线人员。如果有更多员工能访问他们所需要的数据、拥有分析和解释这些数据的必要技能，而且足够信任这些数据，决策就会更为民主化。举个例子，设想一个零售店经理，他能用手头的商业智能工具分析店内商品的销售情况，进行季节性趋势分解，考虑当地天气、施工等情况，熟练预测趋势，并能在最大限度地降低库存水平的同时，即时下单补货以防缺货。

显然，许多决策，尤其是那些重要决策或战略决策，还是要经过更高层的管理者之手。但在大部分组织中，如果有恰当的数据、技能和信任度，许多决策（尤其是经营决策）可以由一线人员来做。这有点像我们的神经系统，大部分决策被发送回大脑处理，但如果你踩到一枚钉子，就会引起脊髓反射，刺激刚传至脊柱就返回到了肌肉，引起腿部移动。"局部"处理和决策已经足够用来解决这类问题了。

10.2　广泛的数据通识

> 如果组织要培养一种以数据为中心的思维，而且拥有一种了解且尊重数据的企业文化，那么各级员工（尤其是在企业内部）都要对数据有细致的理解，并将这种理解融入他们的技能和岗位中。
>
> ——Accenture[4]

显然，分析师需要实验设计、批判性思维、数据展示、商业智能工具使用和统计学等方面的培训。但对于数据驱动型组织而言，这一系列技能和基于证据与事实的视角必须植根于更广大的范围，管理者和其他决策者也需要了解数据知识。这是为什么呢？

- 管理者付费购买、安装和维护新的商业智能工具或预测建模服务，他们需要明白这些工具和服务能给组织带来什么价值。
- 在分析师参加课程或培训、学习新工具时，管理者要同意其团队中断正常工作，并承受相应生产力下降所造成的损失。简而言之，因为在转变过程中受到了影响，所以他们必须为长期收益买单。
- 管理者会根据分析做最后的战略决策，他们必须在看到蹩脚的分析时辨别出个中缺陷，才能让分析师拿回重做。他们应该不断地对数据提出更深刻、更丰富且更追根究底的问题，并对分析师提出更高的期望。他们还要向更高级的管理者、董事会或投资者展示他们的发现和结论。也就是说，他们必须理解分析中的细微差别，对此有信心，准备好面对质疑。

总体说来，管理者不是非得理解数据收集、清洗、处理和聚合的机制，但需要了解实验设计、基础统计推断以及外推的风险。例如，我曾见过一个分析师把我认为清晰、出色的分析展示给她的经理，即决策者，后者随即问我："p 值是什么？"虽然灵活地用有意义且可理解的方式展示分析结果是分析师的职责，但我认为，在日益兴盛的数据驱动型环境中，管理者更有责任去学习一些基本的指标、术语和推断检验。

Davenport 与合著者在 *Analysts at Work* 中提出了同样的观点：

> 随着金融和投资行业（以及所有行业）越来越以数据为导向和依赖分析，高管也越来越有责任掌控一定的分析复杂性。否则，当一些交易员建议他们承担过大而他们不甚了解的风险时，他们将无力拒绝，而这会将他们的机构和客户置于风险之中。

Brian Dalessandro 也在 Strata+Hadoop World 大会上呼吁：

注 4：Accenture. Accenture Technology Vision 2012.

作为数据业务的管理者和执行者，如果你的团队中有数据科学家或数据工程师，你便可以不用学习如何进行预测建模或自己实现数据工具，但需要知道一些统计知识。因为总有一天，当数据科学家或工程师给你一份 PPT 或一份报告，告诉你这是他们的分析时，如果最后还有一个人对这些分析胡说八道，老实说，那可能就是你。

我们需要做什么呢？近期一项报告称，"在数据计划中培训员工和提供支持这些方面，数据驱动型组织领先于那些更受直觉驱动的同行（67% 比 53%）"。在 2013 年 Strata+Hadoop World 大会的演讲中，Ken Rudin 描述了 Facebook 的方法：数据训练营。他讲述了一个为期两周的高强度、高度沉浸的数据训练营，不仅有分析师，项目主管、设计师、财务人员、客服人员和运营人员也参与其中，甚至还有一个为工程师准备的特殊版本。这个数据训练营是这么安排的：参与者每天上午听 3 小时的演讲，这些演讲部分与 Facebook 的数据工具有关，下午则用来处理自选的实际业务问题。在与导师共事两周之后，参与者就学会了如何探索数据、提出假设、提出恰当的业务问题，并且更有商业头脑了。Rudin 称：

> 如果持续这么做，我认为我们终将达成目的，发展出一种文化：所有人都感到数据是他们工作的一部分。每个人都应该做分析。

并不是每个组织都像 Facebook 那样有员工、资源和实力去开创这样一个项目，但每个组织都可以从某个地方开始，那里有大量的资源可用。免费的线上统计课程有很多，在 Coursera、Udacity、Khan Academy 等平台上可以找到。优秀的图书也有很多，我碰巧发现了 *OpenIntro Statistics* 这个免费的开放资源，不过你需要选择一本或一套符合你的受众水平和背景的培训资料。关键是开始行动起来，并投入成本来推动员工——最后要推动分析师以外的广大员工——培养技能，让他们熟悉数据、工具和分析。

10.3　目标优先的文化

爱丽丝：请你告诉我，我应该走哪条路？

柴郡猫：这在很大程度上取决于你想去哪里。

——刘易斯·卡罗尔，《爱丽丝漫游仙境》

专注的组织无论是否由数据驱动，都应该有一个清晰的方向，一个贯通组织的业务愿景。领导层要将人们汇聚在这一愿景周围，让他们保持一致并为了达成共同目标而努力工作。在数据驱动型组织中，这个目标会更加透明，有明确定义的 KPI、相关定义、明确的目标和清晰的现状。应该让每个人都能看到一个记分卡，让团队中的每个成员都能理解他们的工作是如何推动这些顶层指标的。

这一系列顶层目标和 KPI 会逐级下沉到业务部门，这些业务部门随后便会设置相应的子 KPI，而这些子 KPI 又会向下分解为更低层的指标和目标。在某一时刻，你会接触到个别的项目，一个需要设定目标和成功标准的粗略的"工作"单元。然而，更好的做法是提前定义成功的指标和标准，这不仅是对 A/B 测试而言（见第 8 章），而是对任何分析项目都适用。在开展数据项目时，我们总是可以对数据进行事后处理，挑出方向正确，即显示 ROI 为正的东西。正因如此，客观起见，数据驱动型组织需要打造目标优先的文化，要在系统上线之前提前定义指标[5]。

在根据变量做下一步决定时，有的变量可能支持决定，有的则可能背道而驰。在这种情况下，可以尝试**提前**定义这些变量的相对权重或排序。也就是说，如果你采用构建一个加权的决策矩阵的方法，那么就要尽早定义权重。因此，假设要从 3 个供应商中选择一个为你提供服务，就要考虑价格、数量和质量。在该供应商领域，价格和质量可能呈负相关，如果事后处理，很容易将相对权重合理化后使得其中任何一个供应商都可能脱颖而出。而在收集数据之前定义 3 个变量的相对重要性，可以弄清楚对组织来说什么重要，并减少钻制度空子或通过挑选最有利的数据点来引导特定决策结果的可能。

10.4　求知好问的文化

> "有数据支撑吗？"这应该是所有人都敢于提出（而且准备好回答）的问题。
>
> ——Julie Arsenault[6]

第 8 章讲过，保持实验性的心态，能让人的交流从提出意见变为提出假设，从而能够接受客观的检验。因为假设只是假设，而不是基于权力或经历的表达，所以能够在组织内广泛传播。这并不代表所有人都要尝试自己内心的每一个疯狂念头，因为需要考虑太多东西，包括品牌化、可用性、开发成本和"风险"，但利益相关者越多，提出的想法也会越多。（回想一下之前说的，"没有人能像所有人一样聪明"以及"让实习生发声"。）

除了要给所有人发言权，数据驱动型组织还应提倡一种求知的文化。这种文化能产生一种健康辩论的氛围，让人们能够寻求额外信息、质疑假设、探讨建议或进行额外的测试。还要有为原始数据提供参考的展示和分析。对实验设置或解释可能存在的问题及可能的改进进行坦诚、公开的讨论，有助于改善业务，但关键是这种讨论应该是非对抗性的、中立的——这是对数据的，而不是对人的讨论。

科学家就是不错的典范。典型的科学训练的一个关键部分，就是让年轻的科学家尽可能地保持**客观**。这种文化的一部分是努力使他们的工作非人格化。科学期刊曾多以主动语态编

注 5：若想查看更多正在进行中的数据项目，可以参考 Max Shron 的 *Thinking with Data* 和 Judah Phillips 的 *Building a Digital Analytics Organization*。

注 6：Julie Arsenault. How to Create a Data-driven Culture, 2014.

写，但在 20 世纪 20 年代，大部分转而使用被动语态[7]，这种风格延续至今。

虽然人们认为被动语态读起来有点无趣，但它的确能强化一种概念：结果更多的是关于实验设置和数据本身，而不是关于人或者实验者。

数据驱动型组织也应该鼓励客观态度。如果网站的 A/B 测试显示，相比现有的较小按钮，更大的结算按钮不会增加收益或提高转化率，那就保持现状吧。这不是谁的错，只是世界本就如此。不要因此而难过，相反，应该庆祝发现了一个有价值的新数据点（因为你可以用额外的屏幕空间放其他内容）。

Michele Nemschoff 进一步说：

> 要接受异议。质疑现状很好，只要有数据证明。并不是所有企业的管理层都能够接受异见，如果构建数据驱动型环境是你的第一要务，那么应该接受一定的异议，甚至在某些情况下奖励异议。有了首席管理层的支持，你需要让员工在你的数据中打破常规。经过数据验证的新想法是积极创新的绝佳起点。

10.5　迭代、学习型的文化

> 错误是发现的入口。
>
> ——James Joyce

第 9 章讲到，问责制度的缺失被视作决策者的一个关键问题。应该有人去记录，因为这不仅能让决策者负起责任，还能让组织学习和成长。例如，在前瞻性的活动（如预测建模）中，反馈循环的设置非常重要，它可以让你频繁地回顾结果、钻研个案（这称作误差分析）以及了解如何改进。

我曾在 One Kings Lane 担任数据科学家。这是一个家居限时抢购网站，我们每天早上上架约 4000 件商品，其中约 60% 是网站从未销售过的。（这些商品都是限量的，只会上架三天或直到售完为止，一般不到三天就能售完。）我和一名同事构建了一些模型，用来预测一天和三天结束时有多少库存单位会售出，还构建了一个仪表板，用来显示我们的预测误差：模型到底哪里出了问题。每天早上，我们会打开仪表板，花一小时钻研这些误差。是什么让我们对这套地毯的预测这么离谱？人们在一些非常相似的商品中做选择时是否基本随机？我们的日常工作充满了乐趣，这部分归功于我和同事把这项建模活动当成了一场友谊赛。我们反复交流想法，更好地理解数据，模型也得到了大幅优化。这里的关键是高频的迭代和反馈，不断钻研极端案例，努力寻找原因，并寻求改进方法。

注 7：来看看主动语态和被动语态的对比示例。主动语态（关注行为者）："我们给植物施了肥。"被动语态（关注客体）："植物被施了肥。"

测试和实验当然也是如此。正如第 8 章和第 9 章所说，我们的直觉往往不准，超过半数的线上测试无法让指针移向正确方向，或根本不移动。然而，如果你衡量了原因并从中学习，这些事情就不算失败。

图 10-2 展示了一个通用的反馈循环。设计并进行实验、用测量仪器测量结果、分析数据、解释结果、学习、假设，然后构建新的实验，回到最初，再次开始。这里的"构建实验"步骤其实是一个占位符，可以指代"构建模型"或是"构思公关活动"。我想表达的是，数据驱动型组织应该充分利用所有数据，哪怕是"失败"的数据，要从中学习，然后多做一件事：用**行动**推进业务。

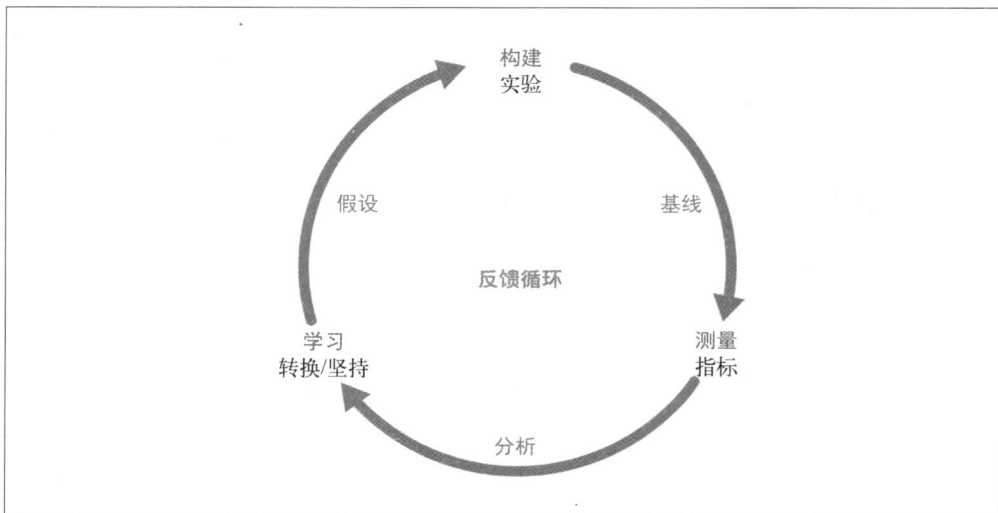

图 10-2：反馈循环：构建、测量、学习，周而复始。本图是对 Andrew Francis Freeman 的图片的重绘（已获许可）

这应该深深植根于文化。在所有人都关注数字的数据驱动型组织中，到处都可能产生假设，而且有很大比例的员工在主动使用数据，因此有广泛的参与和投入。人们能够观察和被观察。当你有着一系列清晰的目标，人们也关注顶层 KPI 时，他们便会真正关心实验或项目的成败，会想了解其中原因、深入钻研并取得进步。从某种意义上说，你需要在这个循环中保持动力，不要因 A/B 测试的"失败"而止步，而要把这看作一种学习，以便下一次提出新的、或许更好的、可测试的假设。

在组织规模上，数据驱动性也要求灵活性和迭代性：随着组织的发展和变化，你会发现，必须重新组织数据团队和调整他们在业务结构中的位置。

10.6 反HiPPO文化

在非洲，河马是最危险的动物，在会议室中也一样。

——Jonathan Rosenberg

正如第 9 章所说，HiPPO 是反数据驱动的，他们根据自己的经验，以先入为主的观念和直觉来做决定，而**无视现有的数据**。毫不夸张地说，这对业务非常有害。一种约束方法是让决策者担责。如果他们能基于直觉做出推动业务前进的有效的决定，那还行，毕竟结果才是最重要的。但是，如果他们做出的决策很糟糕，就应该迫使他们改变，或者采取更明智的方法——把他们逐出门去。HiPPO 会对努力向数据驱动方向靠拢的文化造成相当负面的影响，决策可能并未达到最佳，而 HiPPO 因其在公司中身居高位，会阻碍诚实、求知的文化。（回想一下第 9 章中的引言："如果你展示的数据对 HiPPO 的观点或议程非常不利，都会导致你被解雇或者封杀。"）换言之，他们会阻碍一种开放、合作的文化，结果是人们无法自由地提出想法，也不愿欣然承认"虽然我不知道，不过可以测试一下"，而最好的客观且基于事实的文化也甘拜下风。

我想明确一点：直觉和经验的确能起到作用。有时并没有数据可用，尤其是在新领地中开垦的时候。有时数据信息量太大，但必须有人做出最后决策，而且往往面对着许多未知或不确定因素。这里特指那些拒绝考虑或使用现有数据的人，尤其是曾做过糟糕的决策而且没有为此负责的人。想象一下作为分析师，要和他们共事（对抗？）的情景吧。如果数据结果也站在领导对立面，但领导丝毫不肯让步，就会难以服众，这往往不会有什么好结果。

10.7 数据领导

信仰数据和分析的企业领导无可替代。

——Russell Glass[8]

数据驱动型组织需要自上而下、强大的数据领导力。数据驱动型组织的领导能够鼓舞人心，促进数据驱动型文化，并且主动驱动和支持分析价值链的所有环节：从数据收集到数据驱动型决策和制度性学习。他们应成为数据和数据驱动型实践的布道者。

用 Davenport 及其同事的话来说，这样的领导能让组织"在分析方面有竞争力"。近期一项调查显示，表现优异的公司中 58% 的受访者认为高管应在推广数据方面以身作则；而在表现一般和表现较差的公司，或者说落后的公司中，这一比例为 49%（如图 10-3 所示）。相

注 8：Economist Intelligence Unit. The Virtuous Circle of Data: Engaging employees in data and transforming your business, 2015.

反，落后的公司中有 41% 的人反映，他们的组织缺乏领导力，阻碍了更多数据的采用，而表现优异的公司中只有 23% 的受访者这样表示。

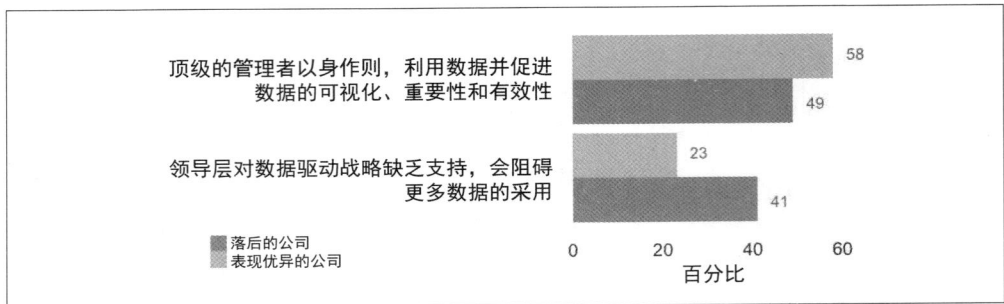

图 10-3：超越竞争者的组织倾向于拥有强大的领导力。图片来自经济学人智库 "The Virtuous Circle of Data: Engaging employees in data and transforming your business"

数据领导需要提供支持和获得支持。

首先，他们必须支持分析组织本身。领导必须为他们提供所需的数据、工具和训练，需要确定组织结构，并随企业的发展做出改动，而且为分析师提供明确的职业道路和激励机制，使之愉快、高效且出色地完成工作。

其次，领导需要得到组织其他成员的支持，尤其是业务人员，需要让他们相信，数据驱动型方法是正确的选择。为了获得他们的支持，领导需要展示结果，哪怕起初只是小小的成功。在展示了这些结果之后，数据领导就能更好地发展数据共享文化。在这种文化中，业务部门的业绩会最大化，而且这会归功于整个组织的努力。

最后，领导还需要得到其他高管团队的支持。他们掌控着必要的 IT 设施所需的资金、培训预算，并在各自团队中对发展"支持数据 / 反 HiPPO"的文化起到关键作用。

显然，以上只是对数据领导的概述，此话题仍需深入探讨。数据领导对数据驱动型组织来说至关重要，第 11 章会重点讨论。

第11章
数据驱动型的首席高管

理想的首席数据官是为了驱动业务价值而存在的。

——Julie Steele [1]

如果一家组织想成为数据驱动型，那么必须有一个布道者说出组织的需求。

——Tony Shaw 等人 [2]

前面探讨了许多内容，以自下而上的视角，从原始数据贯穿分析价值链，讨论了数据及其影响和作用。本书从数据驱动型组织的基础——数据层（收集正确的数据和正确地收集数据）——开始，还提到了分析组织——聘用具有合适技能的人员，并以恰当的方式进行组合，让他们能够进行有见地、有影响力的分析；然后介绍了几种统计和可视化工具，以及一些基于事实的叙事方法。分析师运用这些方法，最终能将原始数据转化为对决策者有帮助的推销词；还重点强调了分析师以及他们的直属上司促进数据驱动型文化并取得成功的措施。

下面换个角度，改用自上而下的视角。虽然数据驱动型组织及其文化能够从底端发展壮大、充分发挥其潜能，但来自顶层的塑造、支持和引导也是必需的。这便是本章的主题。

在公司中必须有人担任负责数据的最高职位，长期以来该职位都由首席技术官或首席信息官担任。但是，他们几乎没有时间和精力把数据视作一种战略资产，因为他们主要关注基

注 1：Julie Steele. Understanding the Chief Data Officer, 2015.
注 2：Tony Shaw, John Ladley, Charles Roe. Status of the Chief Data Officer: An update on the CDO role in organizations today, 2014.

础信息系统本身，即维持基础设施的基本运作。好在近些年出现了一种转变，越来越多的组织开始不再只把数据看作业务"废料"、成本或负债，而将其视作一种资产。从这个角度来看，数据、信息和分析变得愈发重要，而且必须主动管理、关注和优化。因此，首席高管的职位出现了新变化：首席数据官（chief data officer，CDO）、首席分析官（chief analytics officer，CAO）和首席数字官（chief digital officer，CDO）——如果这两个 CDO 让你有点混淆不清，告诉你，强生公司最近雇了一名首席设计官（chief design officer），这下就有 3 个 CDO 了。

因为这些新职位太容易引起混淆了，所以我会对首席数据官和首席分析官分别进行详述。（对于二者与首席数字官之间的区别只做简要叙述，因为首席数字官对于构建数据驱动型组织而言并没有那么居于核心。）对于每个职位，我将着重探讨其扮演的角色、产生的历史以及成功的必要素质。我还将探讨对组织的一些潜在影响，以及如何判断你的组织是需要其中一个还是两个职位，或者都不需要。

11.1　首席数据官

首席数据官在 3 种职位中出现得最早。历史上第一位被委任此职的人是 Cathryne Clay Doss，她于 2002 年 1 月在第一资本（一家高度数据驱动的组织）担任该职务。自此，担任首席数据官一职的人数便开始飞涨[3]。

目前，首席数据官主要分布于以下几类行业：

- 银行与金融服务（占总体的 40%）；
- 政府；
- 医疗保健。

这些领域本身能体现出首席数据官的部分职责[4]。它们的共同点是什么？监管。所有这些领域都受到高度监管，或者说受到地方、州或联邦政府本身制定的法规和条例的约束。所有以数据为中心的活动都非常复杂，并受到严密的监控，一旦违规就会受到严厉的惩罚：财务报告要遵守《萨班斯-奥克斯利法案》（Sarbanes-Oxley），医疗保健行业要基于 HIPAA 合规，银行业要满足反洗钱要求。这正是这些组织面对的主要风险。

然而实际情况比上述原因更复杂，这类组织早在 2002 年就开始收集和保护数据。是什么导致了这一变化呢？可能是他们开始意识到，可以用新的方式利用数据，数据可以是一种资产而不只是成本和负债，而且可以用新的方式来操作数据。在近期于新奥尔良举办的一场银行分析讨论会中，只有 15% 的参与者的组织设置了首席数据官一类的职位。Wells

---

注 3：Gartner 在 2015 年预计 25% 的大型全球化组织会任命首席数据官，而 Shal 等人认为在接下来的 5 年中，每 15~18 个月首席数据官的数量就会翻一番。

注 4：不过其领域范围正在逐渐扩展至信息服务、保险、电商、媒体和制造业（来自 Dave Vellante）。

Fargo 新任首席数据官 Charles Thomas 在大会上说："你将开始（在银行业）看到更多趋势，因为我们最终会坐拥大量数据，但目前我们并没有真正以相关和及时的方式使用它们。"[5]

因此，首席数据官一职的核心就是（或应该是）战略性地利用数据。前首席数据官 Mario Faria 告诉我："最优秀的首席数据官不仅需要负责合规和管理，还应该驱动价值，并通过团队探寻数据的新用法，以满足业务需求。"下面就来详细介绍首席数据官的职责。

11.1.1　首席数据官的职责

IBM 把首席数据官定义为"通过创造和操控数据来驱动业务价值的业务领导"[6]。根据该定义，首席数据官的职位覆盖极其广泛，包含了众多领域和责任，本质上既有技术性的一面，也有非技术性的一面。此处探讨的内容实质上是一份理想化的清单。在现实中没有两个首席数据官的职责完全相同，因为首席数据官是一个非常情景化的职位，依赖于预算、人员和汇报对象（稍后会讨论这些元素）。

首席数据官的一个潜在职能是监控或领导数据工程和数据管理。他们需要定义组织关于获取、存储和管理数据及其质量的愿景、策略、流程和方法，这意味着对数据工程师和数据管理员等工作人员的管理。正如第 2 章所探讨的，这部分是基础性的，一旦缺失，就会导致无用的输入 / 输出，从而降低影响甚至产生误导性的影响。

首席数据官会频繁地监控对标准和政策的定义，其范畴覆盖了从围绕数据质量和数据共享的政策，到数据访问的服务水平，还有全组织的数据字典的创建、维护和可视化。首席数据官是一个关键角色，有助于让利益相关者保持一致，通过凝聚共识来避免混淆。他们的工作不容小觑。在 Warby Parker，我的团队与企业主密切配合，定义数据字典，编写相关文档，并用某种中央商业智能工具落实那些明确的业务规则[7]。这可能是我的团队迄今为止做过的最有影响力的工作，我们减少了混淆，使得指标之间的比较有意义，而且有助于建立一个可靠的中央数据源。

一个繁荣发展的数据驱动型组织在任何时候都有众多数据项目在运行，由首席数据官下属团队或其他部门负责。因此首席数据官必须通过提供指导、更高层级的战略和协调来支持这些工作。首席数据官还应当衡量和监测这些项目的有效性，推动工作使分析的 ROI 和影响最大化。

首席数据官可以负责分析组织的运作，督导分析师团队或数据科学家团队，或者起码要与这些团队的成员和管理者达成高度紧密的合作。因为这些资源都需要花费资金，所以首席

注 5：Penny Crosman. Chief Data Officers Battle Complexity, Complacency: Wells' Thomas, 2014.

注 6：参见 "Insights for the New Chief Data Officer" 和 "The Role of Chief Data Officer in the 21st Century"。

注 7：Carl Anderson. Creating a Data-Driven Organization: Two Years On, 2015.

数据官需要维持预算，将资金用在诸如数据质量项目、聘请优秀的分析师、培训、购买数据以增强现有内部数据等事项上。

首席数据官的另一个重要职责是发现和开拓新的业务机会。这既是创造新收入来源的机会，也是将业务引向新方向的机会。根据首席数据官在组织中的位置以及所能控制的预算和资源的不同，这项重要工作的内容可以是自己探索创意，或是为其他团队思考和探索数据、数据可视化和数据产品提供机会。

什么样的机会才是有意义的呢？这在很大程度上取决于行业及商业模式。比如在政府中，首席数据官的工作重点是公共责任和透明度，即确定数据集并使之公开可用——最好是以程序化使用的方式[8]——以便为其他城市、州或一般公民提供价值。对首席数据官而言，让他人利用数据并从中获得价值，以促进共同利益，可谓事业成功。

在很多情况下，成功意味着基于已有的数据进行创新。在 2014 年于纽约举行的 Strata+Hadoop World 大会上，负责经济事务的美国商务部副部长 Mark Doms 介绍说，美国人口普查的调查响应率为 88%。为了让其余人也参与普查，工作人员必须挨家挨户敲门，而这么做成本很高。为了让"响应"率最大化，他们要用社保数据扩充人口普查数据，估计哪些人何时会在家。

其他组织的业务则是核对、充实和销售数据。对他们而言，成功的关键是找到新的数据源、用新的手段充实它们、培训销售团队如何向客户证明新产品能为其带来价值。

Matthew Graves 是 InfoGroup 的首席数据官（这是一个数据和营销服务组织，这类组织也开始任命越来越多的首席数据官）。他在纽约的一场首席数据官主管论坛上表示，对他来说，工作的关键部分是：

> 做一位布道者。即使在销售数据的组织中与销售人员一起工作，数据也是在持续变化的；要教会他们了解数据和新的数据资产带来的改进，培养内部销售组织及客户。客户通常不习惯利用数据，这也是为什么这些公司要设立首席数据官这一职位来管理自己的数据。

Matthew Graves 提到的一个概念，抓住了首席数据官角色的精髓：布道。要想变得更加数据驱动化，组织必须把数据作为战略资产来利用。为此，组织的每个部门都需要一些激励，还需要一些数据如何（或可能如何）充实并产生影响的具体案例。因此，首席数据官必须拥有非常强的沟通能力，能够用 IT 人员可以理解的语言、以能够激励和鼓舞他们的方式和他们交流。

因此，首席数据官应该塑造文化、影响他人（包括首席高管以及下属）、改变他们看待和使用数据的方式。首席数据官应该创造一种开放、崇尚共享的文化，通过整合数据源（包

注 8：API 是计算机互通信息和共享数据的方式。

括打破壁垒）来使数据大众化[9]。简而言之，他们应该提升组织整体的数据访问权限和数据使用水平。这是一个广泛而又颇具挑战性的角色。

11.1.2 成功的秘密

实质上，首席数据官担任着布道者和变革推动者的角色。正如 *The Case for the Chief Data Officer* 的合著者 Peter Aiken 所说："如果事情进展顺利，是不需要首席数据官的。"那么，成功需要什么要素？硬技术和软技术的组合自然是关键。比如，当我问 Mario Faria "如何成为优秀的首席数据官"时，他说："要有能力将硬技术（数据、技术和统计学的专业知识，纵向知识、商业头脑）和软技术（交流、领导能力、尊重反对意见、愿意改变现状）相结合。"在对数据领导者进行的一项更广泛的抽样调查中，Aiken[10] 发现了首席数据官的 3 大特质：

- 兼具专业技术、商业知识和沟通技能；
- 杰出的人际关系构建能力和交流技巧；
- 对政治敏感。

显然，首席数据官不仅仅是一个技术型角色。

1. 首席数据官向谁汇报

首席数据官向谁汇报？在理想情况下，他们会与首席技术官、首席信息官、首席财务官、首席运营官、首席信息安全官等高管同级别，向首席执行官汇报。若非如此，他们至少也该向经营方（首席运营官、市场总监等）汇报。然而现实是，80% 的首席数据官向首席技术官汇报（根据 Aiken 等人 2013 年的调查）[11]。

向 IT 部门汇报有什么问题呢？ Aiken 强烈表示："首席数据官无法在受制于 IT 部门的结构化限期的同时利用数据。此外，如果他们要向不太懂数据的人汇报，数据决策流程就不可能得到改善。"他认为，大部分首席技术官没有接受过数据方面的训练，或者没有数据管理的经验，会受到抨击，而且管理项目的思路也不一样。他告诉我："数据运作的节奏与软件的必然不同，不能把它当作一个项目来对待。必须在程序化的层面管理它。项目必然有开始和结束，而数据并非如此。"

注 9：　当然也有例外。John Minkoff 是美国联邦通信委员会执法局的首席数据官，因为团队以检察数据为中心，所以他说其他任何联邦通信委员会机构都无法访问他们的数据，这也非常合理。

注 10：　Peter Aiken. The Precarious State of the CDO: Insights into a burgeoning role, 2013.

注 11：　Shaw 等人称："首席数据官主要向首席技术官、首席运营官或一个关键业务职位汇报，只有很少的首席数据官会向 IT 部门汇报，而这些首席数据官往往是首席信息官的同僚。"这个差别可能是由于在这一年之内发生了巨变。然而，Shaw 的样本容量很小，因此，该结论可能会受到样本容量效应、幸存者偏差（被取样者会因为向业务部门汇报而更为成功、更受支持且更加杰出）或其他偏差的影响。

换言之，数据能够同时支持多个项目，而且数据作为一个基础部分，往往会比这些项目更持久，更"超然"。因此，首席数据官可以通过向业务端汇报（而非 IT 部门），来更好地服务组织。

2. 有权施加影响

Aiken 的调查所揭示的最让人震惊的是"近半数的首席数据官没有预算，超过半数的首席数据官没有员工，而且七成以上的首席数据官没得到组织足够的支持"。

如果资源太少，首席数据官其实只能起到布道者和啦啦队长的作用，也因此只能止步于此。最终你需要展示结果，而在现实中，结果的产出只能依靠团队和预算。Gartner 认识到了这一点，并提示[12]"有抱负的新任首席数据官会面对一些令人生畏的挑战和冲突，因为这个仍在发展的崭新角色缺乏职业架构，也缺少已知的最佳实践"。

为了成功履行职责，即使没有团队或预算，也必须要有权施加影响。在一些著名的案例中，实际情况并非如此。费城的第一位首席数据官 Mark Headd 成功公开了大量数据集，但在围绕该市房产税应付数据的 API 上遇到了障碍[13]。他面临来自税收部门专员的重重阻力。Mark Headd 表示：

> 费城处在一个交界处，它已经做好了开放数据的下一步准备：开始在部门内部甚至跨部门分享数据，以及确定做事的新方法——更有效且更高效的方法。我曾非常努力地试图带领大家跨过这一交界处、迈向下一步。但我没能做到，后来我明白了，我永远无法做到……对税收欠款问题而言，20 世纪的解决方案是使用一个自查网站，而 21 世纪的解决方案是使用一个开放的数据 API。这正是费城在我这个时代最让我感到挫败的一件事——我们一直在用 20 世纪的方案来解决问题。

态度和文化很难改变。

美国银行的 John Bottega 创下过一个极难超越的记录：曾出任花旗银行（2006~2009 年）和美国纽约联邦储备银行（2009~2011 年）的首席数据官。他说："大部分公司设立的首席数据官一类的职位，无论是市场数据主管、参考数据主管、首席数据架构师还是什么头衔，起初都是针对某个业务问题而设的。而如今，首席数据官更多地担负起企业内横向的责任。"话虽如此，却没有组织让他承担并塑造这种责任，他得到的支持也很少。此外，他的情况也尤其艰难。美国银行体量庞大（员工超过 20 万），不同的业务线其实就是业务本身：理财、存款、按揭、银行卡，等等。"让人们围绕一个共同的公司目标工作，真的非常非常困难。"当时美国银行消费房地产事业部的高级副总裁兼首席架构师 Peter

---

注 12： Mark Raskino, Debra Logan. CIO Advisory: The Chief Data Officer Trend Gains Momentum, 2014.
注 13： Juliana Reyes. Why Philadelphia's first Chief Data Officer quit, 2014.

Presland-Bryne 说，"设想你以首席数据官的身份进入美国银行。这是一个公司层面的职位，你要不管自己的身份，推动对所有圆满成功且受到嘉奖的业务线的影响。"Bottega 在美国银行的职位仅过了两年就被撤销了[14]。

当然还有很多反例。有的首席数据官拥有迈向成功所需的预算、资源和支持。Wells Fargo 的 Charles Thomas 有一个 600 人的"小团队"（用他自己的话来说）和 1 亿美元的预算；RP Data 的首席数据官 Kyle Evans 有 200 名员工；美联储首席数据官（也是科罗拉多州 2009~2011 年的首席数据官）Micheline Casey 2014 年的业务预算约为 1000 万美元，并拥有一个 25 人的团队。"如果阅读美联储[15]的战略文件，你就会发现，这是理想中的首席数据官的工作。"Lewis Broome 说，"她向首席运营官汇报，首席运营官向美联储主席汇报。"此外，缔造这一职位的正是美联储主席。首席数据官接下来需要的是来自首席执行官和董事会的支持，让数据管理和战略性数据使用具有足够高的优先级，需要一个首席高管职位来履行职责。重要的是，要以相关的预算、支持和保护来提供保障。

迈向成功的另一个策略是找一个合伙人。FCC 的首位首席数据官是 Greg Elin，他的合伙人是 Michael Bryne。"Michael 是 FCC 的首席地理信息官，他像我一样相信 RESTful API 的强大之处，"Greg 告诉我，"我认为让首席数据官和首席地理信息官这两个角色一起推动一种用数据开展工作的思维方式，是很特别的，这使得一个从未构建过 API 的机构更容易将 API 构建变成这样一个高规格的项目（National Broadband Map）。"

最初的 90 天

我问 Mario Faria，在最初的 90 天里他的策略是什么，他说：

> 最初的 90 天非常关键，尤其当你刚加入组织时。第一个月内要与尽可能多的人交流，从首席高管到实习生。你必须了解目前的状况，并开始建立你的人际关系。
>
> 第二个月要用来制订你的短期、中期和长期计划。在这段时间里，你应该构想好组织的任务和愿景。此时，你要对团队的愿景有一个规划。
>
> 第三个月，在计划完备且获批之后，就可以付诸行动了。此时你要快速取得首场胜利。你将需要持续取得成就，不断快速地取得一个个小的胜利，以此向团队展示进展，这样才能激励他们，并向组织的其他成员证明，聘用你是明智的决定。

注 14：Peter 解释道，在美国银行关注商业价值，尤其是深化与客户的关系时，数据团队变得受欢迎了。随着董事长 Brian Moynihan 下达"业务要求"，业务部门有了充分的理由和动力来参与数据的质量保障、治理和共享。

注 15：Federal Reserve Board. Strategic Framework 2012–2015, 2013.

Greg Elin 说：

> （首席数据官的工作是）一种布道，他们要寻找机会改进 FCC 收集、使用、管理和分配数据的方法，创造势头并改变人们对数据的看法。在我成为首席数据官时，已经有一些重要的数据项在进行了。National Broadband Plan 已经发布，FCC 也启动了一个宽带性能测试。宽带地图正在开发之中。FCC 主席希望对所有 FCC 数据集从零开始进行审查，我们也正在公布三大机构的数据集清单，以征求公众意见：哪些要保留，哪些要删除，哪些要改变。所以我当时要马上跟进许多任务，并帮助他们更明智地处理数据。
>
> 我的策略与 Mario 的相似。我会与不同团队的许多人交流，了解情况和盘点不同的数据源，并了解它们的相对重要性。我会问每个团队两个关键问题。一是就当前的数据和流程来看，你需要什么帮助？这有助于发现效率低下的问题并用自动化的方法解决，以快速取得成功。第二个问题更宽泛：你有什么做不到的事情需要我们的帮助？这能让我们确定那些在更长期的计划中没有考虑到的额外新数据源或功能点。

11.1.3　首席数据官的未来

如果首席数据官的主要职责是布道和推动变革，那么当所有人都"明白"了数据的重要性后该怎么办？他们还有用武之地吗？ Aiken 暗示首席数据官可能是一个临时性职位，他将首席数据官和电气化总监一职相提并论。后者出现于 19 世纪 80 年代，组织从蒸汽技术向最新的热门技术——电气技术转型的时代。当然，如今人人都有电可用，电成为了一种日常商品，所以这种独特的首席执行官职位在 20 世纪 40 年代就基本消失了。这种情况是否也会发生在首席数据官身上呢？

Greg Elin 在很大程度上同意：

> 如今首席数据官是负责将数据转换成日常资产的高管。在接下来的几十年里，数据的使用和分析会逐渐变成业务必不可少的一部分，而在此过程中该职位会逐渐消失。当数据（总体来说，还有 IT）的开发与业务流程集成时，企业受益最大。换言之，首席数据官现在应该专注于发展整个组织的数据能力甚至自给自足。
>
> 然而，就像组织为了满足实际需求而创造的许多角色一样，首席数据官一职很可能在其使命结束后成为一个固定角色。这个角色现在是有意义的，因为一个确定的联络人能让企业领导和管理变革更容易。

Penton Media 的首席数据官 Richard Stanton 对此更加肯定："首席数据官一职无疑会变得更加重要。我不知道头衔会怎么变化，不过这个角色——目前该角色所履行的责任——会存在于所有组织。绝对会是这样。"

IBM 的新兴角色领袖 Courtnie Abercrombie 在与 SiliconANGLE 的联合首席执行官 Dave Vellante 的交谈中说："我认为（首席数据官）一定会保留，而且会导致其他职位根据它而变化，因为数据对如今企业的竞争优势来说太重要了，它的确是创新和了解客户群的新信息的新方法……我完全不认为这个职位会消失，而且其重要性只可能持续增长。"Dave 回应道："我同意，尤其是在那些受监管的业务中……首席数据官的存在会成为标准。"但 Lewis Broome 不那么确定："我认为人们对数据的理解还没到清楚是否需要这样一个角色的程度。"拭目以待吧。

概述完首席数据官之后，下面将其与首席分析官进行比较。

11.2　首席分析官

首席分析官与首席数据官一职有很大的重叠。首席数据官更侧重于后端，而首席分析官更侧重于数据的战略性使用以及数据分析（正如其头衔）。可能会有分析师向首席数据官汇报，而首席分析官必须始终领导分析组织，并且必须与分析师、数据科学家和其他数据相关人员密切合作。

"只有数据被整个企业分析、理解和执行，实现其价值，数据的战略性才能显现。"Looker 的首席执行官 Frank Bien 如是说[16]。重要的是，他说："首席分析官要通过数据分析创造实际的业务价值，并发扬企业的数据驱动型文化。"

这就引出了本书的核心内容。该职位是为了增强数据驱动型实践和文化，并给企业带来切实的成果。Teradata 的首席分析官 Bill Franks 称[17]：

> 随着技术的成熟，公司看到了分析的强大之处，而首席分析官正是其顺理成章的延伸，因为在整个组织中分析融入得越多，就越需要一个管理层的职位来传达战略重点。

首席分析官应该有足够的远见，能够看出现有数据的潜力，了解数据之间的关系，并有足够的影响力来打破壁垒，以最好、最有影响力的方式将这些数据整合在一起。首席分析官还应监控分析组织的绩效，提供培训和指导，并在必要时重组组织。通常这意味着更大规模地集中[18]为精英中心型模式、联合模式或混合模式。也就是说，只有当组织的各个部分（如各个业务部门）已经有了小规模的分析师团队时，才有可能将首席分析官引入组织中。第 4 章讲过，这种模式会导致标准缺失、重复劳动，以及分析师的职业道路不清晰。通过将所有分析活动集中于一个有远见的领导手下，可以获得规模经济和标准化，并拥有一个更加训练有素、乐于传授且相处愉快的分析师团队。

注 16：Frank Bien. It's Time To Welcome The Chief Analytics Officer To The C-Suite, 2014.

注 17：Rob O'Regan. Chief analytics officer: The ultimate big data job? 2014.

注 18：Dhiraj Rajaram. Does Your Company Need A Chief Analytics Officer? 2013.

正如一份报告所说[19]："首席分析官不仅是管理者，还能满足从数据中产生价值的需求……他们不仅是高级数据科学家，还必须跨管理层工作，以确保他们的见解能转变成可重复的行动。此外，他们不仅是 IT 主管，还必须了解如何引导公司通过大数据和大分析的湍流。"Sandhill Group 提供了一份名为"Mindset over data set: a big data prescription for setting the market pace"的报告[20]，其中更具体地列出了首席分析官的一些品质，如表 11-1 所示。

表 11-1：首席分析官的品质

特　征	属　性
分析师	• 拥有卓越的业务和数据分析技巧 • 能规划和评估合理的业务表现指标 • 具有丰富的分析经验，赢得员工和利益相关者的尊重
布道者	• 帮他人了解大数据的价值及其各种应用 • 提供案例，启发他人的大数据思维
探索者	• 用与生俱来的好奇心提出有趣的业务问题和极具影响力的创新解决方案
领导者	• 调度人员，培养一个高绩效的大数据团队 • 支持并积极参与其他组织 • 直接和以矩阵方式有效地管理团队，以实现承诺 • 提出切实的计划、资源需求和成本估计
实用主义者	• 以"快速失败"的心态运营 • 根据时机和结果合理建立期望 • 使团队在利益冲突和优先事项方面达成一致 • 对整个企业的各项举措进行合理的优先级排序
技术专家	• 了解相关技术，成为首席信息官、首席技术官和首席信息安全官的得力伙伴

可见，首席分析官的部分职责是做大数据的布道者。根据我的调查，几乎每条对首席分析官一职的描述都包含该元素。当然，这反映了当下的舆论。对我而言，数据不一定要"大"才能体现价值，而且今天被视作"大"的数据，明天可能变得微不足道。技术和术语日新月异，首席分析官需要做的是让其他首席高管和组织成员接受和理解广泛、丰富、增强的和高质量的情境化数据的力量，比如第 3 章中 Belinda Smith 购买阳台家具的案例。场景化的数据是极具影响力、变革性的预测建模、推荐引擎或其他更高层级分析（见第 1 章）的真正基础。首席分析官要实现这一切。

首席分析官和首席数据官一样，需要得到组织高层足够的支持。现今，很少有首席分析官能坐到顶级首席高管位置，他们往往要向业务端的首席高管汇报工作。"首席分析官应该被中立对待。他们应该分布于所有有分析需求的业务部门，处于高管的领导下，比如首席

注 19：Chami Akmeemana, Evan Stubbs, Lisa Schutz, et al. Do You Need a Chief Analytics Officer? 2013.

注 20：Shirish Netke, M. R. Rangaswami. Selecting a Chief Analytics Officer — You Are What You Analyze, 2014.

战略官、首席财务官和首席运营官，"Bill Franks[21] 说，"我们往往更容易看到首席分析官不应该汇报的情景，比如，市场分析对许多组织而言相当重要，但如果首席分析官向市场总监汇报，其他业务部门（比如产品开发部门或客服部门）可能就会觉得他们没有得到同等的待遇。"

首席分析官一职比首席数据官一职出现得更晚，2013 年 11 月的一项报告称[22]，477 位 LinkedIn 会员将首席数据官作为其当前头衔，而使用首席分析官作为头衔的只有 298 人。（可能这些都是全球数据，但的确看起来比例很高。2014 年 12 月，我在搜索"仅当前头衔"时，找到了 347 位"首席数据官"和 248 位"首席分析官"，而在美国，这两个头衔分别是 181 位和 171 位，与 Gartner 的预测一致。）我发现这些首席分析官大多分布在医疗保健、媒体和金融服务业。

首席分析官和首席数据官一样，在根本上涉及文化的转变。这一点很难做到，经常会遇到阻力。这需要业务部门的支持。因此，出现一些内耗也就不足为奇了。在一家电信公司，业务部门经理在培训和使用新任分析领导开发的客户留存和定价模型方面进展缓慢。"他们没有看到其中的潜力，说实话，这并不是'他们'的战略重点，"麦肯锡顾问说，"根据我们的经验，许多公司 90% 的投资用于构建模型，而一线使用上只投了 10%，其实应该把近一半的分析资金投给一线使用。"首席分析官必须把时间、金钱和精力投在最后一程，让一线业务用户及其管理者看到模型和分析工具的价值，还需要培训员工，让他们也认识到价值。换言之，这是分析价值链中的薄弱一环，必须加固。

一个有效方法（至少对一家消费者公司而言）是让首席执行官强制执行。他们认为，应该让数据领导和一个不太熟悉大数据的业务部门领导共事，共同制订一个发挥分析潜力的计划。"这种合作关系——一个数据和分析专家以及一个经验丰富的一线变革领导者携手——能确保计划中的分析目标集中于切合实际、有影响力的业务决策。此外，在这些主管与顶级团队的合作者分享进展之后，他们的合作模型会成为其他业务部门计划工作的蓝图。"换言之，强制让分析领导和业务最终用户代表紧密合作，而且最重要的是，让他们共同为结果负责，能让人们紧盯 ROI，产生真实可行的影响。

与目前首席数据官的不确定性不同，我相信首席分析官一职绝对有着光明的前景。我很看好它。即便企业都"明白"了数据为何物，数据变成了一般日用品，企业仍会需要分析师与数据科学家的团队来提出恰当的问题、过滤和解读见解[23] 并与决策者合作。而这样的团队将需要一个像首席分析官这样的人来领导。

注 21：Bill Franks. Do You Know Who Owns Analytics at Your Company? 2014.

注 22：Chami Akmeemana, Evan Stubbs, Lisa Schutz, et al. Do You Need a Chief Analytics Officer? 2013.

注 23：我假设更多这样的见解由机器学习自动生成，更复杂的技术（比如下一代深度学习）会为机器学习提供能力。

首席数字官

首席数字官是首席高管层的又一个新职位，始于 2005 年的 MTV。其主要职责是审查数字化战略。虽然他们并不是构建数据驱动型组织的核心力量，但这里仍要提及他们。首先，不出预料的是，人们经常把他们与首席数据官弄混。其次，该职位也是变革性的（而且是过渡性的），能让组织更深度融入数字时代。这对可用的数据源，尤其是类型、模式、与用户和客户的各种互动有重大影响。那些多见于移动设备场景中的新数据流，为分析师提供了丰富的额外背景，也为投放推荐、实时信贷审批等数据产品提供了新的交互渠道和来源。

首席数字官一职的数量飞涨，从 2005 年到 2013 年每年都翻一番（详见 Chief Digital Officer Talent Map），至今已超过 1000 人。其实，首席数字官的数量比首席数据官和首席分析官加起来还要多。随着移动设备数量和使用量的爆炸式增长，物联网也越来越受关注，我们在数字化世界里的交互方式也在急速进化。首席数字官的职责是了解和审视这一变化，确定组织所能提供的新服务和数字化产品，并了解与客户的新互动方式。首席数字官了解何时以及如何将营销支出从模拟转移到（针对性较强的）数字化，并有效利用社交媒体。重要的是，他们会帮助将这些不同设备上的所有互动联系起来，无论从用户的角度还是从分析的角度，提供无缝的全渠道体验。

"（首席数字官）要了解和利用商业智能数据，为企业掌握用户心理和消费者画像赋能，推动品牌传播。"索尼全球网络平台和分析资深总监 Olivier Naimi 说，"数字渠道的分析数据仍处于兴起阶段，因此确定合适的指标仍颇具挑战性。（首席数字官）可以通过衡量、分析和优化来自多个渠道的所有数字化计划的商业智能数据，用可行的见解为组织赋能。"

11.3 小结

希望现在你已经明白了首席数据官和首席分析官之间的差异。构建数据驱动型文化需要积极、自上而下的**数据领导**，需要有人关注组织能够和应该通过数据、信息和分析实现的更大的蓝图。这些人需要关注数据和分析策略，寻找新机会，定义顶层指标，并在必要时重构组织以最大化敏捷性、生产力和影响力。

如何确定企业是需要其中一职，还是两者皆需，还是都不需要呢？头衔其实没有那么重要，你也可以称其为"首席数据科学家"或是"数据主管"，但我认为关键是要有人来出任这一更广泛、更具战略性的职位[24]。很少有企业兼有首席数据官和首席分析官。近期麦肯锡的一项报告[25]指出，至少有一家未具体指明的"大型金融服务公司"增加了一名首席数

注 24：Bill Franks. Do You Know Who Owns Analytics at Your Company? 2014.
注 25：Brad Brown, David Court, Paul Willmott. Mobilizing your C-suite for big-data analytics, 2013.

据官，并称其是"向首席信息官报告，但日常与首席分析官共事，帮助将数据和新的分析工具结合在一起，并推进一线改革的人"。但这是一个例外。一般来说，两个职位兼有会让人觉得混淆且冗余。

以往，首席数据官多从事受监管的行业，这种情况也很有可能随着该领域的其他组织紧随和效仿而持续下去。然而，对于这种做法是否为短期解决方案，人们看法不一。政府部门是一个例外，它更关注透明度和开放性，因此在此就职的首席数据官前途更光明，而且相较首席分析官有绝对的优势。如前所述，首席分析官往往任职于已有一些分析习惯的组织，而他们的职责就是对其进行拓展、增强和宣传。如果你的情况就是这样，那么这种做法会有帮助。一般说来，如果不确定，建议聘请首席分析官，因为相比分析，数据更可能成为日用品，而分析的价值更容易传播。

无论这些数据领导是谁、头衔是什么，要想成功达成目标，他们必须与其他高管（首席执行官和董事会）密切合作，并得到他们的全力支持。他们需要预算和团队，还需要一种能力，让他们能够冲破单个业务部门的障碍，构建一种开放共享的文化，把数据整合起来以提供更丰富、更有价值的场景，从而创造一种让分析、见解和数据驱动的影响蓬勃发展的环境。

由于单个数据源的寿命很长，而且能够驱动许多产品、分析和项目，因此数据"应该作为一个程序而不是一个项目来运行"。这意味着要脱离 IT，主要面向业务进行指导。再次声明，这种职责自然与首席分析官更相一致，但有一个首席数据官会更好。即使是一个向 IT 部门汇报的首席数据官，也比没有战略上的数据领导要强。

第 12 章将探索最后一个，但也越来越常被提及且愈发重要的数据方面：隐私（或隐私缺乏）和道德。数据驱动型组织如何处理个人数据和敏感数据？

第 12 章

隐私、道德和风险

有道德的人所做的比他被要求的多，而比被允许的少。

——Michael Josephson

第 10 章引用了 Patil 和 Mason 所说的"组织里的每一个人都应能合法地访问到尽可能多的数据"。虽然我在理论上同意这句话，但在实践中，当从隐私、道德和风险的角度思考这个问题时，仍需要考虑一些重要的注意事项。在许多情况下，对于谁应该访问哪些数据，以及他们可以用数据做什么，道德和风险意识的约束往往比法律的约束更强。数据驱动型文化既要尊重数据的力量，也要尊重数据源——人类。

数据驱动型组织应该如何从以上 3 个角度处理其用户或客户的数据?

这里假设数据驱动型组织拥有以下要素:

- 更多数据;
- 比其他组织更丰富的场景;
- 能将更多非孤岛数据源整合起来;
- 能访问和可视化更多数据;
- 有更多擅长分析的员工;
- 有更多可以摸索出细微模式的数据科学家。

简而言之，我认为更多的数据、访问权限和数据科学会带来更多权力和风险。

数据强大而又危险。因此，本章涵盖了与隐私、道德和风险有关的许多方面，包括一些危险，以及组织及其用户某些看似不一致的利益。我认为组织应该将培养同理心作为一条指导原则。组织可以通过有道德地行事，包括制定政策和训练员工体贴入微地办事，并将用户利益放在首位，建立和保持用户的信任，保护他们和用户的利益，从而降低一些风险。

12.1　尊重隐私

当一辆车开到 Uber 长岛办公室时，Uber 纽约分部的总经理 Josh Mohrer 正手拿着 iPhone 在外面等着。记者 Johana Bhuiyan 走出来时，Josh 对他说："你来啦，我在追踪你呢。"[2] 他使用了一个叫作 God View 的内置工具，能够实时显示交通工具和用户定位。据说 Uber 公司的员工均可以使用该工具。这不是 Uber 第一次侵犯用户隐私了，在 3 年前芝加哥的一

注 1：Federal Trade Commission. Privacy Online: A Report to Congress, 1998.

注 2：Maya Kosoff. Uber's Top New York Executive Is Being Investigated After Using Uber's "God View" Tool To Track A Journalist's Location, 2014.

场启动仪式上，参会者就看到了一张实时地图，上面显示了可以识别的用户在纽约周边的出行状态，其中就包括风险投资家 Peter Sims[3]。

这里的问题是，这两位用户并不知道他们的数据会被使用而且被以这种方式共享，他们也并没有同意这些做法。Uber 可能需要这些权限和工具来改善其服务，但它们都不属于 FTC 之前规定的范畴——"对完成预期的交易来说是必要的"。这两个例子都超出了该范畴。

虽然这两个特定的案例中没有产生实际的伤害，但不难想象那些可能更具有破坏性或危险的场景：逃离施虐伴侣的人，在 HIV 测试诊所下车的用户，或者对某位跟踪者提出限制令的名人。（Danah Boyd 在 Facebook 的隐私设置方面提供了更多例子。）

隐私政策，尤其是用户或客户与业务方之间的协议，必须明确说明谁在收集数据、收集什么数据、如何使用或不使用数据、数据如何分享或出售给第三方、拒绝授权的后果和"数据收集者确保数据的机密性、完整性和质量所采取的措施"。

显然，Uber 违反了它的隐私政策[4]，但公司不仅要考虑遵守政策。用户需要理解政策。EULA（最终用户许可证协议）有时写得很长，Hamlet 的 EULA 约有 3 万字，PayPal 的服务协议约有 5 万字。这些文档充斥着法律术语，却需要"普通"人同意所有条款。组织可以用大家都能明白的语言（可读的语言）来撰写隐私政策，以体现对用户的尊重。举一个有趣的例子，CodePen 的条款既采用了法律术语又具有可读性。

虽然可读性值得吐槽，但就 Creative Commons 而言，这是它的一个非常重要的与众不同之处。Creative Commons 从 3 个层面考虑和提供通知，确保隐私保护"有效、可执行、不可见"。

人类
　　用户应该了解他们所同意的条款。Facebook 多年以来一直深陷关于分享设置的争议和抱怨之中，近来该公司迈出了意义重大的一步，它的隐私政策条款虽然还是很长，但结构更清晰了，对那些非律师的用户来说也更易读了。

法律
　　能提供严密保护的、使用法律术语的完全许可。

机器
　　Creative Commons 用技术方法（如 P3P）使其执照变得机器可读，从而可被搜索引擎搜索和索引。（Lawrence Lessig 是这样认为的。）

总体来说，要制定用户能理解并可据此做出知情决策的政策，并且遵守文档中的原则和条款，以此体现对用户隐私的尊重。

注 3：Peter Sims. Can We Trust Uber? 2014.

注 4：参考 Uber 的数据隐私政策。

无意泄露

Uber 的启动仪式是明确地分享用户数据或场景（谁在何时位于某地）的例子。但是我设想的一个问题是，随着越来越多的组织变得由数据驱动，会有越来越多看似无伤大雅的数据被收集。而这些公司的数据科学"火力"越强，数据在无意中被泄露并落入错误的人手中的风险就越大。

几年前，在数据隐私问题引发广泛热议之时，我尝试了一个小工具。该工具只会分析电子邮件的元数据（邮件属性，比如寄件人、收件人和发送时间），并不分析邮件的内容。你可能会觉得这个工具的功能有限，但我在对自己的电子邮箱运用了该工具之后，被它所呈现的内容震惊了。它清楚地展示了我在不同生活圈子中相识的人群、很可能将我介绍给其他人的人群，以及这些社交关系的相对强度。它基本上准确反映了我当时的社交网络。以上这些信息的获取都不需要访问电子邮件的内容。在另一个例子中，Latanya Sweeney 论证了，可以通过邮编、性别和出生日期识别 87% 的美国人 [5]。我们拥有的数据越来越多，也有了更复杂的工具和技能来描绘更广阔的图景。这就像 Georges Seurat 的点彩画一样，只不过是用数据绘制的。

这些线上和线下世界的数据碎屑积少成多，而数据科学家乐于将它们拼在一起。但必须以合乎道德的方式去拼接——这往往比合法更具有限制性——并谨慎使用数据的力量。

Target 有一个合法但结果不太好的案例。《纽约时报》记者 Charles Duhigg 在一篇广受数据科学界讨论的文章中讲了一个故事 [6]。Target 的市场营销人员问他们的统计学家 Andrew Pole，他能否在孕妇分娩之前（婴儿出生后 Target 和竞争对手都可以获取出生记录数据），辨别出哪些客户处在妊娠晚期。他们认为，如果能足够早地识别出这些处于妊娠晚期的孕妇，就能更有针对性地发放优惠券，并培养出忠诚的新晋父母客户群。

Andrew 及其同事成功地识别了孕妇的购物模式，Target 也开始向她们邮寄优惠券。以上流程都是合法的，但这个故事之所以引发了如此多的争议，是因为涉及道德问题，以及一个大学生的父亲。

Target 寄出了个性化的优惠券小册子。顾客一般会很喜欢收到与他们无论如何都会买的东西有关的优惠券，但孕妇的反应与众不同，她们并不喜欢这些优惠券。因此，Target 开始加入一些无关推荐，比如将纸尿裤优惠券和割草机优惠券同时发放，从而把小册子里他们已知的内容掩盖起来。Target 的一位经理说："我们发现，只要孕妇觉得自己没有被监视，她们就去使用优惠券。她会觉得周围所有人都会收到有纸尿裤优惠券和婴儿床优惠券的相同邮件。只要不惊吓到她，这就可以奏效。"

注 5：Latanya Sweeney. Simple Demographics Often Identify People Uniquelym, 2000.

注 6：Charles Duhigg. How Companies Learn Your Secrets, 2012.

虽然 Target 很努力地隐瞒他们已知的东西，但他们并未骗过一位忧心忡忡的父亲。

> 在 Pole 构造了妊娠预测模型的一年后，一个男人走进 Target 在明尼阿波利斯的办公室，要求见主管。根据一位参与对话的员工的描述，他当时怒气冲冲，手里攥着寄给他女儿的优惠券。

> "我女儿收到的邮件里有这玩意儿！"他说，"她还在读大学，你们就给她发放婴儿衣服和婴儿床的优惠券？你们是何居心？"

> 主管完全听不懂这个男人的话，于是查看了邮件内容。果然，包含母婴服装、育儿家具和微笑婴儿的图片的邮件发给了这个男人的女儿。主管道了歉，过了几天又致电道歉了一次。

> 在电话中，这位父亲却有点羞愧。"我和我女儿谈了谈，"他说，"原来我家里发生了一些我不了解的事情，她的预产期在八月。我得向你道歉。"

由优惠券暴露出来的产品推荐把女孩的妊娠状态泄露给了其家人。他们不是泄露了个人可识别信息，而是泄露了 Danah Boyd 所称的 P.E.I.（personally embarrassing information，个人难堪的信息）。

大多数医疗数据受到 1996 年 HIPAA（《健康保险便携性和责任性法案》）等保护措施的保护。在这个案例中，分析师将女孩的状态与她先前的一些购买记录（比如无香乳液）相结合，凭借恰当的数据和工具，获得了窥探他人生活的惊人能力。他们必须谨慎考虑后果，这样做的目的不仅是为了避免吓到这些人。

12.2　要有同理心

数据驱动型组织必须尊重用户的权利和情感。虽然他们希望能挑战收集更多数据的极限，从而获得更丰富的广告素材、服务和数据产品，但从长远来看，如果得到用户的信任，业务最终会有更好的表现。

在选择默认隐私设置或提出以数据为中心的新战略、新特性或新活动时，有一个简单的测试：你是否愿意让你的账号或至亲之人的账号被这样对待？你感觉如何？如果感觉不舒服，就不要这么做。

Warby Parker 的总顾问 Anjali Kumar 称其为"恶心系数"（ick factor）。这是一个描述不适感的指标，并没有具体的法律定义，但能提醒我们保持一个高于法律的标准，而且必须考虑用户的看法，表现出同理心。用户会有什么感受？

举个例子：Anjali 在回纽约的火车上，坐在她面前的人下了车，但把眼镜落下了。碰巧这是 Warby Parker 生产的眼镜。她回到办公室时，我们俩聚在一起讨论：如果我们尝试追踪这个人，然后把眼镜还给他，会不会很吓人？这么做的恶心系数有多高？我们严肃地讨论了这一话题，确定了对客户最有利的做法。我们用数据库追踪了可能的客户（我们拥有关于镜框、客户性别、大概年龄和哪一站下车的信息），缩小了范围，最后用他在 LinkedIn 主页上的照片进行了确认。然后 Anjali 给此人寄了一副新的眼镜，是 Jack Kerouac 设计的"On The Road"的复刻版，并附上了一张字条：

> 你好，Michael，这可能有点奇怪……在几周前从纽约到波士顿的火车上，我坐在你的对面，当时你把眼镜落在了火车上。碰巧我是 Warby Parker 的总顾问，而且我很喜欢探索谜题……希望你身体健康！（此外，我们发现你的镜片有些磨损，所以给你换了一副新的！）
>
> 您真诚的朋友，AK[7]

关键是我们非常重视他的隐私。我们这样做不是为了好玩，也不是因为我们能够做到。我们咨询了法律部门和数据领导，那位客户是否会感到不安，我们这么做的理由是否恰当，以及客户能否正确理解我们的动机——为客户提供优质服务。

挑战极限

Facebook 一直在与其用户角力，经常在内容分享和分享对象的问题上突破界限，但有几次在用户群起而攻之时不得不退却。马克·扎克伯格曾说，隐私控制是"Facebook 运营的载体"，而且他似乎认为 Facebook 只是在追踪变化的社会规范："人们真的已经习惯了不仅分享更多不同类型的信息，而且更公开地与更多人分享。这种社会规范只是随着时间的推移而演变了。"

Facebook 立场的演变，即网站不同方面的默认隐私设置，非常惊人。图 12-1 和图 12-2 分别展示了 2005 年和 2010 年的默认设置情况，都来自"The Evolution of Privacy on Facebook"。

注 7：Stan Phelps. Heroic Customer Service by a Senior Executive at Warby Parker, 2014.

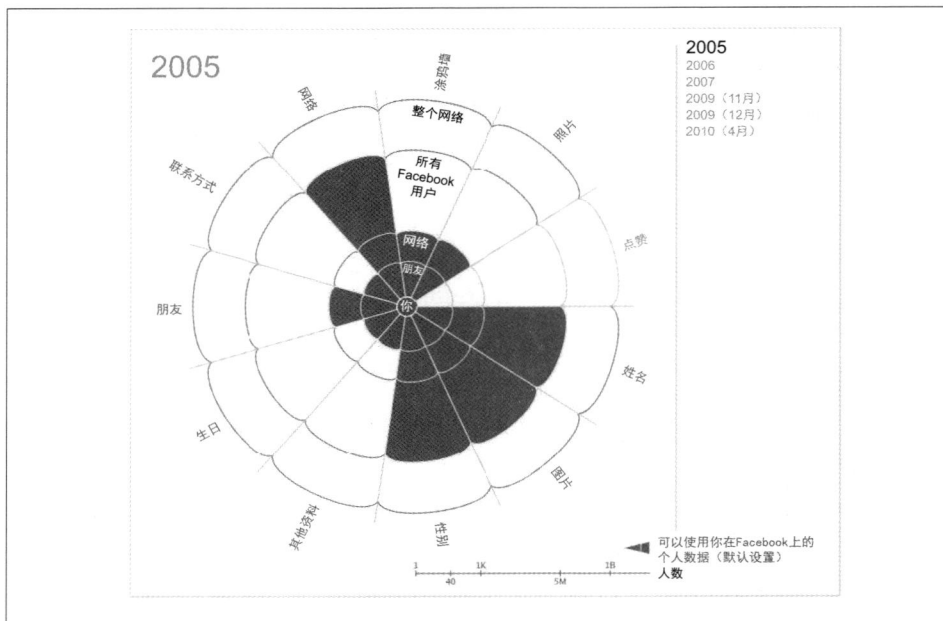

图 12-1：Facebook 在 2005 年的默认设置情况

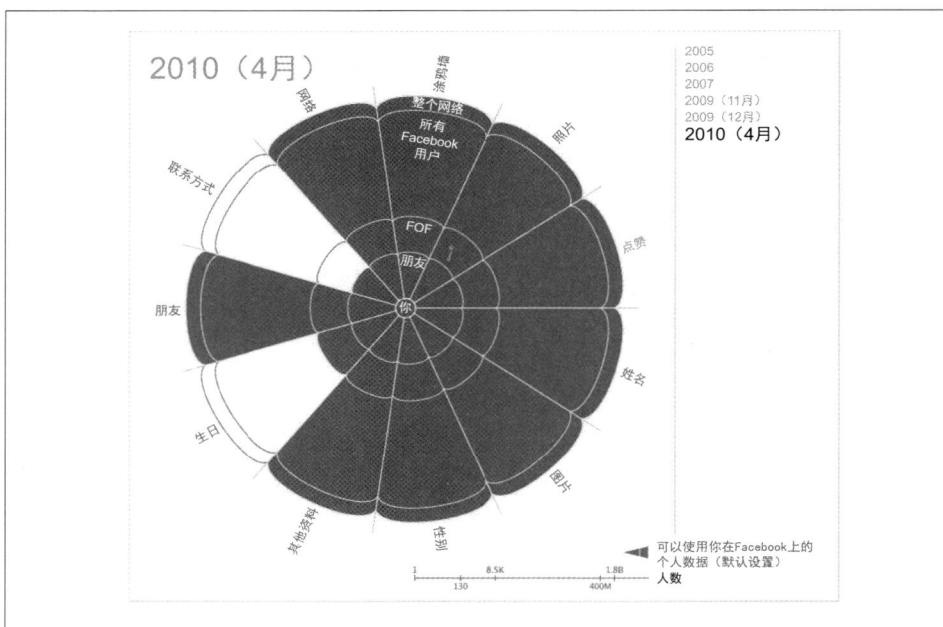

图 12-2：Facebook 在 2010 年的默认设置情况

这样做的风险在意料之中，所幸那位客户很欣赏这种做法，并且在社交媒体上评论道："我刚刚体验到了可能是有史以来最好的客户服务。"（要知道，我们不是在用任何方式给自己打广告。我们唯一的动力是服务好客户。这件事之所以被媒体报道，是因为客户在社交网络上分享了他的故事，而他的社交网络最终还包括了一名记者。）

数据驱动型组织力量非常强大，切勿作恶。

提供选择

可能的话，为用户提供关于如何使用或与他人共享数据的直观且恰当的控制方式。举几个简单的例子：让用户控制他们可能会收到的营销邮件的种类和频率、是否接收应用程序的弹出通知、是否希望收到合作机构的 offer，等等。但更具争议的方面是与他人共享数据。这在各种社交网络中一直是一个特别的问题（Facebook 就是一个例子），改变默认设置对隐私的侵犯越来越大。

一个问题是，即使你提供了控制权，很多用户也不了解他们都有哪些选择。因此，绝大部分人索性选择默认选项。就这一点来看，组织至少有两件事可以做：其一，带着同理心去设计，让控制权简单直观一些、描述清晰一些；其二，把隐私和尊重放在首位，设计时要让用户产生有选择接受而非选择取消的心态。为用户提供选择和控制。

Netflix 的"账户设置"面板里有一个有趣的功能：用户可以选择退出 A/B 测试（如图 12-3 所示）。这是我在其他服务中从未见过的。

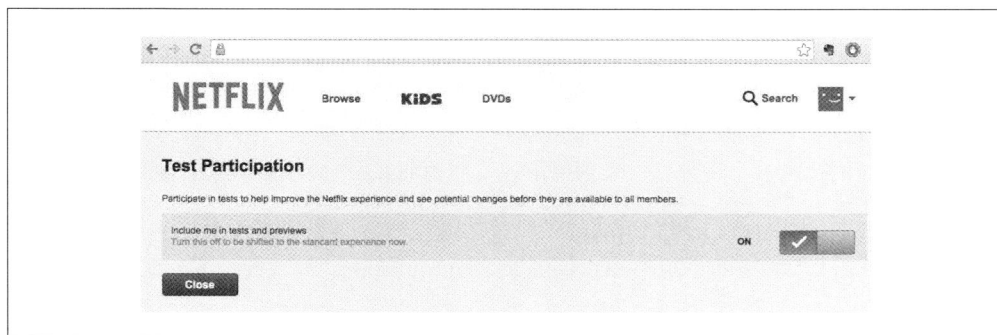

图 12-3：Netflix 在账户设置中给用户提供退出 A/B 测试的选择

看到这里的矛盾了吧？ Netflix 给用户提供了选择，这很好，但它是一个高度由数据驱动的组织，一家 A/B 测试盛行的公司，想尽快用大量样本通过 A/B 测试得出有意义的结论。用户选择退出会缩小样本容量、延长测试时间，可能还会给样本引入一些偏差。

我斗胆猜测，只有一小部分用户选择了退出。如果我没猜错的话，这对用户来说是一场胜利（如果有所顾虑就可以选择退出），而极低的退出率其实对测试数据和组织整体来说微不足道。在这种情况下，Netflix 成为了没有做出多大牺牲的"好人"，人们也这样认为。这种做法应该成为其他数据驱动型组织的榜样。

12.3　数据质量

访问 / 参与是 FTC 关于隐私顾虑的核心原则之一，也就是用户能够查看组织掌握的关于你的数据，并能够对信息提出质疑或更正。

我认为这可能是 5 项原则中最不完备的一项。绝大多数线上服务允许用户编辑其个人信息，更新其当前名称、地址、电子邮箱和其他个人可识别信息。有些组织（尤其是社交网络组织）允许你导出数据档案（比如 Twitter 和 Facebook）。大部分情况下，用户不能编辑所有历史数据（比如先前的购买订单），或查看组织可能收集到的有关自己的所有"相邻"数据（比如来自美国人口普查、MLS、数据代理、社交媒体等的数据）。实话说，这项原则很难实现，因为客户可能很难理解不同的数据库记录集，可能会违反与任何从其他组织购买的数据的协议，并且很可能会暴露该组织的一些机密。因此，我认为该领域不会有太大进展。

但数据驱动型组织当然应该让查看和修正核心用户数据尽可能简单，因为它符合用户和组织自身的利益。有了不同内部来源的数据，比如同一家银行的贷款申请和账户数据，我们就更有可能将不同入口的用户的不同 ID 或有着细微变化的地址（比如"Street"和"St."或"Apt.6"和"#6"）与同一用户关联起来。尽可能简化用户数据的修正和标准化，能提高组织的数据质量。

如果查看我的 Netflix 账户，你会发现我的品位非常杂，我会收到各种各样的节目推荐，比如 The Magic School Bus、Gilmore Girls 和 M*A*S*H。补充一句，这些推荐并不能准确反映我看节目的品味。之所以出现这些推荐，是因为我的家人会共用我的账户，所以观看的节目和随后的推荐实际上是 4 个用户的混合体，而非仅一个人的。虽然 Netflix 有个人档案的概念，以帮助厘清多个用户，但在我用来观看 Netflix 的设备上该功能是不可用的。

要给用户创造机会提供关于其数据的额外场景，这样能改变组织看待或使用数据的方式。比如 Amazon 就提供了一个"Improve Your Recommendations"（改进推荐）的功能，用户可以选择"this was a gift"（这是礼物）或"don't use for recommendations"（不用于推荐）。很多人不希望某件商品影响推荐并在未来显示类似商品。这其中的原因有很多，有些可能会让人尴尬。无论原因是什么，如果用户能够修正、过滤和排除数据，组织就能更加了解用户的意图、场景和品味。反之，要向用户提供一些背景信息，说明为何会给出当前的推荐，这样可以让用户放心。比如，我的 Netflix 账户目前显示"因为你看过 M*A*S*H"并推荐了 Magnum P.I.，这是有道理的，这样的解释也能暴露出一些不准确的信息，这些信息正是用户希望排除或修正的。总之，加上这些功能之后，就能在用户和组织之间建立起双向对话，从而提高数据质量和场景的准确性，并最终为用户提供更有价值的服务。

12.4　安全

前面暗示过，降低风险往往会对活动造成超出法律要求的限制。这是为什么呢？

用一个简单的例子来说明。许多数据工作者（比如数据工程师和数据库管理员）可以访问原始的用户记录，这些记录通常包含姓名、地址、电话号码、电子邮箱和其他个人可识别信息，这是法律允许的。他们之所以可以访问这些数据，是因为他们需要确保信息被正确获取和安全存储，从而履行交易往来的义务。

设想一个下游的分析师正在对不同日期不同产品的销量进行分析。此人能够合法地访问到这些原始记录，但他是否需要如此详细的记录呢？他应该为了做这项分析而访问这些数据吗？他不需要知道 Belinda Smith 在某处买了那套阳台家具，还掌握了她的电子邮箱和电话号码，他只需要知道这天卖出了一套 SKU 123456 就够了。

很多分析是汇总的，并不需要个人可识别信息。

交友网站 OKCupid 的创始人之一 Christian Rudder 在其作品 *Dataclysm* 中，展示了许多对该网站数据的分析。交友网站能获取除医疗数据外最敏感的数据，用户档案包括照片、性别、年龄、性取向、兴趣爱好和其他高度个人化的信息。他非常明确地解释了数据的处理方式：

> 所有分析都是以匿名、汇总的方式进行的，我也会谨慎处理原始资料。数据中没有任何个人可识别信息……虽然我有每个用户的记录，但我会将用户 ID 加密，而且在我的分析中，因为数据的范围仅限于基础变量，所以无法通过数据定位到个人。

他之所以会这么自找麻烦，有几个原因。首先，无论有意还是无意，他都不希望任何信息扭曲他的分析。分析师需要尽可能客观地去做分析，而额外的信息会扭曲我们对数据的解读。如果你看到一个叫"Gertrude"的用户，你会觉得她年纪是大是小？年纪大，对吧？你会忍不住做出假设和判断。如果排除这些额外变量，你就能降低胡思乱想的风险，从而更可能避免影响聚合数据中的模式。

其次，分析师经常会备份数据，从而能够用其他工具进行分析和建模。因此，虽然我们可以用商业智能工具进行高层次的聚合，但有时需要用 Python 或 R 处理数据才能构建复杂的预测模型。这一般需要把原数据存储的数据导出到笔记本计算机的文件中。原数据存储之外的每一份数据备份都会使组织的风险增加，笔记本计算机会被偷、被黑客入侵，在机场或咖啡厅用笔记本计算机工作的分析师也承受着"肩上攻击"（over-the-shoulder attack）的风险，即恶意行为者的视线越过肩膀偷窥到屏幕上的信息。因此，对分析师而言，这些文件中的信息越少，模糊和保护的层次越多，效果就越好。

因此，许多组织选择将暴露在数据仓库和商业智能工具中用于汇报和分析的信息匿名化，将姓名、地址和电子邮箱完全隐藏或加密。比如，"belinda.smith@example.com"可能会用 SHA-256 散列算法加密成"f7bf49636a69c6ed45da8dc8d3f445a8a5e6bcc2e08c9a6b2bb6644 6c402f75c"。这是一个单向操作，你可以轻松地再次将电子邮箱转换成加密字符串，但很难（并非不可能）反过来恢复电子邮箱原本的形式。再次重申，在绝大多数情况下，尽管没有法律要求，但这样做是有意义的。

数据的备份越多，风险越大；文件的可读性越强，风险越大；不同数据源的随机组合和整合越多——在倡导数据共享的数据驱动型组织中，这种事情更有可能发生——风险越大。有 1/3 的主管[8] 称自己的公司"努力建设数据驱动型文化，部分是因为考虑到数据分享时产生的隐私和安全问题"。到目前为止，可以总结出以下经验准则。

- 每个需要通过访问数据履行职责的人都有访问权限。
- 每个人只有对他们履行职责所需的数据的访问权限。
- 敏感数据（比如客户数据和处方数据）应该被高度谨慎地处理：高度限制访问权限、匿名化并加密。

12.5　执行

FTC 称："人们普遍认为，保护隐私的核心原则只有在具备执行机制的情况下才能起效。"

当然，数据的收集、管理和隐私有许多保护措施，比如 COPPA（《儿童在线隐私保护法》）保护儿童的数据和利益，HIPAA 保护医疗信息，支付卡行业合规保护付款数据。

显然，企业必须遵守这些规则，因为它们代表对数据的处理在法律上的上限。但我认为仅有这些规则并不够。数据驱动型组织必须考虑更广泛的道德问题和恶心系数的问题，并建立自己的内部准则和规则，构造一个以数据为中心的道德指南。他们要考虑用户是否希望他们以特定方式使用数据，以及用户是否会因此而感到不快。要问用户："你希望被这样对待吗？"并且得到他们的回答。这种做法最终会限制一些分析师用手头的数据想做或能做的一些事情。就像 Target 的营销人员一样，总有一些团队在尝试挑战极限，毕竟他们想完成自己的 KPI，需要有公司文化、数据领导和培训来设定什么是被允许的。

12.6　小结

数据驱动型组织的团队之间总有些健康的紧张关系，比如想构建前沿数据产品的分析师和把最小化组织风险视为己任的其他保守者（比如法律部门）之间。法律限制不可撼动，却存在一块明确的，而且往往很大的灰色区域，该区域内的活动既是合法的，也可能是令人毛骨悚然的。

注 8：Economist Intelligence Unit. Fostering a Data-Driven Culture, 2013.

组织必须尊重其用户，规定好使用数据时允许和不允许的事项。显然，你需要给分析师——与数据关系最密切的人——设定底线。Warby Parker 明确规定了不同类型的数据（用户数据、销售数据、验光数据，等等）能否用于不同的分析和营销活动。比如，由于我们的验光过程需要收集用户出生日期，因此允许分析师在总体层面上查看购买我们眼镜的用户和潜在用户的年龄分布，以更好地了解我们的用户群，但不允许市场部在个体层面上，比如根据出生日期信息源而把 25~34 岁的用户作为目标。

但数据驱动型组织有更广泛的数据访问权限，那些主要职务并非分析，但部分职务（比如需要获取用户账户的客服代表）让他们拥有数据访问权限和用数据提高效率。对于这些员工，需要有非常明确的指导方针和培训，尤其是对那些刚毕业的新员工。比如，你要说明他们不能未经用户明确许可而在广告或 Facebook 帖子中使用用户数据、喜好、帖子，等等，也不能不必要地探索数据，比如在数据库中搜索名人或亲友的信息。要对此提供具体的培训。正如《蜘蛛侠》漫画中所说："能力越大，责任越大。"这个责任和观点必须主动地植入组织中。

第 13 章

结论

数据就是新的石油！

——Clive Humby，Dunnhumby 公司

数据驱动意味着什么？你已经注意到，答案不在于拥有最新的大数据技术或者一流的数据科学家团队。当然，这些是有帮助的，但是数据驱动不仅限于满足某一个条件。前面讲过，它涉及整条分析价值链，事实上涉及整个组织，如图 13-1 所示。

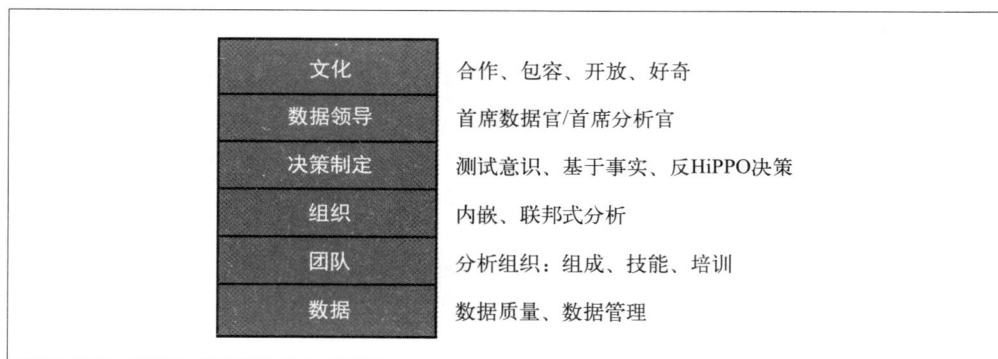

文化	合作、包容、开放、好奇
数据领导	首席数据官/首席分析官
决策制定	测试意识、基于事实、反HiPPO决策
组织	内嵌、联邦式分析
团队	分析组织：组成、技能、培训
数据	数据质量、数据管理

图 13-1：数据驱动型组织不同构成部分的概要描述（基于 Wayne Eckerson 的 *Secrets of Analytical Leaders* 一书中的框架建立的模型）

第 2 章和第 3 章谈论了最低的一层，即数据本身——收集正确的数据以及正确地收集数据。除此之外，你需要拥有必要的技能、工具和培训，从而充分利用数据。

当然，这也包括分析组织，但是数据驱动型组织包容性更强，具有遍及公司的更大用户基础。

正如第 12 章强调的，我相信组织中的每个人都能发挥作用。这是一种共同的责任。核心的运作链条是从分析师、他们的经理、高管、数据领导到最高管理层以及董事会。如同 Ken Rudin 所说，在以数据为中心的环境中，"每个人都是分析师"。全体员工都有责任利用数据、工具和培训，将发现的事实融入可能的执行环节，及时报告数据的质量问题，提出可测试的假设，挑战缺乏基础的战略、意见和 HiPPO 决策，从而更普遍地充分发挥数据效用。

本书的一个目的就是呼吁分析师及其经理。他们的作用常常被低估。通常，自上而下的变化是讨论的焦点，但事实上，在从下而上地增强和塑造公司文化方面，他们可以起到非常积极的作用。这需要更多的直言不讳、有目共睹和未雨绸缪。

对此，美国富国银行首席数据官 Charles Thomas 总结得非常好："我将分析师比作执行人员——走出你的格子间，摘下极客的帽子，戴上商业之帽，并展示系统如何驱动那些分析结果。你不得不采取额外的步骤，以确保从系统中获得的见解能够投入实践和运作。"你必须走出舒适区，促进变化，扩大影响。

分析组织的构建方式需要符合实际状况（见第 4 章）。它们通常表现为联和或者混合模式。在这些模式中，分析师内嵌在各个业务部门中，但会有一个中央部门提供指导、给予支持、制定标准以及设计清晰的职业道路。那些分析师应该完成高质量工作，至少有一些人重点进行更高级别的前瞻性分析，例如预测模型和优化。他们需要将见解和建议兜售给决策者（图 13-1 中的上一层），理想情况下，数据对组织产生的最终影响应该得以跟踪和评估。

强大的数据领导力是推动整个分析程序的重要因素。虽然这种角色可以由分析副总裁或者首席数据官担当，但是，至少在世界 500 强企业中，这种角色越来越多地由首席数据官或首席分析官担任（见第 11 章）。实际的头衔不重要，重要的是角色承担的职责以及能够得到授权，即分析程序和文化的驱动能够得到高层的支持和预算。

附录 B 起草了一个有关数据的愿景声明原型。愿景声明是公司在中长期内要实现的期望。在这个例子中，它描述了高度数据驱动型组织在数据技能、素养和文化等方面的未来状态。仔细考虑并和同事一起探讨，你们想实现什么？

最顶层文化会渗透到其他每一层，它既塑造其他较低层的内容，也受其他层的影响。本质上，所有层面的元素和最佳实践构成了数据驱动。例如，HiPPO 破坏了客观的、基于事实的决策制定。政治角斗和数据封闭破坏了合作开放的文化。

许多公司在朝着数据驱动努力。然而，任何变化，尤其是文化变化，都是极端困难的。尽早创建数据驱动型文化，而不是改变既有文化，才更有可能营造繁盛的数据驱动型文化。这也是本书写作的一个动机。我希望能够引起年轻公司的注意，这些公司期望增强数据驱动能力，而且他们规模小，未来会有更多员工和更大的发展，所以成功的机会会更大。在对368 家创业公司的调查[1] 中，26% 的公司声称自己是数据驱动的，并且"在创立早期，我们就确保数据是企业文化的一部分"。此外，有 44% 也声称自己是数据驱动的，并表示"我们已经做出了非常大的改进，并且在继续努力"。这就好比学习第二种语言。许多成年人也成功地学会了第二种语言，但相比之下，年轻人学起来更容易。

我一直疑惑的一件事是，是不是一些以数据产品为中心的互联网公司天生就偏向于数据驱动。试想像 OKCupid 这样的在线交友网站，像 Pandora 这样的音乐推荐网站，或者是像 Prismatic 这样的内容推荐网站。聚焦于核心算法、数据科学和数据科学家，是否就偏向于在整个组织中采用数据驱动实践？可能吧，但也不尽然。也可能核心数据产品是用以测试为核心的数据驱动方式开发的，但组织的客户获取或市场战略是由 HiPPO 决定的。

然而，可能发生的是人口遗传学中的**始祖效应**（founder effect），以及社会科学中的**路径依赖**（path dependence）。初创团队的偏见，例如非常信任精密设备和 A/B 测试的工程师和数据科学家在团队中占比很高，会为数据驱动之路奠定早期的聘用偏见、基调和文化。这样的环境会束缚和影响后来者。但显然，每个企业都可以是数据驱动的。当在数据分析层面展开竞争时，就不存在领域限制。

本书特意淡化了技术的作用。这并不是因为它不重要，而是因为我认为文化才是更强的驱动因素。下面解释一下。假设一个数据科学家加入了一家公司，并且带来了最新、最强大的工具集（Spark、D3、R、scikit-learn，等等）。如果她发现自己处在一个缺乏强大数据文化的环境，例如组织不会运行 A/B 测试，并且决策由 HiPPO 制定，那么数据科学家就不可能产生影响。她很可能备受挫折地离开公司。反过来，假设数据科学家去了一家拥有强大数据文化但不具备其想要的所有工具和技术的公司，也许他们仅有基本的关系型数据库，但对图形数据库或者 Hadoop 集群至今毫无需求。那么在这种环境中，数据科学家更有可能获得资金和支持，用于创建或者购买任何能产生影响的工具。简而言之，拥有合适的工具会产生巨大的影响。然而，如果缺乏合适的文化，或者缺少创建正确文化的驱动力，才是致命的。

警示：Tesco 的兴衰

Tesco 是总部位于英国的跨国连锁零售企业，也是英国最大的私营企业（有 33 万名员工），经常被当作数据驱动的典范，是一家直接通过分析取得竞争优势的组织。

注 1：Geckoboard. Data Driven Culture: A global survey on the state of data driven culture in startups, 2013.

1995 年，该公司推出了顾客忠诚计划——俱乐部卡（Clubcard）。该计划让分析师能够收集客户信息、通过消费券定位目标顾客群体和回馈顾客。由于目标顾客群体定位得相当精准，消费券的返券率从 3% 增加到了 70%[2]。通过识别并细分顾客群体，他们得以开发新产品，有的聚焦高端顾客（"Tesco Finest"），有的面向注重健康的顾客（"Tesco Healthy Living"），有的针对对价值敏感的顾客（"Tesco Value"）。1999 年，他们累积了 145 000 个不同的细分邮件组。

这是巨大的成功。Tesco 的市场份额上升到了 30% 以上，并且一度成为英国最大的零售品牌。今天，他们已经拥有了 1.6 亿的活跃会员，并且拥有 2/3 的购物篮的详细数据。顾客通过兑换俱乐部卡的积分已经从中节约了 15 亿美元之多。他们推出了专门吸引不同细分顾客群体的产品，例如针对新手父母，并开发了将天气预报作为考量因子的预测模型，用于优化供应链，并因此节省了 1.5 亿美元的库存。他们又进军网店，要求所有顾客注册俱乐部卡，并可访问银行系统。今天，Tesco 已经远远不只是商店。Michael Schrage 说："除了 Amazon，没有哪个全球连锁商店在客户忠诚和行为方面能有如此敏锐的洞察力。"[3]

这种分析能力的背后是一家名为 Dunnhumby 的创业公司，后来它的股份被 Tesco 大量买进。当时的首席执行官 Lord MacLaurin 对该公司的创始人夫妻说："让我感到恐怖的是，你们在 3 个月的时间里对我们顾客的理解，超过我在过去 30 年里对他们的理解。"Dunnhumby 被视为"Tesco 皇冠上的一颗璀璨明珠"。

那么 Tesco 今天的发展又如何呢？股价处于 11 年里的最低点。因为没能成功地将 Fresh & Easy 便利店扩展到美国，公司损失了 27 亿美元，并且公布 2014 财年损失了 96 亿美元。董事会主席因将利润高估了 4 亿美元而羞愧地引咎辞职。公司裁掉了 9000 名员工，关闭了 43 家零售店及其总部。沃伦·巴菲特谦虚地说："我在 Tesco 上犯了错误，一个巨大的错误。"另外，Dunnhumby 现在正以 30 亿美元的价格出售，它的俱乐部卡计划每年耗费 7.5 亿美元，该数值不太可能带来正的 ROI。

衰落的原因并非只有一个。夸大利润也没有用。然而，竞争对手制订了自己的客户忠诚计划，而且其中的大多数更加简单——简单地吸引客户！他们不再提供抽象的"积分"，而是让客户得到更切实的实惠，比如一份报纸，或者是对英国人而言很重要的茶[4]。

然而，即便是数据驱动，而且做得非常出色，也不能保证成功或持续的成功。第一，大部分成功的战略可以被利用**搭便车效应**（free-rider effect）的竞争者效仿。第二，最高管理

注 2：Rohan Patil. Supermarket Tesco pioneers Big Data, 2014.

注 3：Michael Schrage. Tesco's Downfall Is a Warning to Data-Driven Retailers, 2014.

注 4：Graham Ruddick. Clubcard built the Tesco of today, but it could be time to ditch it, 2014.

层依然掌控着企业之船。如果他们为组织制定了错误的愿景和战略，即便做出支持该战略的最好的数据驱动型决策，仍然会让这艘船撞向礁石。Tesco 的故事就是一个如此悲哀的例子。

但是，全书中已经提及了很多例子来证明数据驱动是物超所值的。组织可以更好、更快地制定决策，以及更快地创新。运行较多测试的组织，不但能知道某个想法是否有效，而且更有可能洞察其中的原因。这样的组织更具包容性，每个人都可以为组织做出贡献，并且能亲眼目睹自己的贡献如何促成组织的成功。

扩展阅读

分析组织

Aiken Peter, Michael Gorman. The Case for the Chief Data Officer, 2013.

Thomas H. Davenport, Jeanne G. Harris, Robert Morison. Analytics at Work, 2010.

Thomas H. Davenport, Jeanne G. Harris. Competing on Analytics, 2007.

Wayne Eckerson. Secrets of Analytical Leaders: Insights from Information Insiders, 2012.

数据分析与数据科学

Rachel Schutt, Cathy O'Neil. 数据科学实战，2014.[1]

Max Shron. Thinking With Data, 2014.

Eric Siegel. Predictive Analytics, 2013.

Nate Silver. The Signal and the Noise, 2012.

决策制定

Daniel Kahneman. 思考，快与慢，2011.

数据可视化

Stephen Few. Now You See It, 2009.

注 1：本书中文版已由人民邮电出版社出版，详见 ituring.cn/book/1193。——编者注

Stephen Few. Show Me the Numbers: Designing Tables and Graphs to Enlighten, 2012.

Edward Tufte. Envisioning Information, 1990.

Edward Tufte. Visual Explanations, 1997.

Edward Tufte. The Visual Display of Quantitative Information, 2001.

Dona M. Wong. The Wall Street Journal Guide To Information Graphics, 2010.

A/B测试

Dan Siroker, Pete Koomen. A/B Testing, 2013.

附录 A

关于数据不合理的有效性：
为什么数据越多越好

本附录复制自作者的同名博客文章（做了轻微的改动和校正）。

谷歌的 Halevy、Norvig 和 Pererira 在 "The Unreasonable Effectiveness of Data" 一文中声称，当语料库达到互联网规模时，有趣的事情就会发生：

> 基于大量数据的简单模型胜过基于较少数据的精确模型。

在这篇文章中以及 Norvig 的一场更详尽的技术讲座中，他们论证了，当语料库包含亿万个或百万亿个训练样本或单词时，即使是基于基本独立假设的非常简单的模型，也比用更少的数据得到的复杂模型（比如那些根据精心设计的本体建立的模型）要强。不过他们没怎么解释**为何数据越多越好**，本附录就来探究其中原因。

我认为有几类问题和原因可以解释为什么数据越多越好。

A.1 最近邻类型问题

第一类是**最近邻类型问题**。Halevy 等人给出了一个例子：

James Hays 和 Alexei A. Efros 解决了场境完整化的任务：从照片中删掉不想看到的汽车或前任，并用大量其他图像中的像素填充空缺，如图 A-1[1] 所示。

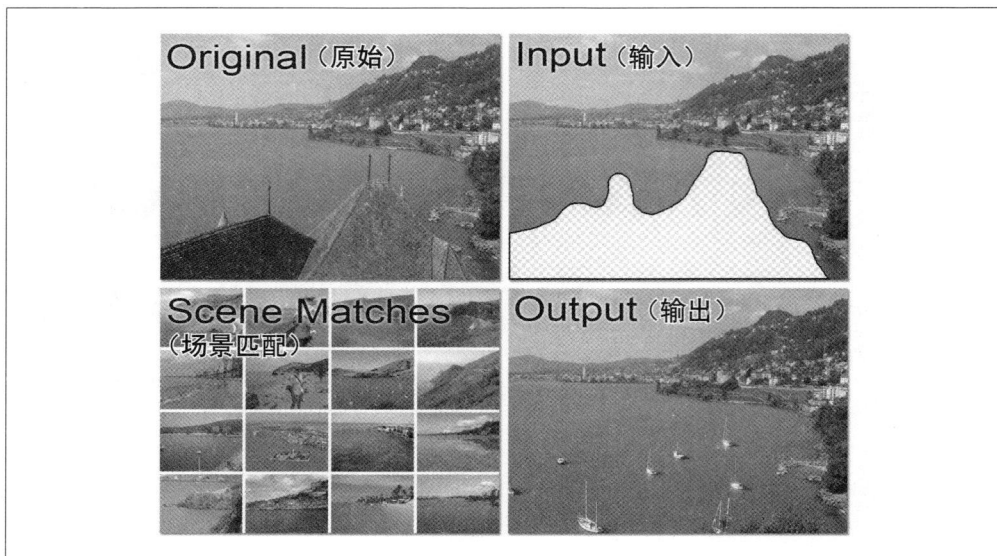

图 A-1：Hays 和 Efros 的图 1

Norvig 绘制了如图 A-2 所示的原理图。

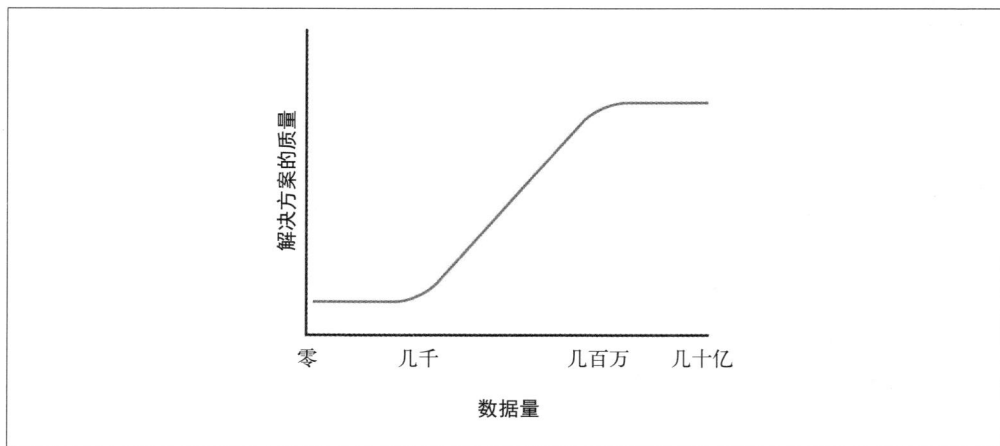

图 A-2：数据量与解决方案质量的示意图

Norvig 将其中的拐点称作"数据阈值"，超过该阈值之后，结果会从非常坏变成非常好。

注 1：James Hays, Alexei A. Efros. Scene Completion Using Millions of Photographs, 2007.

我不认为相变能由任何阈值或什么东西来描述，对我而言，这是一个寻找最接近的匹配结果的问题。数据越多，越可能接近我们期望的匹配。

Hays 和 Efros 称：

> 的确，我们最初用 gist 描述符对 1 万张图像的数据集进行的实验结果很不理想。但在图像量增加到 200 万之后，结果有了质的飞跃。此外，Torralba 等人对一个包含超过 7000 万张小图像（32 像素 ×32 像素）的数据集进行实验，也观察到了相似的效果……我们的方法需要大量数据才能奏效。图像从 1 万张增加到 200 万张后，进步巨大。

这些语料库的规模天差地别，"质的飞跃"与"阈值"（相变）也不是一回事。

更多的数据可以通过简单的效果显著地影响指标。比如，试想一个大小为 n 的标准正态的样本，其最小值是如何随 n 而变化的？我们来用如下 R 代码创建大小不同的几个样本，并画出其最小值的图像，结果如图 A-3 所示。

```
x<-seq(1,7,0.5)
y<-vector(mode="numeric",length=length(x))
for (i in 1:length(x)){ y[i] <- min(rnorm(10^(x[i]))) }
plot(x,y,xlab="Sample size, n (log10 scale)",
   ylab="Minimum value of sample",type="b")
```

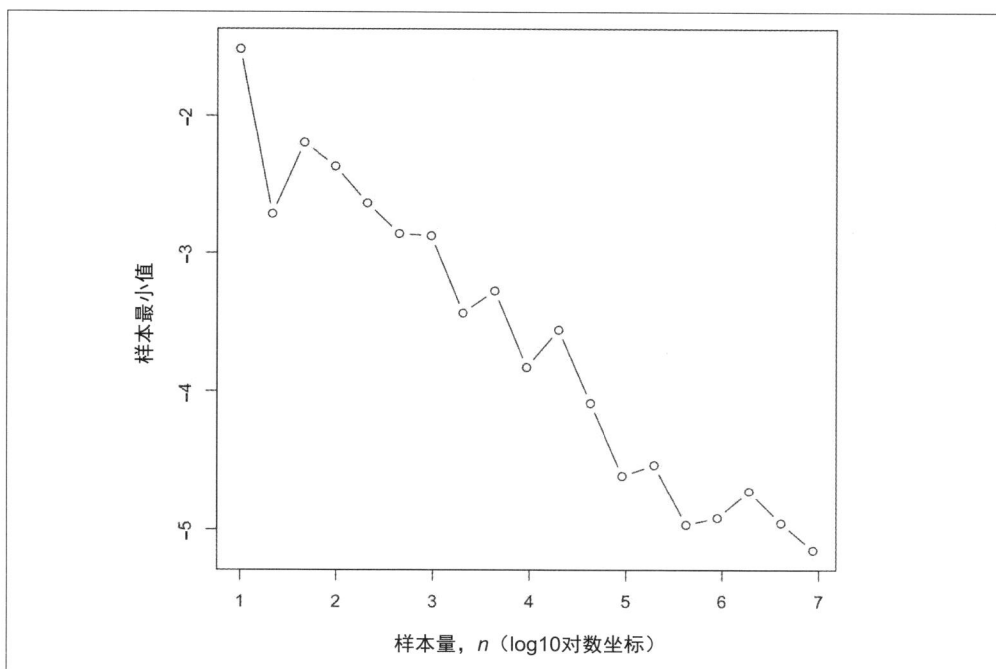

图 A-3：R 代码运行结果

最小值的递减是对数线性的。这是一种无界的尾部极值的情况。说得更相关一些，对于最小化问题，比如这里的情景匹配，就是要找一个下限，总而言之，要有一个完美匹配。比如，可能有其他人站在同一个拍摄点拍了张景色相同的照片，但没有突兀的车。

我认为这就是 Norvig 的原理图所要表达的内容。在特定的语料库规模下，我们已经找到了相当不错的匹配，而扩大语料库的规模并不能改善结果。

综上所述，对于距离函数为非负的最近邻型最小化问题（这意味着代价函数的下界为零），平均而言，该距离函数将随着数据或样本量的增加而单调递减。

A.2　相对频率问题

第二类是**计数**问题或**相对频率**问题，这也是 Halevy 等人关注的重点。Norvig 列出了几个案例。细分的任务是需要将字符串（比如"cheapdealsandstuff"）分词成最有可能的单词序列，这些字符串短到可以让我们对它们使用"暴力"方法进行可能的分词，但我们必须评估每一种分词的可能性。最简单的做法统是假设单词的出现相互独立，也就是说，如果 Pr(w) 代表单词 w 在一些语料库中出现的频率，那么我们可以计算得出：

```
Pr(che,apdeals,andstuff) = Pr(che) × Pr(apdeals) × Pr(andstuff).
...
Pr(cheap,deals,and,stuff) = Pr(cheap) × Pr(deals) × Pr(and) × Pr(stuff).
```

我们当然也可以运用 N-grams 算法（比如使用 bigrams）：Pr("cheap deals") × Pr("and stuff")。

Norvig 列举的第二个例子是拼写检查。对一个拼写有误的单词，可以计算其可能的变体的概率，从而找出最可能的正确形式。

这两个例子都需要一个同时包含常用短语和非常用短语的语料库，以及这些短语的出现次数，从而计算相对频率。语料库规模越大、综合性越强，就越好。我认为这里出现了两个统计效应。

- 语料库越大，相对频率的估计质量就越高。这就是大数定律。
- 语料库越大，其包含非常用短语（长尾）的可能性就越高，这就是**无界效应**（unbounded effect）。网络被索引得越多，出现的新词组就越多，因为英语的单词分布遵循幂律，所以这种问题就更严重了[2]。这意味着尾巴特别长，因此需要特别大的样本来捕捉这些罕见短语。

A.3　估计单变量分布问题

第三类问题是**单变量分布**的估计问题。我最近在 LinkedIn 的 Peter Skomoroch 的一场技术讲座上看到了一个有趣的案例[3]，他展示了一幅图（见图 A-4[4]），描述的是 LinkedIn 会

注 2：George K. Zipf. The Psycho-Biology of Language, 1935.
注 3：Analytics Talk: Peter Skomoroch, 2012.
注 4：请访问图灵社区（ituring.cn/book/1727）下载彩色图片。——编者注

员获得软件相关职称的概率与毕业月数之间的关联性。从数据中可以看出，"Sr Software Engineer"和"Senior Software Engineer"（均指"高级软件工程师"）的分布几乎相同，就像"CTO"和"Chief Technology Officer"（均指"首席技术官"）那样。正如我们所料，因为它们都是同义词。这个结果带来了一个有趣的辨别同义词的方式，从而能够对数据去重，让我们无须维护一个包含同义词和缩写的庞大的总清单。这种方法只有在数据量足够让我们获得可靠且可能接近真实的总体分布时才能奏效。

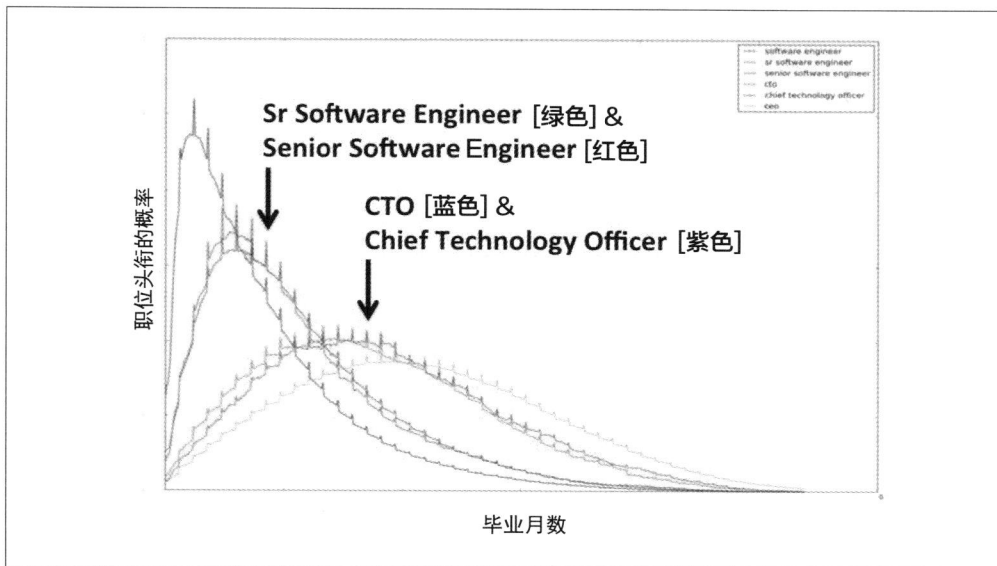

图 A-4：LinkedIn 会员获得软件相关职称的概率与毕业月数之间的关联性

（图像来自 Peter Skomoroch，转载已获许可。）

A.4 多变量问题

第四类问题是广义的**多变量**问题或**相关**问题，也就是让我们判断变量关系的问题，比如判断 $y = f(x)$ 的关系，或估计许多变量的联合概率密度函数。我们可以用以上方法来进行词义消歧（比如，文章里的"pike"是指梭子鱼，还是指矛？）或建立实体的相关特征或概念的档案（比如，一家公司有一个相关的首席执行官、总公司、税号等）。这里我们感兴趣的是单词或短语的相关关系。问题是，Web 文档的维度非常高，而处理这种高维问题会让我们陷入"维数灾难"，即数据点会变得非常稀疏。因此，更大样本会增加整个状态空间的数据密度。重申一次，有了更大的样本，我们就能更准确地估计位置类的指标（平均值、中位数或其他关于分布中心的指标）和联合概率密度函数。图 A-5 展示了一个简单案例，由以下代码生成。

```
par(mfrow=c(1,2))
plot(mvrnorm(100, mu = c(0, 0),
 Sigma = matrix(c(1, .9, .9, 1), 2)),xlab="X",ylab="Y",
 ylim=c(-4,4))
title("n = 100")
plot(mvrnorm(10000, mu = c(0, 0),
 Sigma = matrix(c(1, .9, .9, 1), 2)),xlab="X",ylab="Y",
 ylim=c(-4,4))
title("n = 10000")
```

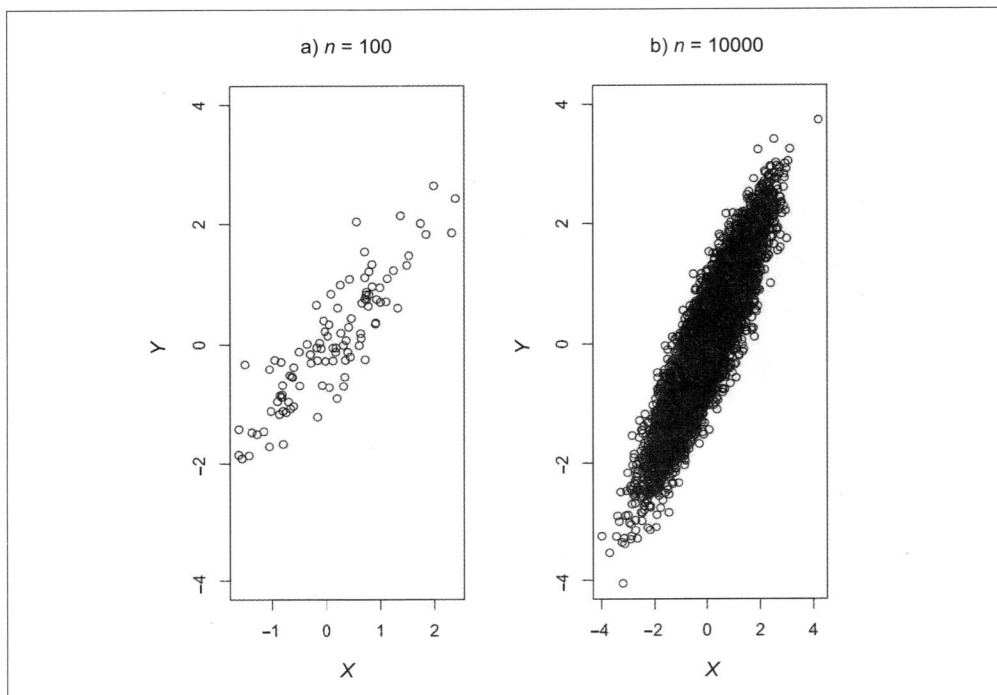

图 A-5：不同样本量的示例

左图是一个小样本，很容易看出它是线性的。而右图中的样本量更大，潜在的二元正态分布也更明显。这个案例并不太重要，重点是，如果想很好地估计维度更高的联合概率密度函数，样本量也需要更大。

对"为什么数据越多越好"这个问题而言，这个答案显然有些草率。高质量的数据还是受青睐的。但对很多由用户产生内容的组织而言（比如谷歌、Twitter、LinkedIn 和 Facebook），这些内容往往是形式自由的文本，而且涉及多个领域（所以无法使用深度清洗和本体论），所以我们能看到，非常庞大的数据集能够降低噪声。最终一切都被抵消，而最近邻问题的结果永远要好一些。

愿景声明

本附录可以作为一个愿景声明的开头———一个憧憬更加数据驱动化的组织的愿景。愿景声明是对组织所希望完成的中期目标或长期目标的描述。愿景声明的目的是强调目标、使利益相关者达成一致，并促进与达成目标相关的探讨。因为每个组织都不尽相同，所以你需要修改本声明，以体现组织的真正愿景。

蓬勃发展的数据驱动型组织具有如下特质。

强大的数据领导

- 数据领导会把数据作为一项战略资产而积极布道，并充分利用数据来影响业务的方方面面。
- 强大的数据领导能理解和支持业务需求，通过各种方式支持分析师：为他们提供清晰的职业道路、让他们更好地表现、心情愉悦且效率高，并将他们的影响最大化。
- 管理者期望并依赖洞察数据来获取信息并做出决策。更普遍地，在整个组织中，数据和分析都深深地融入流程和决策中。

开放信任的文化

- 有统一的集中数据源，没有任何数据孤岛。
- 业务部门有数据所有权意识，能主动管理源自自身的数据的质量。
- 访问数据的渠道很广。
  - 任何需要获取数据来履行职能的人都有访问权限。
  - 所有人只能访问自己履行职能所需的数据。敏感数据（比如用户数据和处方数据）必须被高度谨慎地对待：高度限制访问权限、匿名化和加密。

- 所有员工都可以通过高度可见和可访问的仪表板、报告和分析，轻松了解公司的整体情况。系统配备了仪表，可以作为可靠的早期预警系统发出警报。
- 分析师高度协作，主动地（跨部门）协助验证想法并确保客观性。

自助分析的文化

- 标准报表完全自动化。分析师的时间主要用来做特定报表、数据发现和前瞻性分析（比如预测建模和优化）。
- 商业智能工具将提供标准的数据发现服务，并结合 SQL 界面支持其他所有特定的查询。

广泛的数据知识

- 分析组织的所有成员都具有较强的且与自身职责匹配的核心分析、数据融通和统计技能。
- 所有决策者（包括高管）都有较高的数据素养，并且在统计推断和实验设计方面有扎实的基础。
- 有充足的机会通过研讨会、课程、图书、分享交流会和导师制等方法来分享、学习和提高技能。

客观、目标优先的文化

- 对公司的发展方向有一个大家都能理解的清晰愿景，由一个高度可见、经常被参照的 KPI 记分卡来激励和推动战略、行动和战术。

求知好问的文化

- 有一个互相尊重的氛围，具有健康的讨论，能够就他人的数据、假设和分析解释进行辩论。
- "是否有数据支持？"应该是一个所有人都不怕提出且随时准备好回答的问题。

崇尚检验的文化

- 高度崇尚检验的文化：所有合理的想法都应该接受检验（包括线上和线下）：收集数据、学习、周而复始。客观的实验是常态。

B.1 价值

当然，接下来需要补充为何员工需要参与这个愿景。

财务

数据驱动型组织控制着其他因素。与数据驱动性不强的竞争对手相比，他们的产出和生产力要高出 5%~6%。他们的资产利用率、投资回报率和市场价值也更高。

分析师每 1 美元的付出会带来 13.01 美元的回报。

数据领导

更受重视、得到更多支持的分析师心情会更加愉悦，离职的可能性更低。

自助

如果团队能更好地理解统计学和实验设计，且至少有一位成员精通 SQL，他们就能更加自给自足，即更独立、更灵活、更可扩展。

检验

根据真实客户的定量数据和定性数据做决策，不必猜测客户对功能的反应或回应。

由于能够更容易地推出测试，并在规模上正确和一致地解释结果，因此我们可以更迅速地进行创新。我们可以每月测试几十个或几百个想法，从而优化网站。

B.2　启动

最后，需要制订或同意一个实际的计划，以确定如何实现这个愿景。你需要从同事那里得到什么？

数据领导

认同分析师的能力矩阵。

为新老分析师消除障碍，并帮助后者进一步提高技能。

开放、信任

成为数据质量方面积极的合作伙伴 / 业务负责人。开发视图、警报和其他检查，以监测数据量、质量和各类问题。

自助

学习 SQL。所有团队都需要提高自给自足的能力，并且有能力做更多特定的查询。

数据知识

所有管理者都应该深入理解统计学。

客观、目标优先

把所有项目与顶层战略目标挂钩，明确做或不做一个项目的原因，以及工作优先处理（或不优先处理）的原因。尽可能使用具体的数字，比如 ROI。

对于你想实现的文化中的每一个方面，都要说明其内容、原因和方法。

关于作者

卡尔·安德森（**Carl Anderson**）曾任纽约 Warby Parker 公司的数据科学总监，负责监督数据工程、数据科学，支持更广泛的分析组织，以及创建数据驱动型组织。他的职业生涯范围很广，主要是在科学计算领域，涉及医疗建模、数据压缩、机器人和基于代理的建模等领域。他拥有英国谢菲尔德大学的数学生物学博士学位。

关于封面

本书封面上的动物是一只栗头丽椋鸟（*Lamprotornis superbus*）。这种生机勃勃的物种常见于从埃塞俄比亚到坦桑尼亚的东非大草原上。

成鸟以其独特的体色而闻名：它们的头部是黑色的，而胸部、背部和翅膀是明亮的金属蓝绿色。蓝色的上半身与鲜艳的铁锈色腹部之间有一道细而白的条纹。成鸟体长约 19 厘米，翼展约 41 厘米。

栗头丽椋鸟是社会性很强的鸟类，通过长而杂的叫声交流。它们通常营群居生活，经常合作照顾雏鸟。它们主要在地面上觅食昆虫和浆果。然而，若有机会，这些生物也会主动接近人类乞食。

O'Reilly 图书封面上的许多动物濒临灭绝，它们对世界都很重要。要了解更多关于如何提供帮助的信息，请访问 animals.oreilly.com。

封面图片来自 Riverside Natural History。

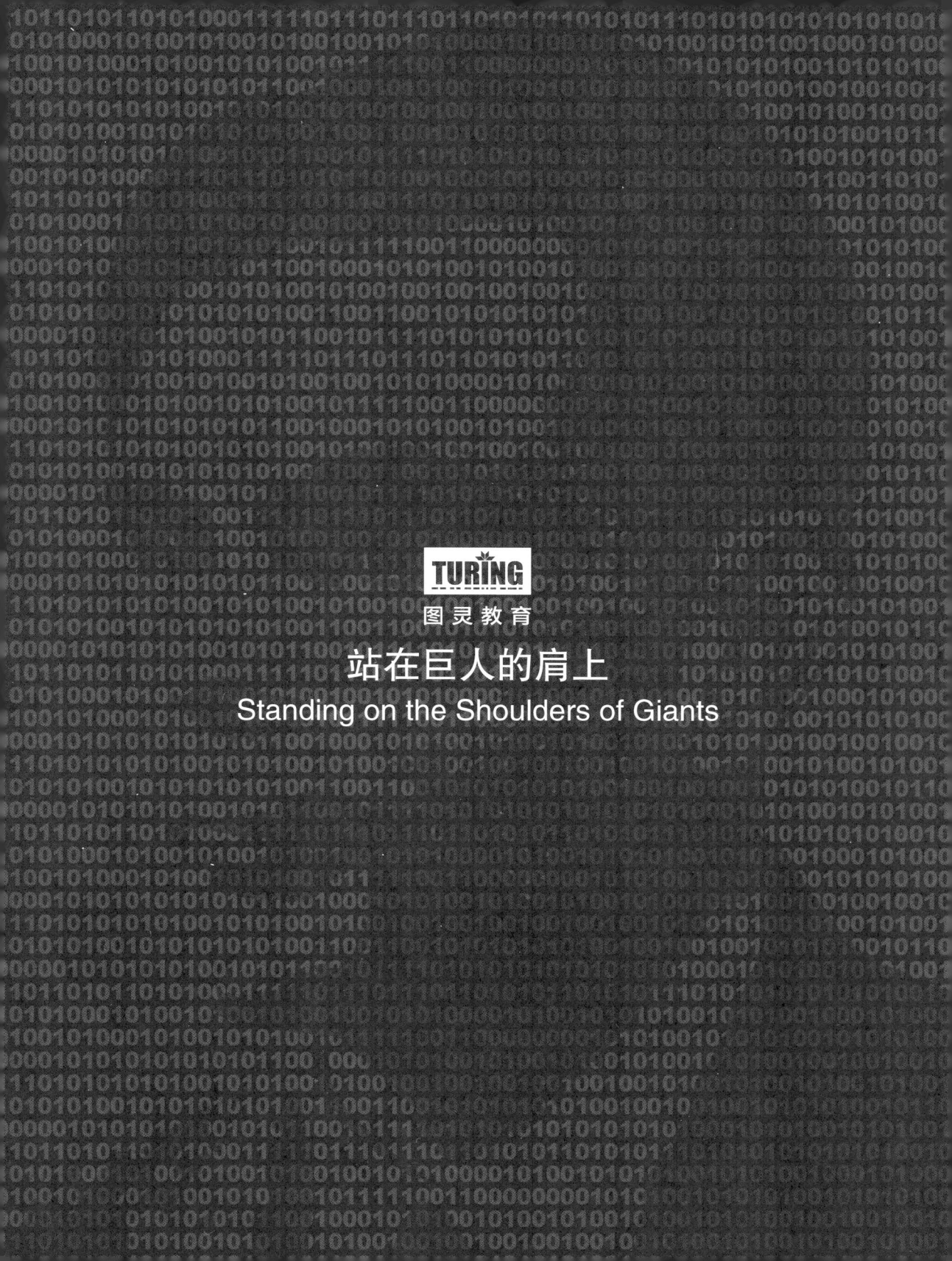

TURING
图灵教育

站在巨人的肩上
Standing on the Shoulders of Giants